中华人民共和国
新法规汇编

2020
第10辑

司 法 部 编

中国法制出版社

编辑说明

一、《中华人民共和国新法规汇编》是国家出版的法律、行政法规汇编正式版本，是刊登报国务院备案并予以登记的部门规章的指定出版物。

二、本汇编收集的内容包括：上一个月内由全国人民代表大会及其常务委员会通过的法律和有关法律问题的决定，国务院公布的行政法规和国务院文件，报国务院备案并予以登记的部门规章，最高人民法院和最高人民检察院公布的司法解释。另外，还收入了上一个月内报国务院备案并予以登记的地方性法规和地方政府规章目录。

三、本汇编所收的内容，按下列分类顺序编排：法律，行政法规，国务院文件，国务院部门规章，司法解释。每类中按公布的时间顺序排列。报国务院备案并予以登记的地方性法规和地方政府规章目录按 1987 年国务院批准的行政区划顺序排列；同一行政区域报备两件以上者，按公布时间顺序排列。

四、本汇编每年出版 12 辑，每月出版 1 辑。本辑为 2020 年度第 10 辑，收入 2020 年 9 月份内公布的国务院文件 10 件、报国务院备案并经审查予以登记编号的部门规章 9 件、司法解释 9 件，补收 2020 年 3 月份内公布的行政法规 1 件，补收 2020 年 8 月份内公布的国务院文件 1 件、司法解释 2 件，共计 32 件。

五、本汇编在编辑出版过程中，得到了国务院有关部门和有关方面以及广大读者的大力支持和协助，在此谨致谢意。

司法部

2020 年 10 月

目　录

行政法规

国务院文件

国务院部门规章

司法解释

行政法规

国务院关于修改和废止部分行政法规的决定

（2020年3月27日中华人民共和国国务院令第726号公布自公布之日起施行）

为了依法推进简政放权、放管结合、优化服务改革，国务院对取消和下放行政许可项目涉及的行政法规，以及实践中不再适用的行政法规进行了清理。经过清理，国务院决定：

一、对7部行政法规的部分条款予以修改。（附件1）

二、对10部行政法规予以废止。（附件2）

本决定自公布之日起施行。

附件：1. 国务院决定修改的行政法规

2. 国务院决定废止的行政法规

附件1

国务院决定修改的行政法规

一、删去《中华人民共和国渔业法实施细则》第二十二条第一款中的"在'机动渔船底拖网禁渔区线'外侧建造人工鱼礁的，必须经国务院渔业行政主管部门批准"。

二、删去《城市供水条例》第三十五条第一款第一项。第二款修改为："有前款第（一）项、第（三）项、第（四）项、第（五）项、第（六）项所列行为之一，情节严重的，经县级以上人民政府批准，还可以在一定时间内停止供水。"

三、删去《城市房地产开发经营管理条例》第八条第三项。

四、将《人工影响天气管理条例》第十条第一款修改为："人工影响天气作业单位应当按照国务院气象主管机构制定的人工影响天气作业人员培训标准对从事人工影响天气作业的人员进行岗前培训。人工影响天气作业人员应当掌握相关作业规范和操作规程后，方可实施人工影响天气作业。”

第十三条第二款修改为：“农业农村、水利、自然资源、应急管理、林业和草原等有关部门应当及时无偿提供实施人工影响天气作业所需的灾情、水文、火情等资料。”

第十八条第二款修改为：“人工影响天气作业单位之间转让人工影响天气作业设备的，应当自转让之日起三十日内向有关省、自治区、直辖市气象主管机构备案。”

第十九条中的“情节严重的，取消作业资格”修改为“情节严重的，禁止从事人工影响天气作业”。第四项修改为：“（四）人工影响天气作业单位之间转让人工影响天气作业设备，未按照规定备案的”。

五、将《兽药管理条例》第八条第一款修改为：“研制新兽药，应当在临床试验前向临床试验场所所在地省、自治区、直辖市人民政府兽医行政管理部门备案，并附具该新兽药实验室阶段安全性评价报告及其他临床前研究资料。”

第三十五条第二款修改为：“进口在中国已取得进口兽药注册证书的兽药的，中国境内代理机构凭进口兽药注册证书到口岸所在地人民政府兽医行政管理部门办理进口兽药通关单。海关凭进口兽药通关单放行。兽药进口管理办法由国务院兽医行政管理部门会同海关总署制定。”

第五十九条增加一款，作为第三款：“违反本条例规定，开展新兽药临床试验应当备案而未备案的，责令其立即改正，给予警告，并处 5 万元以上 10 万元以下罚款；给他人造成损失的，依法承担赔偿责任。”

第七十条第一款修改为：“本条例规定的行政处罚由县级以上人民政府兽医行政管理部门决定；其中吊销兽药生产许可证、兽药经营许可证，撤销兽药批准证明文件或者责令停止兽药研究试验的，由发证、批准、备案部门决定。”

删去第七十二条第七项中的“允许进口兽用生物制品证明文件”。

六、将《中华人民共和国船员条例》第四条第一款修改为：“本条例所称船员，是指依照本条例的规定取得船员适任证书的人员，包括船长、高级船员、普通船员。”

删去第五条、第六条、第七条、第八条。

第九条改为第五条，修改为：“船员应当依照本条例的规定取得相应的船员适任证书。

“申请船员适任证书，应当具备下列条件：

“（一）年满 18 周岁（在船实习、见习人员年满 16 周岁）且初次申请不超过60周岁；

“（二）符合船员任职岗位健康要求；

“（三）经过船员基本安全培训。

“参加航行和轮机值班的船员还应当经过相应的船员适任培训、特殊培训，具备相应的船员任职资历，并且任职表现和安全记录良好。

“国际航行船舶的船员申请适任证书的，还应当通过船员专业外语考试。”

第十条改为第六条，修改为：“申请船员适任证书，可以向任何有相应船员适任证书签发权限的海事管理机构提出书面申请，并附送申请人符合本条例第五条规定条件的证明材料。对符合规定条件并通过国家海事管理机构组织的船员任职考试的，海事管理机构应当发给相应的船员适任证书及船员服务簿。”

第十一条改为第七条，修改为：“船员适任证书应当注明船员适任的航区（线）、船舶类别和等级、职务以及有效期限等事项。

“参加航行和轮机值班的船员适任证书的有效期不超过5年。

“船员服务簿应当载明船员的姓名、住所、联系人、联系方式、履职情况以及其他有关事项。

“船员服务簿记载的事项发生变更的，船员应当向海事管理机构办理变更手续。”

第二十二条改为第十八条、第五十七条改为第五十三条，将其中的“服务资历和任职表现”修改为“履职情况”。

第四十六条改为第四十二条、第五十二条改为第四十八条、第六十五条改为第六十一条、第六十七条改为第六十三条，删去其中的“船员服务簿”。

第五十六条改为第五十二条，删去其中的“船员服务簿”。第四项修改为：“（四）未如实填写或者记载有关船舶、船员法定文书的”。第五项修改为：“（五）隐匿、篡改或者销毁有关船舶、船员法定证书、文书的”。

七、将《护士条例》第八条第一款中的“拟执业地省、自治区、直辖市人民政府卫生主管部门”修改为“批准设立拟执业医疗机构或者为该医疗机构备案的卫生主管部门”。

第九条中的“拟执业地省、自治区、直辖市人民政府卫生主管部门”修改为“批准设立拟执业医疗机构或者为该医疗机构备案的卫生主管部门”，“原执业地省、自治区、直辖市人民政府卫生主管部门”修改为“原注册部门”。

第十条第一款中的“执业地省、自治区、直辖市人民政府卫生主管部门”修改为“批准设立执业医疗机构或者为该医疗机构备案的卫生主管部门”。

此外，对相关行政法规中的条文序号作相应调整。

附件 2

国务院决定废止的行政法规

一、防治布氏杆菌病暂行办法（1979 年 12 月 22 日国务院批准　1980 年 1 月 31 日卫生部、农业部发布）

二、中华人民共和国公民出境入境管理法实施细则（1986 年 12 月 3 日国务院批准　1986 年 12 月 26 日公安部、外交部、交通部发布　1994 年 7 月 13 日国务院批准第一次修订　1994 年 7 月 15 日公安部、外交部、交通部发布　根据 2011 年 1 月 8 日《国务院关于废止和修改部分行政法规的决定》第二次修订）

三、开发建设晋陕蒙接壤地区水土保持规定（1988 年 9 月 1 日国务院批准　1988 年 10 月 1 日国家计划委员会、水利部发布　根据 2011 年 1 月 8 日《国务院关于废止和修改部分行政法规的决定》修订）

四、药品行政保护条例（1992 年 12 月 12 日国务院批准　1992 年 12 月 19 日国家医药管理局发布）

五、卖淫嫖娼人员收容教育办法（1993 年 9 月 4 日中华人民共和国国务院令第 127 号公布　根据 2011 年 1 月 8 日《国务院关于废止和修改部分行政法规的决定》修订）

六、外国公司船舶运输收入征税办法（1996 年 9 月 18 日国务院批准　1996 年 10 月 24 日财政部、国家税务总局发布　根据 2011 年 1 月 8 日《国务院关于废止和修改部分行政法规的决定》修订）

七、中华人民共和国中医药条例（2003 年 4 月 7 日中华人民共和国国务院令第 374 号公布）

八、中华人民共和国行政监察法实施条例（2004 年 9 月 17 日中华人民共和国国务院令第 419 号公布）

九、疫苗流通和预防接种管理条例（2005 年 3 月 24 日中华人民共和国国务院令第 434 号公布　根据 2016 年 4 月 23 日《国务院关于修改〈疫苗流通和预防接种管理条例〉的决定》修订）

十、行政学院工作条例（2009 年 12 月 22 日中华人民共和国国务院令第 568 号公布）

国务院文件

国务院关于印发北京、湖南、安徽自由贸易试验区总体方案及浙江自由贸易试验区扩展区域方案的通知

（2020 年 8 月 30 日　国发〔2020〕10 号）

现将《中国（北京）自由贸易试验区总体方案》、《中国（湖南）自由贸易试验区总体方案》、《中国（安徽）自由贸易试验区总体方案》、《中国（浙江）自由贸易试验区扩展区域方案》印发给你们，请认真贯彻执行。

中国（北京）自由贸易试验区总体方案

建立中国（北京）自由贸易试验区（以下简称自贸试验区）是党中央、国务院作出的重大决策，是新时代推进改革开放的重要战略举措。为高标准高质量建设自贸试验区，制定本方案。

一、总体要求

（一）指导思想。

以习近平新时代中国特色社会主义思想为指导，全面贯彻党的十九大和十九届二中、三中、四中全会精神，统筹推进“五位一体”总体布局和协调推进“四个全面”战略布局，坚持稳中求进工作总基调，坚持新发展理念，坚持高质量发展，以供给侧结构性改革为主线，主动服务和融入国家重大战略，建设更高水平开放型经济新体制，以开放促改革、促发展、促创新，把自贸试验区建设成为新时代改革开放新高地。

（二）战略定位及发展目标。

以制度创新为核心，以可复制可推广为基本要求，全面落实中央关于深入实施创新驱动发展、推动京津冀协同发展战略等要求，助力建设具有全球影响

力的科技创新中心,加快打造服务业扩大开放先行区、数字经济试验区,着力构建京津冀协同发展的高水平对外开放平台。

赋予自贸试验区更大改革自主权,深入开展差别化探索。对标国际先进规则,加大开放力度,开展规则、规制、管理、标准等制度型开放。经过三至五年改革探索,强化原始创新、技术创新、开放创新、协同创新优势能力,形成更多有国际竞争力的制度创新成果,为进一步扩大对外开放积累实践经验,努力建成贸易投资便利、营商环境优异、创新生态一流、高端产业集聚、金融服务完善、国际经济交往活跃、监管安全高效、辐射带动作用突出的高标准高质量自由贸易园区。强化自贸试验区改革同北京市改革的联动,各项改革试点任务具备条件的在中关村国家自主创新示范区全面实施,并逐步在北京市推广试验。

二、区位布局

(一)实施范围。

自贸试验区的实施范围 119.68 平方公里,涵盖三个片区:科技创新片区 31.85 平方公里,国际商务服务片区 48.34 平方公里(含北京天竺综合保税区 5.466 平方公里),高端产业片区 39.49 平方公里。

自贸试验区的开发利用须遵守土地利用、生态环境保护、规划相关法律法规,符合国土空间规划,并符合节约集约用地的有关要求。

(二)功能划分。

科技创新片区重点发展新一代信息技术、生物与健康、科技服务等产业,打造数字经济试验区、全球创业投资中心、科技体制改革先行示范区;国际商务服务片区重点发展数字贸易、文化贸易、商务会展、医疗健康、国际寄递物流、跨境金融等产业,打造临空经济创新引领示范区;高端产业片区重点发展商务服务、国际金融、文化创意、生物技术和大健康等产业,建设科技成果转换承载地、战略性新兴产业集聚区和国际高端功能机构集聚区。

三、主要任务和措施

(一)推动投资贸易自由化便利化。

1.深化投资领域改革。全面落实外商投资准入前国民待遇加负面清单管理制度。探索引进考试机构及理工类国际教材。完善外商投资促进、项目跟踪服务和投诉工作机制。鼓励在法定权限内制定投资和产业促进政策。完善“走出去”综合服务和风险防控体系,提高境外投资便利化水平,优化企业境外投资外汇管理流程。

2.提升贸易便利化水平。推动北京首都国际机场、北京大兴国际机场扩大包括第五航权在内的航权安排。持续拓展国际贸易“单一窗口”服务功能和应用领域。开展跨境电子商务零售进口药品试点工作,具体按程序报批。适度放宽医药研发用小剂量特殊化学制剂的管理,支持在区内建立备货仓库。对符合政策的区内研发机构科研设备进口免税。进一步拓展整车进口口岸功能。支持北京天竺综合保税区打造具有服务贸易特色的综合保税区。

3. 创新服务贸易管理。试行跨境服务贸易负面清单管理模式。在有条件的区域最大限度放宽服务贸易准入限制。为研发、执业、参展、交流、培训等高端人才提供签证便利。创新监管服务模式,对区内企业、交易单据、人员、资金、商品等进行追溯和监管。

(二)深化金融领域开放创新。

4. 扩大金融领域开放。开展本外币一体化试点。允许区内银行为境外机构人民币银行结算账户(NRA 账户)发放境外人民币贷款,研究推进境外机构投资者境内证券投资渠道整合,研究推动境外投资者用一个 NRA 账户处理境内证券投资事宜。允许更多外资银行获得证券投资基金托管资格。支持设立重点支持文创产业发展的民营银行。鼓励符合条件的中资银行开展跨境金融服务,支持有真实贸易背景的跨境金融服务需求。推动重点行业跨境人民币业务和外汇业务便利化。探索赋予中关村科创企业更多跨境金融选择权,在宏观审慎框架下自主决定跨境融资方式、金额和时机等,创新企业外债管理方式,逐步实现中关村国家自主创新示范区非金融企业外债项下完全可兑换。支持依法合规地通过市场化方式设立境内外私募平行基金。便利符合条件的私募和资产管理机构开展境外投资。支持跨国公司通过在境内设立符合条件的投资性公司,依法合规设立财务公司。开展区内企业外债一次性登记试点,不再逐笔登记。

5. 促进金融科技创新。围绕支付清算、登记托管、征信评级、资产交易、数据管理等环节,支持金融科技重大项目落地,支持借助科技手段提升金融基础设施服务水平。充分发挥金融科技创新监管试点机制作用,在有利于服务实体经济、风险可控、充分保护消费者合法权益的前提下稳妥开展金融科技创新。支持人民银行数字货币研究所设立金融科技中心,建设法定数字货币试验区和数字金融体系,依托人民银行贸易金融区块链平台,形成贸易金融区块链标准体系,加强监管创新。建设金融科技应用场景试验区,建立应用场景发布机制。

6. 强化金融服务实体经济。允许通过北京产权交易所等依法合规开展实物资产、股权转让、增资扩股的跨境交易。在依法依规、风险可控的前提下,支持区内汽车金融公司开展跨境融资,按照有关规定申请保险兼业代理资格;研究简化汽车金融公司发行金融债券、信贷资产证券化或外资股东发行熊猫债券等相关手续。允许区内注册的融资租赁母公司和子公司共享企业外债额度。将区内注册的内资融资租赁企业试点确认工作委托给北京市主管部门。

(三)推动创新驱动发展。

7.优化人才全流程服务体系。探索制定分层分类人才吸引政策。试点开展外籍人才配额管理制度,探索推荐制人才引进模式。优化外国人来华工作许可、居留许可审批流程。采取“线上+线下”模式,建立全链条一站式服务窗口和服务站点。探索建立过往资历认可机制,允许具有境外职业资格的金融、建筑设计、规划等领域符合条件的专业人才经备案后,依规办理工作居留证件,并在区内提供服务,其境外从业经历可视同境内从业经历。对境外人才发生的医疗费用,开展区内医院与国际保险实时结算试点。探索优化非标准就业形式下劳动保障服务。

8.强化知识产权运用保护。探索研究鼓励技术转移的税收政策。探索建立公允的知识产权评估机制,完善知识产权质押登记制度、知识产权质押融资风险分担机制以及质物处置机制。设立知识产权交易中心,审慎规范探索开展知识产权证券化。开展外国专利代理机构设立常驻代表机构试点工作。探索国际数字产品专利、版权、商业秘密等知识产权保护制度建设。充分发挥中国(中关村)知识产权保护中心的作用,建立专利快速审查、快速确权和快速维权的协同保护体系。

9.营造国际一流创新创业生态。赋予科研人员职务科技成果所有权或长期使用权,探索形成市场化赋权、成果评价、收益分配等制度。鼓励跨国公司设立研发中心,开展“反向创新”。推动中国检测标准转化为国际通用标准。探索优化对科研机构访问国际学术前沿网站的安全保障服务。推进标准化厂房建设,健全工业用地市场供应体系。探索实施综合用地模式,在用途、功能不冲突前提下,实现一宗地块具有多种土地用途、建筑复合使用(住宅用途除外),按照不同用途建筑面积计算土地出让金,不得分割转让。探索实行产业链供地。

(四)创新数字经济发展环境。

10.增强数字贸易国际竞争力。对标国际先进水平,探索符合国情的数字贸易发展规则,加强跨境数据保护规制合作,促进数字证书和电子签名的国际互认。探索制定信息技术安全、数据隐私保护、跨境数据流动等重点领域规则。探索创制数据确权、数据资产、数据服务等交易标准及数据交易流通的定价、结算、质量认证等服务体系,规范交易行为。探索开展数字贸易统计监测。

11.鼓励发展数字经济新业态新模式。加快新一代信息基础设施建设,探索构建安全便利的国际互联网数据专用通道。应用区块链等数字技术系统规范跨境贸易、法律合规、技术标准的实施,保障跨境贸易多边合作的无纸化、动态化、标准化。依托区块链技术应用,整合高精尖制造业企业信息和信用数据,打造高效便捷的通关模式。探索建立允许相关机构在可控范围内对新产品、新业务进行测试的监管机制。

12. 探索建设国际信息产业和数字贸易港。在风险可控的前提下,在软件实名认证、数据产地标签识别、数据产品进出口等方面先行先试。建设数字版权交易平台,带动知识产权保护、知识产权融资业务发展。对软件和互联网服务贸易进行高效、便利的数字进出口检验。积极探索针对企业的数据保护能力的第三方认证机制。探索建立适应海外客户需求的网站备案制度。

(五)高质量发展优势产业。

13. 助力国际交往中心建设。着眼于服务国家总体外交,持续提升重大国事活动服务保障能力。鼓励国际组织集聚。探索开展本外币合一跨境资金池试点,支持符合条件的跨国企业集团在境内外成员之间集中开展本外币资金余缺调剂和归集业务,对跨境资金流动实行双向宏观审慎管理。探索消费、预办登机一体化试点。鼓励适度竞争,完善免税店相关政策。在北京首都国际机场周边打造功能完善的组团式会展综合体。提升中国国际服务贸易交易会规格和能级,将其打造成为国际服务贸易主平台。

14. 满足高品质文化消费需求。打造国际影视动漫版权贸易平台,探索开展文化知识产权保险业务,开展宝玉石交易业务,做强"一带一路"文化展示交易馆。允许符合条件的外资企业开展面向全球的文化艺术品(非文物)展示、拍卖、交易业务。鼓励海外文物回流,积极研究调整现行进口税收政策,进一步给予支持。探索创新综合保税区内国际高端艺术展品担保监管模式。

15. 创新发展全球领先的医疗健康产业。简化国内生物医药研发主体开展国际合作研发的审批流程。加速急需医疗器械和研发用材料试剂、设备通关。对临床急需且我国尚无同品种产品获准注册的医疗器械加快审批,保障临床需求。开展跨境远程医疗等临床医学研究,区内医疗机构可根据自身技术能力,按照有关规定开展干细胞临床前沿医疗技术研究项目。探索开展去中心化临床试验(DCT)试点。支持设立医疗器械创新北京服务站和人类遗传资源服务站,加快医药产业转化速度。

16. 优化发展航空服务。推动北京首都国际机场和北京大兴国际机场联动发展,建设世界级航空枢纽。优化航材保税监管措施,降低航材运营成本。试点开展公务机按照包修协议报关业务,将公务机所有人、运营人及委托代理公司纳入试点申请主体范围。对符合列目规则的航空专用零部件,研究单独设立本国子目。

（六）探索京津冀协同发展新路径。

17. 助力高标准建设城市副中心。探索实施相对集中行政许可权试点。鼓励金融机构开展全球资产配置，建设全球财富管理中心。支持设立全国自愿减排等碳交易中心。规范探索开展跨境绿色信贷资产证券化、绿色债券、绿色股权投融资业务，支持相关企业融资发展。支持符合条件的金融机构设立专营机构。在国家金融监管机构等的指导下，支持设立北京城市副中心金融风险监测预警与监管创新联合实验室，构建京津冀金融风险监测预警平台。简化特殊人才引进流程。

18. 深化产业链协同发展。将自贸试验区打造为京津冀产业合作新平台，创新跨区域产业合作，探索建立总部—生产基地、园区共建、整体搬迁等多元化产业对接合作模式。鼓励北京、天津、河北自贸试验区抱团参与“一带一路”建设，坚持稳妥有序原则，共建、共享境内外合作园区。

19. 推动形成统一开放市场。加强京津冀三地技术市场融通合作，对有效期内整体迁移的高新技术企业保留其高新技术企业资格。逐步实现北京、天津、河北自贸试验区内政务服务“同事同标”，推动实现政务服务区域通办、标准互认和采信、检验检测结果互认和采信。探索建立北京、天津、河北自贸试验区联合授信机制，健全完善京津冀一体化征信体系。

（七）加快转变政府职能。

20. 持续打造国际一流营商环境。推进“证照分离”改革。对新经济模式实施审慎包容监管，探索对新技术新产品加强事中事后监管。下放国际快递业务（代理）经营许可审批权。开展企业投资项目“区域评估＋标准地＋告知承诺制＋政府配套服务”改革。探索取消施工图审查（或缩小审查范围）、实行告知承诺制和设计人员终身负责制等工程建设领域审批制度改革。

21. 强化多元化法治保障。允许境外知名仲裁及争议解决机构经北京市人民政府司法行政部门登记并报国务院司法行政部门备案，在区内设立业务机构，就国际商事、投资等领域民商事争议开展仲裁业务，依法支持和保障中外当事人在仲裁前和仲裁中的财产保全、证据保全、行为保全等临时措施的申请和执行。积极完善公证、调解、仲裁、行政裁决、行政复议、诉讼等有机衔接、相互协调的多元化纠纷解决机制。支持国际商事争端预防与解决组织落地运营。充分利用现有审判资源，为金融诉讼提供绿色通道。

22. 健全开放型经济风险防范体系。推行以信用为基础的分级分类监管制度。聚焦投资、贸易、网络、生物安全、生态环境、文化安全、人员进出、反恐反分裂、公共道德等重点领域，进一步落实好外商投资安全审查制度，完善反垄断审查、行业管理、用户认证、行为审计等管理措施。健全金融风险监测和预警机制，强化反洗钱、反恐怖融资和反逃税工作，不断提升金融风险防控能力。坚持底线思维，依托信息技术创新风险研判和风险防控手段，建立联防联控机制。

四、保障机制

坚持和加强党对改革开放的领导，把党的领导贯穿于自贸试验区建设的全过程。牢固树立总体国家安全观，强化底线思维和风险意识，切实加强自贸试验区风险防控体系建设，完善风险防控和处置机制，维护国家安全和社会安全，牢牢守住不发生区域性系统性风险底线。在国务院自由贸易试验区工作部际联席会议统筹协调下，充分发挥地方和部门积极性，抓好各项改革试点任务落实，高标准高质量建设自贸试验区。北京市要完善工作机制，构建精简高效、权责明晰的自贸试验区管理体制，加强人才培养，打造高素质专业化管理队伍；要加强地方立法，建立公正透明、体系完备的法治环境；要强化主体责任，加强监测预警，深入开展风险评估，制定相关工作方案，切实防范化解重大风险；要建立完善自贸试验区制度创新容错机制，坚持“三个区分开来”，鼓励大胆试、大胆闯；要统筹推进新冠肺炎疫情防控和自贸试验区高质量发展工作，全面落实“外防输入、内防反弹”要求，努力把疫情造成的损失降到最低限度。北京市和有关部门要依法及时下放相关管理权限，完善配套政策，确保各项改革举措落地实施。自贸试验区各片区要把工作做细，制度做实，严格监督，严格执纪执法。本方案提出的各项改革政策措施，凡涉及调整现行法律或行政法规的，按规定程序办理。重大事项及时向党中央、国务院请示报告。

中国(湖南)自由贸易试验区总体方案

建立中国(湖南)自由贸易试验区(以下简称自贸试验区)是党中央、国务院作出的重大决策，是新时代推进改革开放的重要战略举措。为高标准高质量建设自贸试验区，制定本方案。

一、总体要求

(一)指导思想。

以习近平新时代中国特色社会主义思想为指导，全面贯彻党的十九大和十九届二中、三中、四中全会精神，统筹推进“五位一体”总体布局和协调推进“四个全面”战略布局，坚持稳中求进工作总基调，坚持新发展理念，坚持高质量发展，以供给侧结构性改革为主线，主动服务和融入国家重大战略，建设更高水平开放型经济新体制，以开放促改革、促发展、促创新，把自贸试验区建设成为新时代改革开放新高地。

(二)战略定位及发展目标。

以制度创新为核心,以可复制可推广为基本要求,全面落实中央关于加快建设制造强国、实施中部崛起战略等要求,发挥东部沿海地区和中西部地区过渡带、长江经济带和沿海开放经济带结合部的区位优势,着力打造世界级先进制造业集群、联通长江经济带和粤港澳大湾区的国际投资贸易走廊、中非经贸深度合作先行区和内陆开放新高地。

赋予自贸试验区更大改革自主权,深入开展差别化探索。对标国际先进规则,加大开放力度,开展规则、规制、管理、标准等制度型开放。经过三至五年改革探索,形成更多有国际竞争力的制度创新成果,为进一步扩大对外开放积累实践经验,推动先进制造业高质量发展,提升关键领域创新能力和水平,形成中非经贸合作新路径新机制,努力建成贸易投资便利、产业布局优化、金融服务完善、监管安全高效、辐射带动作用突出的高标准高质量自由贸易园区。

二、区位布局

(一)实施范围。

自贸试验区的实施范围119.76平方公里,涵盖三个片区:长沙片区79.98平方公里(含长沙黄花综合保税区1.99平方公里),岳阳片区19.94平方公里(含岳阳城陵矶综合保税区2.07平方公里),郴州片区19.84平方公里(含郴州综合保税区1.06平方公里)。

自贸试验区的开发利用须遵守土地利用、生态环境保护、规划相关法律法规,符合国土空间规划,并符合节约集约用地的有关要求。

(二)功能划分。

长沙片区重点对接“一带一路”建设,突出临空经济,重点发展高端装备制造、新一代信息技术、生物医药、电子商务、农业科技等产业,打造全球高端装备制造业基地、内陆地区高端现代服务业中心、中非经贸深度合作先行区和中部地区崛起增长极。岳阳片区重点对接长江经济带发展战略,突出临港经济,重点发展航运物流、电子商务、新一代信息技术等产业,打造长江中游综合性航运物流中心、内陆临港经济示范区。郴州片区重点对接粤港澳大湾区建设,突出湘港澳直通,重点发展有色金属加工、现代物流等产业,打造内陆地区承接产业转移和加工贸易转型升级重要平台以及湘粤港澳合作示范区。

三、主要任务和措施

(一)加快转变政府职能。

1.营造国际一流营商环境。开展优化营商环境改革举措先行先试。开展强化竞争政策实施试点，创造公平竞争的制度环境。推进电力改革试点，进一步降低企业用电成本。加强重大项目用地保障。发挥好现行税收优惠政策对创新的激励作用。吸引跨国公司在区内设立地区总部。

2. 优化行政管理职能与流程。深化商事制度改革，探索商事主体登记确认制，试行"自主查询、自主申报"制度。开展"证照分离"改革全覆盖试点。进一步深化工程建设项目审批制度改革。推进"一业一证"改革。促进5G和人工智能技术应用，提升"互联网＋政务服务"水平。深化"一件事一次办"改革。

3. 创新事中事后监管体制机制。加强信用体系建设，实行信用风险分类监管。建立重大风险防控和应对机制，依托国家企业信用信息公示系统（湖南）创新事中事后监管。建立商事纠纷诉前调解、仲裁制度，支持搭建国际商事仲裁平台。

（二）深化投资领域改革。

4. 建立更加开放透明的市场准入管理模式。全面落实外商投资准入前国民待遇加负面清单管理制度。完善外商投资信息报告制度，推进部门数据共享，实行市场监管、商务、外汇年报"多报合一"。完善投资便利化机制，建立外商投资一站式服务联络点。鼓励外资投资先进制造业，支持重大外资项目在区内落地，探索与实体经济发展需求相适应的外商股权投资管理办法。

5. 提升对外投资合作水平。创新境外投资管理，对境外投资项目和境外开办企业，属于省级备案管理范围的，可由自贸试验区备案管理，同时加强事中事后监管。健全对外投资政策和服务体系，建立湖南省"一带一路"投资综合服务平台。支持设立国际产品标准中心和行业技术标准中心（秘书处），推动技术、标准、服务、品牌走出去。

（三）推动贸易高质量发展。

6. 提升贸易便利化水平。建设具有国际先进水平的国际贸易"单一窗口"，将出口退税、服务外包、维修服务等事项逐步纳入，推动数据协同、简化和标准化。积极推动扩大出口退税无纸化申报范围，尽快覆盖管理类别为一、二、三类的出口企业。扩大第三方检验结果采信商品和机构范围。创新出口货物专利纠纷担保放行方式。

7. 创新贸易综合监管模式。实现长沙黄花综合保税区与长沙黄花国际机场航空口岸联动。支持内销选择性征收关税政策在自贸试验区内的综合保税区试点。提高国际铁路货运联运水平，探索解决国际铁路运单物权凭证问题，将铁路运输单证作为信用证议付单证。开通农副产品快速通关"绿色通道"，对区内生产加工的符合"两品一标"标准的优质农产品出口注册备案，免于现场评审，并出具检验证书。优化生物医药全球协同研发试验用特殊物品的检疫查验流程。建立贸易风险预警机制和政企互动机制。

8. 推动加工贸易转型升级。创新区内包装材料循环利用监管模式。支持区内企业开展深加工结转，优化出口退税手续。支持开展矿石混配业务，完善仓储、分销、加工及配送体系。相关矿产品入区须符合我国法律法规和重金属精矿等相关标准要求。支持将中国(湖南)国际矿物宝石博览会天然矿晶展品(含宝石同名称用于观赏类的矿晶)按观赏类标本晶体归类。利用现行中西部地区国际性展会留购展品免征进口关税政策，办好中国(湖南)国际矿物宝石博览会。依托现有交易场所，依法合规开展宝玉石交易。

9. 培育贸易新业态。支持自贸试验区内的综合保税区依法依规适用跨境电商零售进口政策。支持跨境电商企业在重点国别、重点市场建设海外仓。对符合条件的跨境电商零售出口企业核定征收企业所得税。适时开通跨境电商中欧班列铁路运邮的邮路出口业务。探索建设国际邮件、国际快件和跨境电商进出境一体化设施。对境外食品类展品，简化食品境外生产企业临时注册验核程序，免于境外实地评审(特殊食品除外)。加强文物进出境审核工作，促进文物回流。加快影视产品出口退税办理进度。制定平行进口汽车符合性整改标准和整改企业资质标准，开展标准符合性整改试点。探索在教育、工程咨询、会展、商务服务等领域，分层次逐步取消或放宽跨境交付、境外消费、自然人移动等模式的服务贸易限制措施。支持离岸贸易业务和总部经济发展，建立全球订单分拨、资金结算和供应链管理中心。探索兼顾安全和效率的数字产品贸易监管模式。

(四)深化金融领域开放创新。

10. 扩大金融领域对外开放。开展外商投资股权投资企业合格境外有限合伙人(QFLP)试点。放宽外商设立投资性公司申请条件，申请前一年外国投资者的资产总额要求降为不低于2亿美元，取消对外国投资者在中国境内已设立外商投资企业的数量要求。

11. 促进跨境投融资便利化。开展资本项目收入支付便利化改革试点，简化资本项下外汇收入支付手续，无需事先逐笔提供真实性证明材料。开展货物贸易外汇收支便利化试点。放宽跨国公司外汇资金集中运营管理准入条件。对区内保税货物转卖给予外汇收支结算便利。允许银行按照“展业三原则”办理购付汇、收结汇及划转等手续。完善跨境电商收付汇制度，允许区内跨境电商海外仓出口企业根据实际销售情况回款，按规定报告出口与收汇差额。探索开展境内人民币贸易融资资产跨境转让业务。支持个人本外币兑换特许业务试点稳妥开展。

12. 增强金融服务实体经济功能。支持开展外部投贷联动和知识产权质押、股权质押、科技融资担保等金融服务。支持金融机构运用区块链、大数据、生物识别等技术提升金融服务能力。支持开展政府投资基金股权投资退出便利化试点。探索融资租赁服务装备制造业发展新模式,支持进口租赁国内不能生产或性能不能满足需要的高端装备。在符合国家有关规定的前提下,开展境内外租赁资产交易。鼓励融资租赁企业在区内设立项目子公司。支持外资保险经纪公司参与开展关税保证保险、科技保险等业务。增强金融推动产业绿色发展的引导作用,支持金融机构和企业发行绿色债券。

13. 建立健全金融风险防控体系。加强对重大风险的识别和系统性金融风险的防范。探索建立覆盖各类金融市场、机构、产品、工具的风险监测监控机制。强化反洗钱、反恐怖融资、反逃税工作。完善金融执法体系,建立公平、公正、高效的金融案件审判和仲裁机制,有效打击金融违法犯罪行为。

(五)打造联通长江经济带和粤港澳大湾区的国际投资贸易走廊。

14. 深入对接长江经济带发展战略。完善区域协同开放机制,积极推进长江经济带沿线自贸试验区合作共建,开展货物通关、贸易统计、检验检测认证等方面合作,推动相关部门信息互换、监管互认、执法互助。推动长江经济带产业合理布局,提升长江经济带产业协同合作能力。探索完善异地开发生态保护补偿机制和政府主导、企业和社会各界参与、市场化运作、可持续的生态产品价值实现路径。依法合规开展产权、技术、排污权等现货交易。

15. 实现湘粤港澳服务业联动发展。积极对接粤港澳大湾区建设,实现市场一体、标准互认、政策协调、规则对接。发展湘粤港澳智能物流,打造面向粤港澳大湾区的中部地区货运集散中心。推进粤港澳大湾区口岸和湖南地区通关监管协作,全面推行通关一体化,畅通货物快捷通关渠道。在内地与香港、澳门关于建立更紧密经贸关系的安排(CEPA)框架下,允许港澳人员在自贸试验区从事相关服务业并享受国民待遇。授权自贸试验区制定相关港澳专业人才执业管理办法(国家法律法规暂不允许的除外),允许具有港澳执业资格的金融、建筑、规划等领域专业人才,经相关部门或机构备案后,为区内企业提供专业服务。在区内推动建立湘粤港澳认证及相关检测机构交流合作平台,促进相应认证检测结果的相互承认与接受。支持符合条件的香港金融机构在自贸试验区进行新设、增资或参股区内金融机构等直接投资活动。支持湖南省对本省高职院校招收香港学生实行备案。鼓励具备内地招收资质的香港院校增加在湖南招生名额。加强湘粤港澳四地文化创意产业合作,实现文化创意产业优势资源对接。积极打造全球领先的5G视频和电子竞技产业基地。

16. 畅通国际化发展通道。在对外航权谈判中支持长沙黄花国际机场获得包括第五航权在内的航权安排，开展经停第三国的航空客货运业务。增加长沙黄花国际机场国际货运航班，建立进口食用水生动物、冰鲜水产品、水果集散中心和进口医药物流中心。研究开展高铁快运。实现自贸试验区与长沙金霞经济技术开发区联动发展，提升中欧班列(长沙)运营规模和质量，加快发展长沙陆港型物流枢纽。推进跨境电商货运班列常态化运行。提升岳阳城陵矶港区功能，全面推进黄金水道建设，支持企业有序发展岳阳至香港水路直航航线，积极拓展至东盟、日韩等国家和地区接力航线。

17. 优化承接产业转移布局。积极探索承接沿海产业转移的路径和模式，开展飞地经济合作，建立健全区域间互动合作和利益分享机制。探索建立跨省域资质和认证互认机制，企业跨省迁入自贸试验区后，在履行必要的审核程序后继续享有原有资质、认证。探索支持沿海地区创新政策在区内落地，工业产品生产许可证等实施“绿色通道”、快捷办理。积极承接钻石进出口及高端饰品加工贸易，支持郴州开展实施“金伯利进程国际证书制度”。通过依托现有交易场所等方式与上海钻石交易所开展合作。

(六)探索中非经贸合作新路径新机制。

18. 建设中非经贸深度合作先行区。比照现行中西部地区国际性展会留购展品免征进口关税政策，支持办好中国—非洲经贸博览会。试点推进对非认证认可和合格评定结果国际互认工作。推进中非海关“经认证的经营者”(AEO)互认合作。建设非洲在华非资源性产品集散和交易中心。探索开展中非易货贸易。探索创新对非经贸合作金融平台和产品，支持设立中非跨境人民币中心，推进跨境人民币业务政策在对非跨境贸易、清算结算、投融资等领域落地，提升对非金融服务能力。

19. 拓展中非地方合作。探索中非经贸合作新模式，推动建设中非经贸合作公共服务平台，打造中非经贸合作示范高地。建设岳阳水果进口指定监管场地。鼓励与贝宁、布基纳法索、乍得、马里等非洲棉花主产国开展定向合作。支持扩大进口非洲咖啡、可可、腰果、鳀鱼等优质农产品。打造中非客货运集散中心，加强岳阳城陵矶港与非洲重点港口的对接合作，拓展湖南与肯尼亚等非洲国家空中客货运航线。统筹对非援助等有关资源，支持湖南省依托人力资源培训资质单位，重点实施对非人力资源培训有关项目，助推对非经贸合作。

(七)支持先进制造业高质量发展。

20. 打造高端装备制造业基地。支持国家级工业设计研究院、国家级轨道交通装备检验检测认证机构建设。支持发展航空航天衍生制造、试验测试、维修保障和服务网络体系。促进制造业数字化智能化转型，支持建设工业互联网平台，加大信息技术应用创新适配中心和运维服务等公共服务平台建设力度。促进智能终端产品研发及产业化，成立湖南省工业技术软件化创新中心，支持工业互联网服务商和“上云上平台”标杆企业发展。

21. 支持企业参与“一带一路”建设。支持龙头企业建设面向“一带一路”沿线国家和地区的跨境寄递服务网络、国际营销和服务体系。支持区内装备制造企业建设全球售后服务中心。在依法依规、风险可控前提下，在自贸试验区的综合保税区内积极开展“两头在外”的高技术含量、高附加值、符合环保要求的工程机械、通信设备、轨道交通装备、航空等保税维修和进口再制造。研究支持对自贸试验区内企业在综合保税区外开展“两头在外”航空维修业态实行保税监管，探索开展“两头在外”的航材包修转包区域流转业务试点。简化汽车维修零部件 CCC 认证办理手续。

22. 推动创新驱动发展。构建以完善重点产业链为目标的技术创新体系，支持关键共性技术研究和重大科技成果转化。建立企业技术需求清单，以政府购买服务、后补助等方式，促进科技成果转化中试。支持将绿色产品优先纳入政府采购清单。实行更加积极、更加开放、更加有效的人才政策，强化人才创新创业激励机制。

23. 强化知识产权保护和运用。完善有利于激励创新的知识产权归属制度。结合区内产业特色，搭建针对性强、便利化的知识产权公共服务平台，建立知识产权服务工作站，培养知识产权服务人才，构建一体化的知识产权信息公共服务体系。建立多元化知识产权争端解决与快速维权机制。探索建立公允的知识产权评估机制，优化知识产权质押登记服务，完善知识产权质押融资风险分担机制以及方便快捷的质物处置机制。

四、保障机制

坚持和加强党对改革开放的领导，把党的领导贯穿于自贸试验区建设的全过程。牢固树立总体国家安全观，强化底线思维和风险意识，切实加强自贸试验区风险防控体系建设，完善风险防控和处置机制，维护国家安全和社会安全，牢牢守住不发生区域性系统性风险底线。在国务院自由贸易试验区工作部际联席会议统筹协调下，充分发挥地方和部门积极性，抓好各项改革试点任务落实，高标准高质量建设自贸试验区。湖南省要完善工作机制，构建精简高效、权责明晰的自贸试验区管理体制，加强人才培养，打造高素质专业化管理队伍；要加强地方立法，建立公正透明、体系完备的法治环境；要强化主体责任，加强监测预警，深入开展风险评估，制定相关工作方案，切实防范化解重大风险；要建立完善自贸试验区制度创新容错机制，坚持“三个区分开来”，鼓励大胆试、大胆闯；要统筹推进新冠肺炎疫情防控和自贸试验区高质量发展工作，全面落实“外防输入、内防反弹”要求，努力把疫情造成的损失降到最低限度。湖南省和有关部门要依法及时下放相关管理权限，完善配套政策，确保各项改革举措落地实施。自贸试验区各片区要把工作做细，制度做实，严格监督，严格执纪执法。本方案提出的各项改革政策措施，凡涉及调整现行法律或行政法规的，按规定程序办理。重大事项及时向党中央、国务院请示报告。

中国（安徽）自由贸易试验区总体方案

建立中国（安徽）自由贸易试验区（以下简称自贸试验区）是党中央、国务院作出的重大决策，是新时代推进改革开放的重要战略举措。为高标准高质量建设自贸试验区，制定本方案。

一、总体要求

（一）指导思想。

以习近平新时代中国特色社会主义思想为指导，全面贯彻党的十九大和十九届二中、三中、四中全会精神，统筹推进“五位一体”总体布局和协调推进“四个全面”战略布局，坚持稳中求进工作总基调，坚持新发展理念，坚持高质量发展，以供给侧结构性改革为主线，主动服务和融入国家重大战略，建设更高水平开放型经济新体制，以开放促改革、促发展、促创新，把自贸试验区建设成为新时代改革开放新高地。

（二）战略定位及发展目标。

以制度创新为核心，以可复制可推广为基本要求，全面落实中央关于深入实施创新驱动发展、推动长三角区域一体化发展战略等要求，发挥在推进“一带一路”建设和长江经济带发展中的重要节点作用，推动科技创新和实体经济发展深度融合，加快推进科技创新策源地建设、先进制造业和战略性新兴产业集聚发展，形成内陆开放新高地。

赋予自贸试验区更大改革自主权，深入开展差别化探索。对标国际先进规则，加大开放力度，开展规则、规制、管理、标准等制度型开放。经过三至五年改革探索，形成更多有国际竞争力的制度创新成果，为进一步扩大对外开放积累实践经验，推动科技创新、产业创新、企业创新、产品创新、市场创新，推进开放大通道大平台大通关建设，努力建成贸易投资便利、创新活跃强劲、高端产业集聚、金融服务完善、监管安全高效、辐射带动作用突出的高标准高质量自由贸易园区。

二、区位布局

（一）实施范围。

自贸试验区的实施范围119.86平方公里，涵盖三个片区：合肥片区64.95平方公里（含合肥经济技术开发区综合保税区1.4平方公里），芜湖片区35平方公里（含芜湖综合保税区2.17平方公里），蚌埠片区19.91平方公里。

自贸试验区的开发利用须遵守土地利用、生态环境保护、规划相关法律法规，符合国土空间规划，并符合节约集约用地的有关要求。

（二）功能划分。

合肥片区重点发展高端制造、集成电路、人工智能、新型显示、量子信息、科技金融、跨境电商等产业，打造具有全球影响力的综合性国家科学中心和产业创新中心引领区。芜湖片区重点发展智能网联汽车、智慧家电、航空、机器人、航运服务、跨境电商等产业，打造战略性新兴产业先导区、江海联运国际物流枢纽区。蚌埠片区重点发展硅基新材料、生物基新材料、新能源等产业，打造世界级硅基和生物基制造业中心、皖北地区科技创新和开放发展引领区。

三、主要任务和措施

（一）加快转变政府职能。

1. 打造国际一流营商环境。深入实施送新发展理念、送支持政策、送创新项目、送生产要素和服务实体经济“四送一服”工程。开展强化竞争政策实施试点，创造公平竞争的制度环境。以全国审批事项最少、办事效率最高、投资环境最优、市场主体和人民群众获得感最强为目标，营造“四最”营商环境。构建“互联网＋营商环境监测”系统。推行“全省一单”权责清单制度体系。进一步深化工程建设项目审批制度改革。探索建立运用互联网、大数据、人工智能、区块链等技术手段优化行政管理的制度规则。

（二）深化投资领域改革。

2. 深入推进投资自由化便利化。在科研和技术服务、电信、教育等领域加大对外开放力度，放宽注册资本、投资方式等限制。简化外商投资项目核准程序。支持外商独资设立经营性教育培训和职业技能培训机构。允许注册在自贸试验区内符合条件的外资旅行社从事除台湾地区以外的出境旅游业务。

3. 强化投资促进和保护。鼓励自贸试验区在法定权限内制定外商投资促进政策。推广市场化招商模式，探索成立企业化招商机构。建立外商投资全流程服务体系，实施重大外资项目包保服务机制。健全外商投诉工作机制，保护外商投资合法权益。

4. 提升对外投资合作水平。完善境外投资政策和服务体系，为优势产业走出去开拓多元化市场提供优质服务。在符合现行外汇管理规定的前提下，鼓励金融机构提高对境外资产或权益的处置能力，支持走出去企业以境外资产和股权、采矿权等权益为抵押获得贷款。支持合肥、芜湖中德合作园区建设，探索建立国际园区合作新机制。

（三）推动贸易高质量发展。

5. 优化贸易监管服务体系。加快建设具有国际先进水平的国际贸易“单一窗口”。优化海关监管模式，综合运用多种合格评定方式，实施差异化监管。完善和推广“海关 ERP 联网监管”，大力推进网上监管，开展“互联网 + 核查”、“线上 + 线下”核查等创新试点。深入推进第三方检验结果采信。优化鲜活农产品检验检疫流程，简化动植物检疫审批程序，实施全程网上办理。完善进出口商品质量安全风险预警和快速反应监管体系。支持内销选择性征收关税政策在自贸试验区内的综合保税区试点。支持在自贸试验区内的综合保税区和保税监管场所设立大宗商品期货保税交割库。

6. 培育发展贸易新业态新模式。支持合肥、芜湖跨境电商综合试验区建设。支持合肥、芜湖片区开展跨境电商零售进口试点。依法依规开展跨境电商人民币结算，推动跨境电商线上融资及担保方式创新。鼓励建设出口产品公共海外仓和海外运营中心。探索建设国际邮件、国际快件和跨境电商进出境一体化设施。积极开展进口贸易促进创新工作。进一步完善高端装备制造产品售后维修进出口管理，适当延长售后维修设备和备件返厂期限。对符合条件的入境维修复出口免于实施装运前检验。支持设立国家数字服务出口基地，打造数字化制造外包平台。

7. 提升国际贸易服务能力。支持建设合肥国际航空货运集散中心、芜湖航空器维修保障中心。支持自贸试验区符合条件的片区，按规定申请设立综合保税区。支持建设汽车整车进口口岸、首次进口药品和生物制品口岸。优先审理自贸试验区相关口岸开放项目。加快建设多式联运基地，高标准对接国际多式联运规则，支持多式联运经营企业布局境外服务网络。

（四）深化金融领域开放创新。

8. 扩大金融领域对外开放。落实放宽金融机构外资持股比例、拓宽外资金融机构业务经营范围等措施，支持符合条件的境内外投资者依法设立各类金融机构。研究开展合格境外有限合伙人（QFLP）政策试点。探索开展离岸保险业务。完善自贸试验区内技术等要素交易市场，允许外资参与投资。促进跨境投融资汇兑便利化。开展资本项目收入支付便利化改革试点。探索通过人民币资本项下输出贸易项下回流方式，重点推动贸易和投资领域的人民币跨境使用。

9. 推进科技金融创新。加强国家科技成果转化引导基金与安徽省科技成果转化引导基金合作。支持自贸试验区符合条件的商业银行在依法依规、风险可控的前提下，探索设立金融资产投资公司。支持在自贸试验区内依法合规设立商业银行科技支行、科技融资租赁公司等专门服务科创企业的金融组织，在政策允许范围内开展金融创新，积极融入长三角区域一体化发展。鼓励保险公司发展科技保险，拓宽服务领域。支持条件成熟的银行业金融机构探索多样化的科技金融服务模式。支持自贸试验区内金融小镇依法依规开展私募投资基金服务。鼓励社会资本按市场化原则探索设立跨境双向股权投资基金。支持合肥片区积极推动金融支持科技创新发展。

10. 建立健全金融风险防控体系。加强对重大风险的识别和系统性金融风险的防范。强化反洗钱、反恐怖融资、反逃税工作，防范非法资金跨境、跨区流动。提升金融执法能力，有效打击金融违法犯罪行为。

（五）推动创新驱动发展。

11. 建设科技创新策源地。健全支持基础研究、原始创新的体制机制，推动建成合肥综合性国家科学中心框架体系，争创国家实验室，探索国家实验室建设运行模式。支持做好合肥先进光源、大气环境立体探测、强光磁等重大科技基础设施预研究工作，组建环境科学研发平台和未来技术综合研究基地。支持提升拓展全超导托卡马克、同步辐射光源、稳态强磁场等大科学装置功能，加快聚变堆主机关键系统综合研究设施建设。支持建设能源研究院、人工智能研究院，筹划组建大健康研究院。支持建设微尺度物质科学国家研究中心、合肥先进计算中心和国家重点实验室等，高质量建设一批省级实验室、技术创新中心。支持开展免疫细胞、干细胞等临床前沿医疗技术研究项目。推动国家重大科研基础设施和大型科研仪器向相关产业创业者开放。

12. 促进科技成果转移转化。打造"政产学研用金"六位一体科技成果转化机制。支持参与建设相关国家技术创新中心。支持建设关键共性技术研发平台，产学研合作、信息发布、成果交流和交易平台。鼓励建设国际化创新创业孵化平台。支持模式国际化、运行市场化、管理现代化的新型研发机构建设。深化科技成果使用权、处置权和收益权改革，支持有条件的单位参与开展赋予科技人员职务科技成果所有权或长期使用权试点。支持建立科技融资担保机构。探索有条件的科技创新企业规范开展知识产权证券化试点。完善知识产权评估机制、质押融资风险分担机制以及方便快捷的质物处置机制，完善知识产权交易体系。结合自贸试验区内产业特色，搭建针对性强、便利化的知识产权公共服务平台，设立知识产权服务工作站，培养知识产权服务人才，构建一体化的知识产权信息公共服务体系。支持建设安徽科技大市场，提升安徽创新馆运营水平。

13. 深化国际科技交流合作。支持重要国际组织在合肥综合性国家科学中心设立总部或分支机构，在世界前沿关键领域参与或按程序报批后发起组织国际大科学计划和大科学工程。鼓励建设国际联合研究中心（联合实验室）等国际科技合作基地，探索建立符合国际通行规则的跨国技术转移和知识产权分享机制。支持境内外研发机构、高校院所、企业在自贸试验区设立或共建实验室、新型研发机构，实施高等学校学科创新引智计划，建设引才引智示范基地。

14. 激发人才创新创业活力。建立以人才资本价值实现为导向的分配激励机制，探索和完善分红权激励、超额利润分享、核心团队持股跟投等中长期激励方案。对顶尖科技人才及团队采取"一事一议"方式给予支持。支持与境外机构合作开发跨境商业健康保险产品，探索开展商业健康保险跨境结算试点。

（六）推动产业优化升级。

15. 支持高端制造业发展。支持将生物医药、高端智能装备、新能源汽车、硅基新材料等产业纳入新一批国家战略性新兴产业集群。支持合肥片区建设工业互联网标识解析二级节点，建设国家新一代人工智能创新发展试验区。鼓励国家先进制造产业投资基金对自贸试验区内新能源汽车、新型显示、机器人等产业，按商业化、市场化原则进行投资。支持组建硅基生物基产业创新中心。在条件成熟的区域内，探索实施有关支持政策，推广使用聚乳酸等可降解塑料制品。鼓励自贸试验区内企业购买和引进海外研发、测试设备及重大装备。对自贸试验区内符合条件的从事集成电路、人工智能、生物医药、民用航空等关键领域核心环节生产研发的企业，积极认定高新技术企业。

16. 培育布局未来产业。支持超前布局量子计算与量子通信、生物制造、先进核能等未来产业。支持量子信息、类脑芯片、下一代人工智能等新技术的研发应用。加快推进靶向药物、基因检测等研发产业化，支持开展高端医学影像设备、超导质子放射性治疗设备、植入介入产品、体外诊断等关键共性技术研发。重点发展第三代半导体、金属铼等前沿材料产业，培育发展石墨烯产业，推动科技成果转化与典型应用。促进云计算、大数据、互联网、AI、5G与实体经济、制造业的系列化融合应用。大力推动数字商务新模式、新业态发展，探索建立反向定制（C2M）产业基地，鼓励先进制造业与现代服务业深度融合。

（七）积极服务国家重大战略。

17. 推动长三角区域一体化高质量发展。对接上海、江苏、浙江自贸试验区，推动长三角地区自贸试验区协同发展，共同打造对外开放高地。继续推进皖江城市带承接产业转移示范区发展，建设皖北承接产业转移集聚区，支持共建产业合作园区，探索建立跨区域利益分享机制。支持开展港口合作，打造芜湖—马鞍山江海联运枢纽和合肥江淮联运中心。鼓励参与芜湖至上海“点到点”航线经营的各船运公司互换仓位，提高航线服务保障能力。开展会展合作，支持办好世界制造业大会、世界显示产业大会、中国（安徽）科技创新成果转化交易会等高端展会平台。加强自贸试验区与马鞍山郑蒲港新区、经济技术开发区等区域联动，放大辐射带动效应。

18. 推动长江经济带发展和促进中部地区崛起战略实施。支持安徽自贸试验区与长江经济带、中部地区其他自贸试验区联动发展。支持长江中上游地区集装箱在自贸试验区内中转集拼业务发展。加快引江济淮工程建设，提升自贸试验区对长江经济带发展的航运支撑能力。推广新安江流域生态补偿机制、林长制改革经验，探索在长江流域上下游之间开展生态、资金、产业、人才等多种补偿。探索政府主导、企业和社会各界参与、市场化运作、可持续的生态产品价值实现路径。

19. 积极服务“一带一路”建设。与“一带一路”沿线国家和地区共建科技创新共同体，支持参与沿线国家基础设施建设。为企业开展国际产能和装备制造合作提供便利，加快培育国际经济合作和竞争新优势。共商共建一批重大合作项目。拓展提升中欧班列（合肥）功能和覆盖范围，根据市场需要提高集装箱办理站能力，推动将中欧班列（合肥）纳入中欧安全智能贸易航线试点计划。鼓励建设中东部地区连接中亚、欧洲的铁水联运大通道，推动建立多式联运体系。

四、保障机制

坚持和加强党对改革开放的领导，把党的领导贯穿于自贸试验区建设的全过程。牢固树立总体国家安全观，强化底线思维和风险意识，切实加强自贸试验区风险防控体系建设，完善风险防控和处置机制，维护国家安全和社会安全，牢牢守住不发生区域性系统性风险底线。在国务院自由贸易试验区工作部际联席会议统筹协调下，充分发挥地方和部门积极性，抓好各项改革试点任务落实，高标准高质量建设自贸试验区。安徽省要完善工作机制，构建精简高效、权责明晰的自贸试验区管理体制，加强人才培养，打造高素质专业化管理队伍；要加强地方立法，建立公正透明、体系完备的法治环境；要强化主体责任，加强监测预警，深入开展风险评估，制定相关工作方案，切实防范化解重大风险；要建立完善自贸试验区制度创新容错机制，坚持“三个区分开来”，鼓励大胆试、大胆闯；要统筹推进新冠肺炎疫情防控和自贸试验区高质量发展工作，全面落实“外防输入、内防反弹”要求，努力把疫情造成的损失降到最低限度。安徽省和有关部门要依法及时下放相关管理权限,完善配套政策,确保各项改革举措落地实施。自贸试验区各片区要把工作做细,制度做实,严格监督,严格执纪执法。本方案提出的各项改革政策措施,凡涉及调整现行法律或行政法规的,按规定程序办理。重大事项及时向党中央、国务院请示报告。

中国(浙江)自由贸易试验区扩展区域方案

建设自由贸易试验区是党中央、国务院作出的重大决策,是新时代推进改革开放的重要战略举措。中国(浙江)自由贸易试验区(以下简称自贸试验区)设立以来,建设取得阶段性成果,总体达到预期目标。为贯彻落实党中央、国务院决策部署,进一步扩展自贸试验区区域,制定本方案。

一、总体要求

(一)指导思想。

以习近平新时代中国特色社会主义思想为指导,全面贯彻党的十九大和十九届二中、三中、四中全会精神,统筹推进"五位一体"总体布局和协调推进"四个全面"战略布局,坚持稳中求进工作总基调,坚持新发展理念,坚持高质量发展,以供给侧结构性改革为主线,主动服务和融入国家重大战略,建设更高水平开放型经济新体制,以开放促改革、促发展、促创新,把自贸试验区建设成为新时代改革开放新高地。

(二)功能定位及发展目标。

坚持以"八八战略"为统领,发挥"一带一路"建设、长江经济带发展、长三角区域一体化发展等国家战略叠加优势,着力打造以油气为核心的大宗商品资源配置基地、新型国际贸易中心、国际航运和物流枢纽、数字经济发展示范区和先进制造业集聚区。

赋予自贸试验区更大改革自主权,深入开展差别化探索。对标国际先进规则,加大开放力度,开展规则、规制、管理、标准等制度型开放。到2025年,基本建立以投资贸易自由化便利化为核心的制度体系,营商环境便利度位居全国前列,油气资源全球配置能力显著提升,国际航运和物流枢纽地位进一步增强,数字经济全球示范引领作用彰显,先进制造业综合实力全面跃升,成为引领开放型经济高质量发展的先行区和增长极。到2035年,实现更高水平的投资贸易自由化,新型国际贸易中心全面建成,成为原始创新高端制造的重要策源地、推动国际经济交往的新高地,成为新时代全面展示中国特色社会主义制度优越性重要窗口的示范区。

二、区位布局

（一）实施范围。

自贸试验区扩展区域实施范围119.5平方公里，涵盖三个片区：宁波片区46平方公里（含宁波梅山综合保税区5.69平方公里、宁波北仑港综合保税区2.99平方公里、宁波保税区2.3平方公里），杭州片区37.51平方公里（含杭州综合保税区2.01平方公里），金义片区35.99平方公里（含义乌综合保税区1.34平方公里、金义综合保税区1.26平方公里）。

自贸试验区的开发利用须遵守土地、无居民海岛利用和生态环境保护、规划相关法律法规，符合国土空间规划，并符合节约集约利用资源的有关要求；支持按照国家相关法规和程序，办理合理必需用海。

（二）功能划分。

宁波片区建设链接内外、多式联运、辐射力强、成链集群的国际航运枢纽，打造具有国际影响力的油气资源配置中心、国际供应链创新中心、全球新材料科创中心、智能制造高质量发展示范区。杭州片区打造全国领先的新一代人工智能创新发展试验区、国家金融科技创新发展试验区和全球一流的跨境电商示范中心，建设数字经济高质量发展示范区。金义片区打造世界"小商品之都"，建设国际小商品自由贸易中心、数字贸易创新中心、内陆国际物流枢纽港、制造创新示范地和"一带一路"开放合作重要平台。

三、主要任务和措施

（一）建立以投资贸易自由化便利化为核心的制度体系。

1.进一步提升贸易便利化水平。进一步丰富国际贸易"单一窗口"功能，将服务贸易出口退（免）税申报纳入"单一窗口"管理。深化服务贸易创新试点，推动服务外包向高技术、高品质、高效益、高附加值转型升级，加快信息服务、文化贸易、技术贸易等新兴服务贸易发展，探索以高端服务为先导的"数字+服务"新业态新模式。推进进出口产品质量溯源体系建设，拓展可追溯商品种类。扩大第三方检验结果采信商品和机构范围。

2.推进投资自由化便利化。探索建立大数据信息监管系统，部分领域在风险可控的前提下，市场主体在领取营业执照的同时，承诺并提交有关材料后，即可依法开展投资经营活动。对外商投资实行准入前国民待遇加负面清单管理制度，支持建立国际投资"单一窗口"，在区内研究放宽油气产业、数字经济、生命健康和新材料等战略性新兴产业集群市场准入。将国际快递业务经营许可审批权下放至浙江省邮政管理局。

3.推动金融创新服务实体经济。开展本外币合一银行账户体系试点，提升本外币银行账户业务便利性。开展包括油品等大宗商品在内的更高水平贸易投资便利化试点，支持企业按规定开展具有真实贸易背景的新型国际贸易，支持银行按照“展业三原则”，依法为企业提供优质的金融服务。探索开展境内贸易融资资产转让业务和不良资产对外转让业务。探索符合贸易新业态新模式特点的跨境外汇结算模式，支持外贸健康发展。吸引跨国公司地区总部、结算中心、贸易中心和订单中心在自贸试验区落户。支持设立民营银行，探索股债联动，支持科技型企业发展。

4. 进一步转变政府职能。深化“最多跑一次”改革，依法经批准将下放至地级及以上城市的省级管理权限下放至自贸试验区。按照“整体智治”现代政府理念，建设数字政府，完善“互联网+政务服务”、“互联网+监管”体系，加快政府数字化转型，健全事中事后监管服务，完善中央与地方信息共享机制，促进市场主体管理信息共享。深化资源要素市场化改革，开展国家级改革试点，推动土地、能源、金融、数据等资源要素向自贸试验区倾斜。完善外国人来华工作许可制度和人才签证制度区内配套措施。探索取消施工图审查（或缩小审查范围）、实施告知承诺制和设计人员终身负责制等工程建设领域审批制度改革。

（二）高质量建设现代化开放型经济体系。

5. 打造以油气为核心的大宗商品全球资源配置基地。聚焦能源和粮食安全，研究建立能源等大宗商品政府储备和企业储备相结合的政策保障体系，更好发挥企业储备在保障粮食安全方面的作用。

支持开展油气储备改革试点，支持承接更多政府储备任务，大力发展企业储备，增加储备品种，增强储备能力，成为保障国家能源和粮食安全的重要基地。探索地下空间利用的创新举措。推动建设用地地上、地表、地下分别设立使用权，探索利用地下空间建设油气仓储设施，促进空间合理开发利用。以油气、化工品等为重点，积极开展原油、汽油、液化气等储备业务，建设化工品国际贸易中心和分拨中心，打造成为国家级油气储备基地。支持浙江自贸试验区围绕油气全产业链深入开展差别化探索。参照国际通行规则，探索研究推动浙江自贸试验区油气全产业链发展的政策措施，增强国际竞争力。

积极拓展与其他国家的农产品贸易合作，大力发展进境牛肉等高端动物蛋白加工贸易产业。建设进口粮食保税储存中转基地，支持以大豆为突破口，创新粮食进口检疫审批制度，允许对非关税配额粮食以港口存放方式办理检验检疫审批，进口后再确定加工场所（具有活性的转基因农产品除外）。鼓励粮食进出口企业与运输企业建立长期稳定合作关系，降低国际粮食运输费用。探索开展远洋渔业引进外籍船员试点。

6. 打造新型国际贸易中心。支持以市场化方式推进世界电子贸易平台

(eWTP)全球布局,探索在数据交互、业务互通、监管互认、服务共享等方面的国际合作及数字确权等数字贸易基础设施建设,打造全球数字贸易博览会。

支持境内外跨境电商企业建设国际转口配送基地。支持义乌小商品城等市场拓展进口业务,建设新型进口市场。支持建设易货贸易服务平台。支持跨境电商平台企业与结算银行、支付机构在依法合规前提下积极开展人民币计价、结算。探索小商品贸易与大宗商品贸易联动的新型易货贸易模式,拓展跨境人民币结算通道。以"一带一路"沿线国家和地区为重点,整合海外仓、结算等全球供应链服务体系,建设面向全球的供应链易货交易服务平台。

创新数字化综合监管制度,探索新型监管模式,实施简化申报、简证放行、简易征管等便利化举措;探索实施"互联网+核查"、"线上+线下"核查等创新试点。

7. 打造国际航运和物流枢纽。探索"互联网+口岸"新服务,促进海港、陆港、空港、信息港"四港"联动发展,支持全球智能物流枢纽建设,推动海上丝绸之路指数、快递物流指数等成为全球航运物流的风向标,打造全球供应链的"硬核"力量。

允许中资非五星旗船开展以宁波舟山港为中转港的外贸集装箱沿海捎带业务。设立国际转口集拼中转业务仓库,建设国际中转集拼中心。在有效监管、风险可控的前提下,研究在宁波舟山港实施启运港退税政策的可行性。支持参照保税船用燃料油供应管理模式,允许液化天然气(LNG)作为国际航行船舶燃料享受保税政策。构建长三角港口群跨港区供油体系,合力打造东北亚燃料油加注中心。

加强杭州、宁波临空经济示范区与自贸试验区协同发展。实施高度开放的国际航空运输管理,推动杭州萧山国际机场、宁波栎社国际机场扩大包括第五航权在内的航权安排,吸引相关国家和地区航空公司开辟经停航线。支持杭州萧山国际机场、宁波栎社国际机场探索航空中转业务。

推动宁波舟山港与义乌港双核港口一体化和口岸监管无缝对接,实现同港同策,促进海港功能和口岸监管功能向义乌港、浙中公铁联运港等延伸。支持开展甬金铁路双层高柜铁路集装箱运输试点,根据试点情况,研究复制到其他线路。支持宁波—舟山港口型国家物流枢纽建设,大力发展海铁联运。率先探索集装箱多式联运运单及电子运单标准应用。

8. 打造数字经济发展示范区。加大以自主深度算法、超强低耗算力和高速广域网络为代表的新一代数字基础设施建设,支持布局 IPv6、卫星互联网、6G 试验床等网络基础设施,全面拓展数字产业化、产业数字化、数字生活新服务,把国家数字服务出口基地打造为数字贸易先行示范区。

加强数字经济领域国际规则、标准研究制定，推动标准行业互信互认。强化金融支撑，鼓励各类金融机构创新金融服务和金融产品，引导各类创投企业投向数字经济领域创新创业项目。

积极推动杭州城西科技创新大走廊、宁波甬江科技创新大走廊与自贸试验区改革联动、创新联动，打造数字经济创新引领区。推进之江实验室、阿里达摩院等研发机构建设，支持之江实验室参与国家实验室建设。加大对国内外顶尖云制造、人工智能、大数据等企业的招商引资力度，打造全球工业互联网研发应用基地。建设全国电子数据交换系统贸易网，打造枢纽型国际化数字强港。

9. 打造先进制造业集聚区。建立关键零部件国际国内双回路供应政策体系。以关键核心技术为突破口，围绕新材料、生命健康等产业，建立产业链"链长制"责任体系，提升"补链"能力。探索实行产业链供地。推动产业集群在空间上高度集聚、上下游紧密协同、供应链集约高效。

聚焦高性能磁性材料、新型膜材料、先进碳材料等优势产业，前瞻布局智能复合材料、海洋新材料等新兴领域，加速新材料产业升级的关键核心技术攻关及成果转化，积极推动先进材料产业创新中心建设，打造参与全球新材料产业创新竞争的重要平台。

聚焦新一代智能技术应用，大力引进若干国内外顶尖的智能制造示范企业，支持区内企业推进国际协同研发，积极融入高端制造业全球供应链、创新链和价值链。围绕现代高档数控机床、机器人等智能装备及关键基础件，打造国内重要的智能制造装备产业基地。落实支持科技创新进口税收政策，对符合政策要求的区内单位进口科研设备免税。

加大5G、物联网、工业互联网、人工智能、数据中心等新型基础设施建设力度，加强交通基础设施智能化升级，推动自贸试验区和省内其他区域联动协同，建立高效、快速、便捷、智慧的全球一流基础设施体系。

搭建生命大健康产业科研创新平台，鼓励和支持龙头医药企业加大科技投入，与国内外医药科研院所开展合作，建设生物医药公共技术服务平台和开放性专业实验室。

加快海水淡化与综合利用、海洋可再生能源等新兴领域自主研发、中试转化、装备定型，积极推动产业规模化发展。

（三）构建安全高效的风险防控体系。

10. 加快完善风险防范机制。加强顶层设计，健全风险防范责任机制，坚持底线思维，强化重大风险防范的政治责任和履责能力。加强风险防控机制的专业化、科学化建设，创新激励机制，强化风险管理人才队伍建设。完善风险防控的评估、预警与处置机制，加强油气产业环境风险处置应对能力建设。健全对外开放的风险防范机制，完善和创新对外籍人士等特殊人群管理模式。支持宁波海事法院、杭州互联网法院发挥在推进国际航运物流枢纽和数字经济发展示范区建设中的服务和保障作用；适应新型国际贸易中心建设需要，积极打造具有较强国际影响力的国际商事仲裁平台，健全完善诉讼、仲裁、调解等有机衔接、相互协调的国际商事多元化纠纷解决机制。

11. 打造数字一体化监管服务平台。依托数字化手段，开展自贸试验区一体化风险防控监管平台体系差别化探索。充分利用大数据、人工智能、区块链、5G 等先进信息技术，建设高标准智能化监管平台。在国家数据跨境传输安全管理制度框架下，试点开展数据跨境流动安全评估，探索建立数据保护能力认证、数据流动备份审查、跨境数据流动和交易风险评估等数据安全管理机制。加大对专利、版权、企业商业秘密等权利及数据的保护力度，主动参与引领全球数字经济交流合作。依托外贸风险快速预警综合平台，完善外贸预警机制，实现监管信息互联互认共享，提高外贸企业抵御风险能力。

12. 构建全链条信用管理机制。支持开展企业信用风险分类管理试点工作，加强企业信用风险状况评估分析，提升企业信用风险状况预测预警和动态监测能力，实现对市场主体的精准靶向监管。运用区块链技术，注重源头管理，探索“沙盒”监管模式，建立全链条信用监管机制，支持探索信用评估和信用修复制度，鼓励失信主体通过主动纠正失信行为、消除不良社会影响等方式修复信用。

四、保障机制

坚持和加强党对改革开放的领导，把党的领导贯穿于自贸试验区建设的全过程。牢固树立总体国家安全观，强化底线思维和风险意识，切实加强自贸试验区风险防控体系建设，完善风险防控和处置机制，维护国家安全和社会安全，牢牢守住不发生区域性系统性风险底线。在国务院自由贸易试验区工作部际联席会议统筹协调下，充分发挥地方和部门积极性，抓好各项改革试点任务落实，高标准高质量建设自贸试验区。浙江省要完善工作机制，构建精简高效、权责明晰的自贸试验区管理体制，加强人才培养，打造高素质专业化管理队伍；要加强地方立法，建立公正透明、体系完备的法治环境；要强化主体责任，加强监测预警，深入开展风险评估，制定相关工作方案，切实防范化解重大风险；要建立完善自贸试验区制度创新容错机制，坚持“三个区分开来”，鼓励大胆试、大胆闯；要统筹推进新冠肺炎疫情防控和自贸试验区高质量发展工作，全面落实“外防输入、内防反弹”要求，努力把疫情造成的损失降到最低限度。浙江省和有关部门要依法及时下放相关管理权限，完善配套政策，确保各项改革举措落地实施。要加强自贸试验区既有区域和扩展区域的联动发展、融合发展,既有区域和扩展区域各项政策措施可叠加适用。自贸试验区各片区要把工作做细,制度做实,严格监督,严格执纪执法。本方案提出的各项改革政策措施,凡涉及调整现行法律或行政法规的,按规定程序办理。重大事项及时向党中央、国务院请示报告。

国务院关于公布第三批国家级抗战纪念设施、遗址名录的通知

(2020年9月1日 国发〔2020〕11号)

为隆重纪念中国人民抗日战争暨世界反法西斯战争胜利75周年,经党中央、国务院批准,现将第三批80处国家级抗战纪念设施、遗址名录予以公布。

各地区、各有关部门要进一步加强抗战纪念设施、遗址的保护管理,做好抗战史料文物和英烈事迹的发掘整理、宣传陈展工作,广泛组织开展群众性拜谒、参观活动,教育引导广大群众特别是青少年充分认清日本法西斯侵略者犯下的罪行,牢记中华民族抵御侵略、奋勇抗争的历史以及中国人民为世界反法西斯战争胜利作出的巨大民族牺牲和重要历史贡献,学习宣传抗日英烈的英雄事迹,大力弘扬伟大的民族精神和抗战精神,进一步增强民族凝聚力、向心力,为实现中华民族伟大复兴的中国梦不懈奋斗。

第三批国家级抗战纪念设施、遗址名录

北京市

冀热察挺进军司令部旧址陈列馆　位于北京市门头沟区斋堂镇马栏村

白乙化烈士陵园　位于北京市密云区石城镇河北村

天津市

中共中央北方局旧址纪念馆　位于天津市和平区黑龙江路隆泰里19号

河北省

陈庄歼灭战旧址　位于河北省石家庄市灵寿县岔头镇横山岭

水库东岸

遵化市长城抗战烈士陵园　位于河北省唐山市遵化市石门镇石门四村

冀南山底抗日地道遗址　位于河北省邯郸市峰峰矿区义井镇山底村

中国人民抗日军政大学陈列馆　位于河北省邢台市信都区浆水镇前南峪村

冀南烈士陵园　位于河北省邢台市南宫市南大街103号

白洋淀雁翎队纪念馆　位于河北省保定市安新县白洋淀景区

冀中烈士陵园　位于河北省沧州市河间市曙光西路66号

山西省

山西国民师范旧址革命活动纪念馆　位于山西省太原市杏花岭区五一北路245号

八路军总司令部北村旧址　位于山西省长治市潞城区店上镇北村

武乡县八路军烈士陵园　位于山西省长治市武乡县故县乡里庄村

町店战斗纪念园　位于山西省晋城市阳城县町店镇町店村

左权烈士陵园　位于山西省晋中市左权县辽阳镇北街村陵园街

白求恩模范病室旧址　位于山西省忻州市五台县耿镇镇松岩口村

雁门关伏击战遗址　位于山西省忻州市代县雁门关镇太和岭口村

内蒙古自治区

华北军第五十九军抗日阵亡将士公墓　位于内蒙古自治区呼和浩特市新城区海拉尔大街54号

绥蒙抗日救国会旧址纪念馆　位于内蒙古自治区呼和浩特市玉泉区玉泉二巷11号

乌不浪口抗日烈士陵园　位于内蒙古自治区巴彦淖尔市乌拉特中旗德岭山镇四义堂村

辽宁省

东北抗日义勇军纪念馆　位于辽宁省本溪市桓仁满族自治县桓仁镇东关村

虎石沟万人坑纪念馆　位于辽宁省营口市大石桥市南楼经济开发区圣水寺村

侵华日本关东军护路守备队盘山分队旧址陈列馆　位于辽宁省盘锦市双台子区胜利街东段13号

吉林省

丰满万人坑遗址　位于吉林省吉林市丰满区江南乡孟家村

辽源市二战盟军高级战俘营旧址展览馆　位于吉林省辽源市西安区人民大街4907号

东北沦陷时期辽源矿工墓陈列馆　位于吉林省辽源市西安区泰安大路5048号

杨靖宇将军殉国地　位于吉林省白山市靖宇县濛江乡靖宇村东

敦化市烈士陵园　位于吉林省延边朝鲜族自治州敦化市翰章乡翰章村

黑龙江省

尚志烈士陵园　位于黑龙江省哈尔滨市尚志市北环街92号

汤原烈士陵园　位于黑龙江省佳木斯市汤原县京抚路中段

上海市

侵华日军罗泾大烧杀遇难同胞纪念地　位于上海市宝山区罗泾镇海星村水源涵养林内

江苏省

侵华日军南京利济巷慰安所旧址　位于江苏省南京市秦淮区利济巷

云台山抗日烈士陵园　位于江苏省南京市江宁区横溪街道云台村鸭塘自然村

车桥战役烈士陵园　位于江苏省淮安市淮安区车桥镇车北村

阜宁县芦蒲烈士陵园　位于江苏省盐城市阜宁县芦蒲镇芦蒲村

茅山新四军纪念馆　位于江苏省镇江市句容市茅山风景区万福路

浙江省

新四军浙东游击纵队司令部旧址　位于浙江省宁波市余姚市梁弄镇晓岭街

新四军苏浙军区旧址　位于浙江省湖州市长兴县煤山镇

安徽省

野寨抗日阵亡将士公墓　位于安徽省安庆市潜山市天柱山镇野寨街50号

大别山烈士陵园　位于安徽省安庆市岳西县天堂镇老街路1号

岩寺新四军军部旧址纪念馆　位于安徽省黄山市徽州区滨河南路39号

新四军第四支队纪念馆　位于安徽省六安市舒城县高峰乡东港村

福建省

大田“第二集美学村”旧址　位于福建省三明市大田县均溪镇玉田村

江西省

老虎山抗日英烈陵园　位于江西省宜春市高安市龙潭镇龙潭村

山东省

鲁中抗日战争展览馆　位于山东省济南市莱芜区汶阳东大街43号

黑铁山抗日武装起义纪念馆　位于山东省淄博市张店区四宝山街道太平村

马鞍山抗战遗址　位于山东省淄博市淄川区太河镇小口头村

玉皇顶抗日武装起义遗址　位于山东省烟台市莱州市文昌北路29号

牛头镇抗日武装起义纪念碑和陈列馆　位于山东省潍坊市寿光市台头镇巨淀湖畔

徂徕山抗日武装起义磨山峪旧址　位于山东省泰安市岱岳区房村镇磨山峪村

大青山革命烈士陵园　位于山东省临沂市沂南县双堠镇东梭庄村

渊子崖烈士纪念塔　位于山东省临沂市莒南县板泉镇渊子崖村

苏村烈士陵园　位于山东省聊城市莘县张寨镇苏村

湖西革命烈士陵园　位于山东省菏泽市单县南城街道健康路1号

河南省

杜八联革命纪念馆　位于河南省济源市坡头镇泰山村

湖北省

宜昌市夷陵区南边抗日将士陵园　位于湖北省宜昌市夷陵区黄花镇张家口村

鄂南抗日根据地指挥中心旧址　位于湖北省鄂州市鄂城区沙窝乡麻羊垴

赵家棚抗日烈士陵园　位于湖北省孝感市安陆市赵棚镇振兴街2号

新四军第五师纪念馆　位于湖北省孝感市大悟县芳畈镇白果树湾

湖南省

岳麓山忠烈祠　位于湖南省长沙市岳麓区岳麓山赫石坡

广东省

中国文化名人大营救纪念馆　位于广东省深圳市龙华区民治街道白石龙社区

广东人民抗日游击队珠江纵队司令部旧址　位于广东省中山市五桂山街道南桥村槟榔山14号

广西壮族自治区

三将军殉职纪念塔和八百壮士墓　位于广西壮族自治区桂林市七星区七星公园内

重庆市

特园　位于重庆市渝中区上清寺街道嘉陵桥东村35号

张自忠烈士陵园　位于重庆市北碚区双柏路516号

四川省

川军抗日阵亡将士纪念碑　位于四川省成都市青羊区少城街道祠堂街

贵州省

独山深河桥抗战遗址　位于贵州省黔南布依族苗族自治州独山县麻万镇

云南省

施甸县抗日江防遗迹群　位于云南省保山市施甸县

滇缅公路惠通桥　位于云南省保山市龙陵县腊勐镇腊勐社区

滇西抗日战争纪念碑　位于云南省德宏傣族景颇族自治州芒市仙池路雷牙让山

陕西省

安吴堡战时青年训练班革命旧址　位于陕西省咸阳市泾阳县安吴镇安吴堡村

中共中央西北局旧址　位于陕西省延安市宝塔区光华路

延安凤凰山麓革命旧址　位于陕西省延安市宝塔区凤凰大街20号

国立西北联合大学旧址　位于陕西省汉中市城固县

甘肃省

八路军驻兰办事处纪念馆　位于甘肃省兰州市城关区酒泉路314号、甘南路700号

香港特别行政区

斩竹湾抗日英烈纪念碑　位于香港特别行政区西贡区斩竹湾

澳门特别行政区

澳门冼星海纪念馆　位于澳门特别行政区俾利喇街151—153号

缅甸

仁安羌大捷纪念碑　位于缅甸马圭省仁安羌市伊洛瓦底江畔

巴布亚新几内亚

中国抗战将士和遇难同胞陵园　位于巴布亚新几内亚东新不列颠省拉包尔市郊

俄罗斯

中国东北抗日联军教导旅与红军远东第2方面军第88独立步兵旅英烈纪念设施　位于俄罗斯哈巴罗夫斯克边疆区叶拉布加镇维亚茨克耶村

国务院办公厅关于深化商事制度改革进一步为企业松绑减负激发企业活力的通知

（2020年9月1日　国办发〔2020〕29号）

党中央、国务院高度重视商事制度改革。近年来，商事制度改革取得显著成效，市场准入更加便捷，市场监管机制不断完善，市场主体繁荣发展，营商环境大幅改善。但从全国范围看，“准入不准营”现象依然存在，宽进严管、协同共治能力仍需强化。为更好统筹推进新冠肺炎疫情防控和经济社会发展，加快打造市场化、法治化、国际化营商环境，充分释放社会创业创新潜力、激发企业活力，经国务院同意，现将有关事项通知如下：

一、推进企业开办全程网上办理

（一）全面推广企业开办“一网通办”。2020年年底前，各省、自治区、直辖市和新疆生产建设兵团全部开通企业开办“一网通办”平台，做到企业开办全程网上办理，进一步压减企业开办时间至4个工作日内或更少。在此基础上，探索推动企业开办标准化、规范化试点。

（二）持续提升企业开办服务能力。依托“一网通办”平台，推行企业登记、公章刻制、申领发票和税控设备、员工参保登记、住房公积金企业缴存登记线上“一表填报”申请办理。具备条件的地方实现办齐的材料线下“一个窗口”一次领取，或者通过寄递、自助打印等实现不见面办理。在加强监管、保障安全前提下，大力推进电子营业执照、电子发票、电子印章在更广领域运用。

二、推进注册登记制度改革取得新突破

（三）加大住所与经营场所登记改革力度。支持各省级人民政府统筹开展住所与经营场所分离登记试点。市场主体可以登记一个住所和多个经营场所。对住所作为通信地址和司法文书(含行政执法文书)送达地登记,实行自主申报承诺制。对经营场所,各地可结合实际制定有关管理措施。对于市场主体在住所以外开展经营活动、属于同一县级登记机关管辖的,免于设立分支机构,申请增加经营场所登记即可,方便企业扩大经营规模。

(四)提升企业名称自主申报系统核名智能化水平。依法规范企业名称登记管理工作,运用大数据、人工智能等技术手段,加强禁限用字词库实时维护,提升对不适宜字词的分析和识别能力。推进与商标等商业标识数据库的互联共享,丰富对企业的告知提示内容。探索"企业承诺+事中事后监管",减少"近似名称"人工干预。加强知名企业名称字号保护,建立名称争议处理机制。

三、简化相关涉企生产经营和审批条件

(五)推动工业产品生产许可证制度改革。将建筑用钢筋、水泥、广播电视传输设备、人民币鉴别仪、预应力混凝土铁路桥简支梁5类产品审批下放至省级市场监管部门。健全严格的质量安全监管措施,加强监督指导,守住质量安全底线。进一步扩大告知承诺实施范围,推动化肥产品由目前的后置现场审查调整为告知承诺。开展工业产品生产许可证有关政策、标准和技术规范宣传解读,加强对企业申办许可证的指导,帮助企业便利取证。

(六)完善强制性产品认证制度。扩大指定认证实施机构范围,提升实施机构的认证检测一站式服务能力,便利企业申请认证检测。防爆电气、燃气器具和大容积冰箱转为强制性产品认证费用由财政负担。简化出口转内销产品认证程序。督促指导强制性产品指定认证实施机构通过开辟绿色通道、接受已有合格评定结果、拓展在线服务等措施,缩短认证证书办理时间,降低认证成本。做好认证服务及技术支持,为出口转内销企业提供政策和技术培训,精简优化认证方案,安排专门人员对认证流程进行跟踪,合理减免出口转内销产品强制性产品认证费用。

(七)深化检验检测机构资质认定改革。将疫情防控期间远程评审等应急措施长效化。2021年在全国范围内推行检验检测机构资质认定告知承诺制。全面推行检验检测机构资质认定网上审批,完善机构信息查询功能。

(八)加快培育企业标准"领跑者"。优化企业标准"领跑者"制度机制,完善评估方案,推动第三方评价机构发布一批企业标准排行榜,形成2020年度企业标准"领跑者"名单,引导更多企业声明公开更高质量的标准。

四、加强事中事后监管

(九)加强企业信息公示。以统一社会信用代码为标识,整合形成更加完善的企业信用记录,并通过国家企业信用信息公示系统、"信用中国"网站或中国政府网及相关部门门户网站等渠道，依法依规向社会公开公示。

（十）健全失信惩戒机制。落实企业年报“多报合一”政策，进一步优化工作机制，大力推行信用承诺制度，健全完善信用修复、强制退出等制度机制。依法依规运用各领域严重失信名单等信用管理手段，提高协同监管水平，加强失信惩戒。

（十一）推进实施智慧监管。在市场监管领域，进一步完善以“双随机、一公开”监管为基本手段、以重点监管为补充、以信用监管为基础的新型监管机制。健全完善缺陷产品召回制度，督促企业履行缺陷召回法定义务，消除产品安全隐患。推进双随机抽查与信用风险分类监管相结合，充分运用大数据等技术，针对不同风险等级、信用水平的检查对象采取差异化分类监管措施，逐步做到对企业信用风险状况以及主要风险点精准识别和预测预警。

（十二）规范平台经济监管行为。坚持审慎包容、鼓励创新原则，充分发挥平台经济行业自律和企业自治作用，引导平台经济有序竞争，反对不正当竞争，规范发展线上经济。依法查处电子商务违法行为，维护公平有序的市场秩序，为平台经济发展营造良好营商环境。

各地区、各部门要认真贯彻落实本通知提出的各项任务和要求，聚焦企业生产经营的堵点痛点，加强政策统筹协调，切实落实工作责任，认真组织实施，形成工作合力。市场监管总局要会同有关部门加强工作指导，及时总结推广深化商事制度改革典型经验做法，协调解决实施中存在的问题，确保各项改革措施落地见效。

国务院关于实施金融控股公司准入管理的决定

（2020年9月11日　国发〔2020〕12号）

为加强对非金融企业、自然人等主体控股或者实际控制金融机构的监督管理，规范金融控股公司行为，防范系统性金融风险，现作出如下决定：

一、对金融控股公司实施准入管理

中华人民共和国境内的非金融企业、自然人以及经认可的法人控股或者实际控制两个或者两个以上不同类型金融机构，具有本决定规定情形的，应当向中国人民银行提出申请，经批准设立金融控股公司。

（一）本决定所称金融控股公司，是指依照《中华人民共和国公司法》和本决定设立的，控股或者实际控制两个或者两个以上不同类型金融机构，自身仅开展股权投资管理、不直接从事商业性经营活动的有限责任公司或者股份有限公司。

（二）本决定所称金融机构的类型包括：

1. 商业银行（不含村镇银行，下同）、金融租赁公司；

2. 信托公司；

3. 金融资产管理公司；

4. 证券公司、公募基金管理公司、期货公司；

5. 人身保险公司、财产保险公司、再保险公司、保险资产管理公司；

6. 国务院金融管理部门认定的其他机构。

（三）本决定所称应当申请设立金融控股公司的规定情形，是指具有下列情形之一：

1. 控股或者实际控制的金融机构中含商业银行的，金融机构的总资产不少于人民币5000亿元，或者金融机构总资产少于人民币5000亿元但商业银行以外其他类型的金融机构总资产不少于人民币1000亿元或者受托管理的总资产不少于人民币5000亿元；

2. 控股或者实际控制的金融机构中不含商业银行的，金融机构的总资产不少于人民币1000亿元或者受托管理的总资产不少于人民币5000亿元；

3. 控股或者实际控制的金融机构总资产或者受托管理的总资产未达到上述第一项、第二项规定的标准，但中国人民银行按照宏观审慎监管要求认为需要设立金融控股公司。

二、设立金融控股公司的条件和程序

（一）申请设立金融控股公司，除应当具备《中华人民共和国公司法》规定的条件外，还应当具备以下条件：

1. 实缴注册资本额不低于人民币50亿元，且不低于所直接控股金融机构注册资本总和的50%；

2. 股东、实际控制人信誉良好，且符合相关法律、行政法规及中国人民银行的有关规定；

3. 有符合任职条件的董事、监事和高级管理人员；

4. 有为所控股金融机构持续补充资本的能力；

5. 有健全的组织机构和有效的风险管理、内部控制制度等其他审慎性条件。

（二）中国人民银行应当自受理设立金融控股公司申请之日起6个月内作出批准或者不予批准的书面决定；决定不予批准的，应当说明理由。

经批准设立的金融控股公司，由中国人民银行颁发金融控股公司许可证，凭该许可证向市场监督管理部门办理登记，领取营业执照。未经中国人民银行批准，不得登记为金融控股公司，不得在公司名称中使用“金融控股”、“金融集团”等字样。

依照本决定规定应当设立金融控股公司但未获得批准的，应当按照中国人民银行会同国务院银行保险监督管理机构、国务院证券监督管理机构提出的要求，采取转让所控股金融机构的股权或者转移实际控制权等措施。

（三）金融控股公司变更名称、住所、注册资本、持有5%以上股权的股东、实际控制人，修改公司章程，投资控股其他金融机构，增加或者减少对所控股金融机构的出资或者持股比例导致控制权变更或者丧失，分立、合并、解散或者破产，应当向中国人民银行提出申请。中国人民银行应当自受理申请之日起3个月内作出批准或者不予批准的书面决定。

三、其他规定

（一）本决定施行前已具有本决定规定应当申请设立金融控股公司情形的，应当自本决定施行之日起12个月内向中国人民银行申请设立金融控股公司。逾期未申请的，应当按照中国人民银行会同国务院银行保险监督管理机构、国务院证券监督管理机构提出的要求，采取转让所控股金融机构的股权或者转移实际控制权等措施。

（二）非金融企业或者经认可的法人控股或者实际控制的金融资产占其并表总资产的85%以上且符合本决定规定应当申请设立金融控股公司情形的，也可以依照本决定规定的设立金融控股公司条件和程序，申请将其批准为金融控股公司。

（三）中国人民银行根据本决定制定设立金融控股公司条件、程序的实施细则，并组织实施监督管理，可以采取相关审慎性监督管理措施。

本决定自2020年11月1日起施行。

国务院关于取消和下放一批行政许可事项的决定

（2020年9月13日　国发〔2020〕13号）

经研究论证，国务院决定取消29项行政许可事项，下放4项行政许可事项的审批层级，现予公布。另有20项有关法律设定的行政许可事项，国务院将依照法定程序提请全国人民代表大会常务委员会修订相关法律规定。

各地区、各有关部门要抓紧做好取消和下放行政许可事项的贯彻落实工作，进一步细化改革配套措施，加强和创新事中事后监管，确保放得开、接得住、管得好。自本决定发布之日起20个工作日内，国务院有关部门要向社会公布事中事后监管细则，并加强宣传解读和督促落实。

附件：1. 国务院决定取消的行政许可事项目录（共29项）

2. 国务院决定下放审批层级的行政许可事项目录（共4项）

附件1

国务院决定取消的行政许可事项目录

（共29项）

序号	事项名称	审批部门	设定依据	加强事中事后监管措施
1	外商投资经营电信业务审定意见书核发	工业和信息化部	《外商投资电信企业管理规定》	取消许可后，工业和信息化部、省级通信管理局要通过以下措施加强监管： 1. 在办理“电信业务经营许可”时，对外商投资电信企业落实股比限制要求情况进行严格把关。 2. 加强对外商投资电信企业日常经营活动的监测，督促其按要求报送有关信息。 3. 通过“双随机、一公开”监管等方式加强监管，发现违法违规行为要依法查处并向社会公开结果。 4. 依法实施信用监管，如实记录违法失信行为，实施差异化监管等措施。

续表

序号	事项名称	审批部门	设定依据	加强事中事后监管措施
2	铬化合物生产建设项目审批	省级工业和信息化部门	《国务院对确需保留的行政审批项目设定行政许可的决定》 《国务院办公厅关于印发工业和信息化部主要职责内设机构和人员编制规定的通知》（国办发〔2008〕72号） 《国务院关于取消和调整一批行政审批项目等事项的决定》（国发〔2015〕11号）	取消许可后，工业和信息化部门要通过以下措施加强监管： 1.严格执行铬化合物生产的产业政策，发现铬化合物生产建设项目属于禁止或者限制类项目的，要按照规定及时处置。 2.按照《国务院办公厅关于推进城镇人口密集区危险化学品生产企业搬迁改造的指导意见》（国办发〔2017〕77号）规定，对位于城镇人口密集区的铬化合物生产企业严格评估安全和卫生防护距离，评估不达标的企业要进行搬迁改造。 3.支持和鼓励铬渣资源综合利用，制定相关产品标准，推动钢铁企业消纳铬渣。
3	典当业特种行业许可证核发	县级以上地方公安机关	《国务院对确需保留的行政审批项目设定行政许可的决定》	取消许可后，公安机关和有关部门要通过以下措施加强监管： 1.省级地方金融监管部门应当将办理“设立典当行及分支机构审批”（含设立、变更、注销）的信息在作出审批决定后5个工作日内推送至省级公安机关，公安机关据此将典当行及分支机构纳入监管范围，依法实施监管。 2.通过“双随机、一公开”监管等方式，加强对典当行的治安管理，及时化解风险隐患，发现违法犯罪活动要依法查处。

续表

序号	事项名称	审批部门	设定依据	加强事中事后监管措施
4	通航建筑物设计文件和施工方案审批	省级交通运输部门或航道管理机构	《中华人民共和国航道管理条例》	取消许可后,交通运输部门、航道管理机构要通过以下措施加强监管: 1. 要求通航建筑物建设单位完成通航建筑物设计后报请有关交通运输部门办理“水运工程建设项目设计文件审批”。 2. 加强对水运工程建设市场的监管,督促建设单位严格落实经审批同意的水运工程建设项目设计文件,发现违法违规行为要依法查处并向社会公开结果。 3. 依法实施信用监管,如实记录违法失信行为,实施差异化监管等措施。
5	新农药登记试验审查	农业农村部	《农药管理条例》	取消许可,改为备案。农业农村部门要通过以下措施加强监管: 1. 建立健全新农药登记试验备案制度,建设全国统一的在线备案平台,方便有关企业快捷办理备案手续,对不按要求备案的要依法设定并追究法律责任。 2. 严格实施“农药登记试验单位认定”许可,把牢农药登记试验单位准入关口。 3. 对备案的新农药登记试验活动进行抽查监管,督促有关单位落实风险防控措施,发现违法违规行为要依法查处并向社会公开结果。 4. 在“农药登记”许可环节,对新农药登记试验活动有关情况进行审查把关。

续表

序号	事项名称	审批部门	设定依据	加强事中事后监管措施
6	七类肥料(含大量元素水溶肥料、中量元素水溶肥料、微量元素水溶肥料、农用氯化钾镁、农用硫酸钾镁、复混肥料、掺混肥料)登记	农业农村部、省级农业农村部门	《中华人民共和国农业法》 《中华人民共和国农产品质量安全法》 《中华人民共和国土壤污染防治法》	取消许可,改为备案。农业农村部门要通过以下措施加强监管: 1. 建立健全部分肥料产品备案制度,建立网上备案平台,对不按要求备案的要依法设定并追究法律责任。 2. 开展"双随机、一公开"监管,对市场流通的七类肥料产品开展抽检,发现违法违规行为要依法查处并向社会公开结果。 3. 依法实施信用监管,如实记录违法失信行为,实施差异化监管等措施。
7	乡村兽医登记许可	县级农业农村(兽医)部门	《中华人民共和国动物防疫法》 《乡村兽医管理办法》(原农业部令第17号)	取消许可,改为备案。农业农村(兽医)部门要通过以下措施加强监管: 1. 建立健全乡村兽医服务人员备案制度,对不按要求备案的要依法设定并追究法律责任。要向社会公开备案情况,方便查询、就医,并发挥社会监督作用。 2. 开展"双随机、一公开"监管,畅通投诉举报渠道,发现违法违规行为要依法查处并向社会公开结果。 3. 依法实施信用监管,如实记录违法失信行为,实施差异化监管等措施。
8	兴建可能导致重点保护野生动植物生存环境污染和破坏的海岸工程建设项目审批	设区的市级农业农村(渔业)部门	《中华人民共和国防治海岸工程建设项目污染损害海洋环境管理条例》	取消许可后,农业农村(渔业)部门和有关部门要通过以下措施加强监管: 1. 对可能导致重点保护野生动植物生存环境污染和破坏的海岸工程建设项目,生态环境部门在审批环境影响评价文件时应征求农业农村(渔业)部门意见,科学分析建设项目对重点保护野生动植物生存环境的影响并提出相应保护要求。 2. 加强对建设项目环境保护措施落实情况的监管,发现违法违规行为要依法查处并向社会公开结果。

续表

序号	事项名称	审批部门	设定依据	加强事中事后监管措施
9	石油成品油批发、仓储经营资格审批	商务部、省级商务部门	《国务院对确需保留的行政审批项目设定行政许可的决定》	取消许可后，商务部门要会同有关部门通过以下措施加强监管： 1. 商务部门严格落实石油成品油流通行业监管职责。要求石油成品油批发、仓储企业建立购销和出入库台账制度，完善油品来源、销售去向、检验报告、检查记录等凭证材料档案。开展“双随机、一公开”监管，重点检查企业台账制度建立执行情况，发现违法违规行为依法处理或者提请有关部门予以查处。结合企业诚信经营和风险状况依法实施差异化监管。支持行业协会发挥行业自律作用。 2. 地方政府严格落实属地监管职责。建立跨部门联合监管机制，按照综合行政执法改革精神，统筹配置行政处罚职能和执法资源，加强协同监管。建立投诉举报制度，定期组织开展对石油成品油批发、仓储企业的专项检查，发现违法违规行为由各有关部门按职责依法依规查处。建立企业信用记录并纳入全国信用信息共享平台，对违法失信企业依法实施失信惩戒。 3. 相关部门严格落实专项监管职责。从事石油成品油批发、仓储经营活动的企业必须符合自然资源、规划、建设、质量计量、环保、安全生产、消防、治安反恐、商务、税务、交通运输、气象等方面法律法规和标准要求，依法依规开展经营。公安、自然资源、生态环境、住房城乡建设、交通运输、商务、应急管理、税务、市场监管、能源等部门按职责依法依规加强监管，承担安全生产监管责任的部门切实履行监管责任、守牢安全底线。 4. 加强石油成品油批发、仓储行业监管信息共享运用。市场监管部门要及时将新登

续表

序号	事项名称	审批部门	设定依据	加强事中事后监管措施
				记经营范围涉及石油成品油批发、仓储的企业信息推送至有关主管部门。商务部门要将改革前已取得相应许可的石油成品油批发、仓储企业信息，以及行业监管中发现的超经营范围经营企业信息或者无照经营信息及时推送至有关主管部门。各有关主管部门要充分运用共享的监管信息，有针对性地加强监管执法。
10	部分医疗机构（除三级医院、三级妇幼保健院、急救中心、急救站、临床检验中心、中外合资合作医疗机构、港澳台独资医疗机构外）《设置医疗机构批准书》核发	县级以上地方卫生健康部门	《医疗机构管理条例》	取消许可后，卫生健康部门要通过以下措施加强监管： 1. 完善医疗机构设置规划方式，对社会办医疗机构实行指导性规划。加强对社会资本投资医疗机构的服务，同时注意防止以服务之名行审批之实。 2. 严格实施“医疗机构执业登记”，并将审批结果向社会公开。 3. 开展“双随机、一公开”监管、重点监管等，畅通投诉举报渠道，依法处理医患纠纷和医疗事故，加大对医疗机构的监督检查力度，发现违法违规行为要依法查处并向社会公开结果。 4. 依法实施信用监管，如实记录违法失信行为，实施差异化监管措施，对严重违法的医疗机构及其从业人员实行行业禁入。

续表

序号	事项名称	审批部门	设定依据	加强事中事后监管措施
11	职业卫生技术服务机构丙级资质认可	设区的市级卫生健康部门	《中华人民共和国职业病防治法》 《职业卫生技术服务机构监督管理暂行办法》(原国家安全监管总局令第50号)	取消许可,整合至“职业卫生技术服务机构乙级资质认可”。卫生健康部门要通过以下措施加强监管: 1.适当降低职业卫生技术服务机构乙级资质条件要求,完善职业卫生技术服务标准。引导现有职业卫生技术服务丙级机构换领新的乙级资质证书,拓宽业务范围和业务地域范围。 2.开展“双随机、一公开”监管,畅通投诉举报渠道,发现违法违规行为要依法查处并向社会公开结果。 3.对存在职业病危害因素的企业,依法开展职业病危害因素监督检查。发现职业卫生技术服务机构出具虚假报告的,依法追究法律责任。 4.依法实施信用监管,如实记录违法失信行为,实施差异化监管等措施。
12	银行间债券市场双边报价商审批	中国人民银行总行	《国务院对确需保留的行政审批项目设定行政许可的决定》	取消许可后,人民银行要通过以下措施加强监管: 1.建立健全做市业务激励约束机制,引导做市机构提升服务质量。 2.建立交易报告库,强化交易信息统计。发现虚假交易、对倒冲量等行为要采取必要的惩戒措施。 3.加强行业自律管理,支持银行间交易商协会以市场需求为导向,持续优化做市业务分层分类考评,并及时向市场披露。

续表

序号	事项名称	审批部门	设定依据	加强事中事后监管措施
13	企业银行账户开户许可证核发	中国人民银行总行及其分支行	《国务院对确需保留的行政审批项目设定行政许可的决定》	取消许可后，人民银行要通过以下措施加强监管： 1. 压实商业银行账户管理主体责任，督促商业银行在线核验企业登记注册、相关人员、纳税等信息，并按要求向人民银行及时、全面、准确推送企业银行账户信息。 2. 通过"双随机、一公开"监管、重点监管等方式，加大对商业银行的执法检查力度，发现违法违规行为要依法查处并向社会公开结果。发现相关企业和个人买卖企业银行账户等违法违规行为的，要实施禁止新开户、暂停非柜面业务等惩戒措施，提高违法成本。 3. 健全跨部门信息共享机制，探索运用高科技手段，提升事中事后监管效能。
14	出口食品生产企业备案核准	直属海关、隶属海关	《中华人民共和国食品安全法》	取消许可，改为备案。海关要通过以下措施加强监管： 1. 健全出口食品生产企业备案制度，实现网上备案，方便企业办事。 2. 加强海关与市场监管等部门之间的信息共享，充分利用海关通关数据和相关部门数据对备案信息进行校验核查。 3. 做好与出口目的地国指定主管部门的衔接配合，通过"双随机、一公开"监管、信用监管等方式加强监管。
15	从事进出境动植物检疫处理业务的人员资格许可	直属海关、隶属海关	《中华人民共和国进出境动植物检疫法实施条例》	取消许可后，海关要通过以下措施加强监管： 1. 压实从事进出境动植物检疫处理业务单位的主体责任，由单位负责对从业人员进行培训和考核，确保从业人员掌握熏蒸、消毒技术规范和操作规程后方可上岗。 2. 严格执行有关法律法规和标准，对检疫处理过程加强监督和指导，并出具相关证书。 3. 依法实施信用监管，如实记录违法失信行为，实施差异化监管等措施，对发生严重违法行为的单位和人员实行行业禁入。

续表

序号	事项名称	审批部门	设定依据	加强事中事后监管措施
16	与强制性认证有关的检查机构指定	市场监管总局	《中华人民共和国认证认可条例》	取消许可后,市场监管总局要通过以下措施加强监管: 1. 完善与强制性认证有关的检查活动的标准和规范,落实认证机构主体责任,充分发挥其对检查活动的监督作用。 2. 通过投诉举报、日常监测、专项检查等方式,及时发现和纠正检查活动中的违法违规行为,依法追究法律责任。 3. 依法实施信用监管,如实记录违法失信行为,实施差异化监管等措施。
17	中央储备粮代储资格审批	国家粮食和储备局	《中央储备粮管理条例》	取消许可,改变管理方式,禁止中储粮集团公司直属企业以外的市场主体承储中央储备粮。粮食和储备部门要通过以下措施加强监管: 1. 对于已取得中央储备粮代储资格的企业,许可证到期后自动失效。 2. 开展"中央事权粮食政策执行和中央储备粮管理情况年度考核",做好年度库存检查,确保中央储备粮数量真实、质量达标、储存安全。 3. 开展"双随机、一公开"监管,利用信息化手段提升监管精准度和有效性,畅通投诉举报渠道,强化对中储粮集团公司及其直属企业的日常监管。发现违法违规行为要依法查处并向社会公开结果,发现涉嫌犯罪活动要及时移交有关机关处理。

续表

序号	事项名称	审批部门	设定依据	加强事中事后监管措施
18	林业质检机构资质认定	国家林草局	《中华人民共和国标准化法实施条例》	取消许可后，林草部门和市场监管部门要通过以下措施加强监管： 1. 市场监管总局规定或调整检验检测机构准入条件时，应征求国家林草局意见，体现林草部门关于林业质检机构的特别准入要求。新增或续期的林业质检机构直接向市场监管部门申请办理有关许可，市场监管部门审批时应征求同级林草部门意见。 2. 市场监管部门通过"双随机、一公开"监管、重点监管、信用监管等方式，对检验检测机构实施日常管理，发现违法违规行为要依法查处并向社会公开结果，涉及林业质检机构的还要及时推送至同级林草部门。 3. 林草部门依法委托有关检验检测机构从事检验检测活动，并对检验检测活动进行监管，指导有关检验检测机构提升业务能力和管理水平。发现违法违规行为要及时通报有关市场监管部门，有关市场监管部门应当依法查处。
19	林木种子质量检验机构资质认定	国家林草局、省级林草部门	《中华人民共和国种子法》	取消许可后，林草部门和市场监管部门要通过以下措施加强监管： 1. 市场监管总局规定或调整检验检测机构准入条件时，应征求国家林草局意见，体现林草部门关于林木种子质量检验机构的特别准入要求。新增或续期的林木种子质量检验机构直接向市场监管部门申请办理有关许可，市场监管部门审批时应征求同级林草部门意见。 2. 市场监管部门通过"双随机、一公开"监管、重点监管、信用监管等方式，对检验检测机构实施日常管理，发现违法违规行为要依法查处并向社会公开结果，涉及林木种子质量检验机构的还要及时推送至同级林草部门。

续表

序号	事项名称	审批部门	设定依据	加强事中事后监管措施
				3. 林草部门依法委托有关检验检测机构从事检验检测活动，并对检验检测活动进行监管，指导有关检验检测机构提升业务能力和管理水平。发现违法违规行为要及时通报有关市场监管部门，有关市场监管部门应当依法查处。
20	草种质量检验机构资质认定	省级林草部门	《中华人民共和国种子法》	取消许可后，林草部门和市场监管部门要通过以下措施加强监管： 1. 市场监管总局规定或调整检验检测机构准入条件时，要征求国家林草局意见，体现林草部门关于草种质量检验机构的特别准入要求。新增草种质量检验机构直接向市场监管部门申请办理有关许可，市场监管部门审批时应征求同级林草部门意见。 2. 市场监管部门通过“双随机、一公开”监管、重点监管、信用监管等方式，对检验检测机构实施日常管理，发现违法违规行为要依法查处并向社会公开结果，涉及草种质量检验机构的还要及时推送至同级林草部门。 3. 林草部门依法委托有关检验检测机构从事检验检测活动，并对检验检测活动进行监管，指导有关检验检测机构提升业务能力和管理水平。发现违法违规行为要及时通报有关市场监管部门，有关市场监管部门应当依法查处。

续表

序号	事项名称	审批部门	设定依据	加强事中事后监管措施
21	草种进出口经营许可证审核（初审）	省级林草部门	《中华人民共和国种子法》	取消初审后，林草部门要通过以下措施加强监管： 1. 国家林草局严格实施“草种进出口经营许可证核发”，重新公布审批服务指南，推动实现网上办理，方便企业办事。 2. 开展“双随机、一公开”监管，督促草种进出口企业落实标签、档案、质量管理等制度，畅通投诉举报渠道，发现违法违规行为要依法查处并向社会公开结果。 3. 依法实施信用监管，如实记录违法失信行为，实施差异化监管等措施。
22	外国人进入国家级环境保护自然保护区审批	省级林草部门	《中华人民共和国自然保护区条例》	取消许可后，林草部门要通过以下措施加强监管： 1. 加强对国家级自然保护区的日常监管，指导国家级自然保护区管理机构对进入保护区的外国人加强管理。发现违法违规行为要依法查处并向社会公开结果，发现涉嫌犯罪活动要及时移交有关机关处理。 2. 严格实施猎捕野生动物、采伐或采集野生植物、出口野生动植物及其产品等方面的许可管理，防止资源流失。
23	外国人进入国家级海洋自然保护区审批	省级林草部门	《中华人民共和国自然保护区条例》	取消许可后，林草部门和有关单位要通过以下措施加强监管： 1. 加强对国家级自然保护区的日常监管，指导国家级自然保护区管理机构对进入保护区的外国人加强管理。发现外国人进入国家级海洋自然保护区从事违法违规活动的，由林草部门、中国海警局按职责分工依法查处并向社会公开结果，发现涉嫌犯罪活动要及时移交有关机关处理。 2. 严格实施猎捕野生动物、采伐或采集野生植物、出口野生动植物及其产品等方面的许可管理，防止资源流失。

续表

序号	事项名称	审批部门	设定依据	加强事中事后监管措施
24	外国人进入国家级渔业自然保护区审批	省级林草部门	《中华人民共和国自然保护区条例》	取消许可后,林草部门要通过以下措施加强监管: 1. 加强对国家级自然保护区的日常监管,指导国家级自然保护区管理机构对进入保护区的外国人加强管理。发现违法违规行为要依法查处并向社会公开结果,发现涉嫌犯罪活动要及时移交有关机关处理。 2. 严格实施猎捕野生动物、采伐或采集野生植物、出口野生动植物及其产品等方面的许可管理,防止资源流失。
25	在国家级自然保护区建立机构和修筑设施初审	省级林草部门	《森林和野生动物类型自然保护区管理办法》 《在国家级自然保护区修筑设施审批管理暂行办法》(原国家林业局令第50号)	取消初审后,林草部门要通过以下措施加强监管: 1. 国家林草局严格实施"在国家级自然保护区建立机构和修筑设施审批",推动实现网上办理,方便企业办事。 2. 国家林草局派出机构、省级林草部门、国家级自然保护区管理机构加大抽查、巡查力度,畅通投诉举报渠道,发现违法违规行为要依法查处并向社会公开结果。
26	非经营性通用航空登记核准	中国民航局	《国务院关于通用航空管理的暂行规定》	取消许可,改为备案。民航部门和有关部门要通过以下措施加强监管: 1. 建立健全非经营性通用航空备案制度。依法严格实施航空器适航管理和国籍登记、航空器驾驶员资质管理、航空电台执照管理、飞行计划管理、飞行过程监控管理等。健全安全监管体系,完善有关管理系统,推进低空飞行服务保障体系建设,加强跨部门信息共享。 2. 通过"双随机、一公开"监管、重点监管等方式加强监管,督促落实非经营性通用航空保险制度。加强民航部门与空管部门、公安机关的工作衔接,联合实施低空飞行安全监管,发现违法违规行为要依法查处并向社会公开结果。 3. 依法实施信用监管,如实记录违法失信行为,实施差异化监管、行业禁入等措施。

续表

序号	事项名称	审批部门	设定依据	加强事中事后监管措施
27	限额以下外商投资民航项目建议书和可行性研究报告审批	中国民航局	《国务院对确需保留的行政审批项目设定行政许可的决定》	取消许可后，民航部门和有关部门要通过以下措施加强监管： 1. 依法严格实施"规定权限内对新建、改建和扩建民用运输机场的审批和审核"、"民用机场使用许可证核发"、"公共航空运输企业经营许可"、"通用航空企业经营许可"等行政许可。 2. 依法对影响或可能影响国家安全的外商投资项目进行外商投资安全审查，严格落实《外商投资准入特别管理措施（负面清单）》关于外商投资民用机场、公共航空运输公司、通用航空公司、机场塔台等的特别管理措施。
28	经营境内邮政通信业务审批	国家邮政局、省级邮政管理局	《国务院对确需保留的行政审批项目设定行政许可的决定》	取消许可后，邮政部门要通过以下措施加强监管： 1. 完善邮政企业委托第三方提供服务的管理制度，督促邮政企业落实主体责任，明确业务委托范围，保障邮件安全。 2. 对邮政企业委托的第三方企业开展"双随机、一公开"监管，畅通投诉举报渠道，发现违法违规行为要依法查处并向社会公开结果。 3. 依法实施信用监管，如实记录违法失信行为，发现严重违法行为要依法对有关企业和人员实行行业禁入。 4. 如将来需要批准中国邮政集团公司以外的企业经营境内邮政通信业务，由国家邮政局按照党中央、国务院决策部署办理，并提出修改完善有关法律规定的建议。

续表

序号	事项名称	审批部门	设定依据	加强事中事后监管措施
29	合格境外机构投资者投资额度、账户、资金汇出审批及外汇登记证核发	国家外汇局	《国务院对确需保留的行政审批项目设定行政许可的决定》	取消许可后，外汇部门要会同有关部门通过以下措施加强监管： 1. 优化宏观审慎管理，探索完善价格型宏观审慎管理手段，逆周期调控相关资金跨境流动。 2. 强化外汇登记和监管，实现境外机构投资者汇兑行为全过程留痕，加强资金跨境流动风险监测和预警，完善风险应对预案，防范异常跨境资金大规模集中流动风险。 3. 加强多部门协同配合的市场监测和管理，及时发现和处置跨市场异常交易行为，对情节严重的要依法采取限制账户交易、限制资金进出等措施。发现违法违规行为要依法查处并向社会公开结果。

附件2

国务院决定下放审批层级的行政许可事项目录

（共4项）

序号	事项名称	审批部门	设定依据	下放后审批部门	加强事中事后监管措施
1	出口国家重点保护的农业野生植物或进出口中国参加的国际公约限制进出口的农业野生植物审批	农业农村部	《中华人民共和国野生植物保护条例》	省级农业农村部门	下放后，取消省级农业农村部门负责实施的初审。农业农村部门要通过以下措施加强监管： 1. 省级农业农村部门严格实施许可，加强对出口国家重点保护的农业野生植物和进出口我国参加的国际公约限制进出口的农业野生植物的监管。农业农村部要加强对省级农业农村部门有关工作的指导和监督。

续表

序号	事项名称	审批部门	设定依据	下放后审批部门	加强事中事后监管措施
					2. 加强跨部门、跨层级的信息共享，省级农业农村部门要及时将许可信息推送至农业农村部、国家林草局（国家濒危物种进出口管理机构）、海关等部门。 3. 通过“双随机、一公开”监管、信用监管等方式加大执法监督力度，发现违法违规行为要依法查处并向社会公开结果。
2	成品油零售经营资格审批	省级商务部门	《国务院对确需保留的行政审批项目设定行政许可的决定》	设区的市级人民政府指定部门	下放后，设区的市级人民政府指定部门（以下简称指定部门）要会同有关部门通过以下措施加强监管： 1. 指定部门严格落实成品油流通行业监管职责。要求成品油零售企业建立购销台账制度，完善油品来源、检验报告、检查记录等凭证材料档案。指定部门开展“双随机、一公开”监管，重点检查企业台账制度建立执行情况，发现违法违规行为依法处理或者提请有关部门予以查处。结合企业诚信经营和风险状况依法实施差异化监管。支持行业协会发挥行业自律作用。 2. 地方政府严格落实属地监管职责。设区的市级人民政府要建立跨部门联合监管机制，按照综合行政执法改革精神，统筹配置行政处罚职能和执法资源，加强协同监管。建立投诉举报制度，定期组织开展对成品油零售企业的专项检查，发现违法违规行为由各有关部门

续表

序号	事项名称	审批部门	设定依据	下放后审批部门	加强事中事后监管措施
					按职责依法依规查处。建立企业信用记录并纳入全国信用信息共享平台,对违法失信企业依法实施失信惩戒。 3. 相关部门严格落实专项监管职责。从事成品油零售经营活动的企业必须符合自然资源、规划、建设、质量计量、环保、安全生产、消防、治安反恐、商务、税务、交通运输、气象等方面法律法规和标准要求,依法依规开展经营。公安、自然资源、生态环境、住房城乡建设、交通运输、商务、应急管理、税务、市场监管、能源等部门按职责依法依规加强监管,承担安全生产监管责任的部门切实履行监管责任、守牢安全底线。 4. 加强成品油零售行业监管信息共享运用。市场监管部门要及时将新登记经营范围涉及成品油零售的企业信息推送至有关主管部门。商务部门要将改革前已取得相应许可的成品油零售企业信息推送至有关主管部门。指定部门要将行业监管中发现的超经营范围经营企业信息或者无照经营信息及时推送至有关主管部门。各有关主管部门要充分运用共享的监管信息,有针对性地加强监管执法。

续表

序号	事项名称	审批部门	设定依据	下放后审批部门	加强事中事后监管措施
3	县级广播电台、电视台变更台名、节目设置范围或节目套数审批	广电总局	《广播电视管理条例》	省级广电部门	下放后，广电部门要通过以下措施加强监管： 1. 省级广电部门在规定时限内将审批情况推送至广电总局，并向社会公示辖区内县级广播电台、电视台频道开办情况。广电总局要加强对省级广电部门的工作指导和监督。 2. 完善技术监管措施，对广播电台、电视台节目播出情况进行实时监管，制定应急预案并及时处理突发事件。 3. 通过“双随机、一公开”监管、信用监管等方式，加大执法监督力度，发现违法违规行为要依法查处并向社会公开结果。
4	设区的市、县级地方新闻单位的信息网络传播视听节目许可证核发	广电总局	《国务院对确需保留的行政审批项目设定行政许可的决定》	省级广电部门	下放后，广电部门要通过以下措施加强监管： 1. 建立健全审批情况信息共享、节目报备和重大事项报告等制度，将设区的市、县级地方新闻单位播出的网络视听节目纳入网络视听节目管理系统。 2. 指导督促新闻单位建立健全总编辑负责、节目播前审查、重要节目播出管理等制度。将有关节目纳入各级广播电视和网络视听监测监管平台，加强内容监管。发现违反规定造成重大事故的要严肃处理。

国务院办公厅关于促进畜牧业高质量发展的意见

（2020年9月14日　国办发〔2020〕31号）

畜牧业是关系国计民生的重要产业，肉蛋奶是百姓“菜篮子”的重要品种。近年来，我国畜牧业综合生产能力不断增强，在保障国家食物安全、繁荣农村经济、促进农牧民增收等方面发挥了重要作用，但也存在产业发展质量效益不高、支持保障体系不健全、抵御各种风险能力偏弱等突出问题。为促进畜牧业高质量发展、全面提升畜禽产品供应安全保障能力，经国务院同意，现提出如下意见。

一、总体要求

（一）指导思想。以习近平新时代中国特色社会主义思想为指导，全面贯彻党的十九大和十九届二中、三中、四中全会精神，认真落实党中央、国务院决策部署，牢固树立新发展理念，以实施乡村振兴战略为引领，以农业供给侧结构性改革为主线，转变发展方式，强化科技创新、政策支持和法治保障，加快构建现代畜禽养殖、动物防疫和加工流通体系，不断增强畜牧业质量效益和竞争力，形成产出高效、产品安全、资源节约、环境友好、调控有效的高质量发展新格局，更好地满足人民群众多元化的畜禽产品消费需求。

（二）基本原则。

坚持市场主导。以市场需求为导向，充分发挥市场在资源配置中的决定性作用，消除限制畜牧业发展的不合理壁垒，增强畜牧业发展活力。

坚持防疫优先。将动物疫病防控作为防范畜牧业产业风险和防治人畜共患病的第一道防线，着力加强防疫队伍和能力建设，落实政府和市场主体的防疫责任，形成防控合力。

坚持绿色发展。统筹资源环境承载能力、畜禽产品供给保障能力和养殖废弃物资源化利用能力，协同推进畜禽养殖和环境保护，促进可持续发展。

坚持政策引导。更好发挥政府作用，优化区域布局，强化政策支持，加快补齐畜牧业发展的短板和弱项，加强市场调控，保障畜禽产品有效供给。

（三）发展目标。畜牧业整体竞争力稳步提高，动物疫病防控能力明显增强，绿色发展水平显著提高，畜禽产品供应安全保障能力大幅提升。猪肉自给率保持在95%左右，牛羊肉自给率保持在85%左右，奶源自给率保持在70%

以上，禽肉和禽蛋实现基本自给。到2025年畜禽养殖规模化率和畜禽粪污综合利用率分别达到70%以上和80%以上，到2030年分别达到75%以上和85%以上。

二、加快构建现代养殖体系

（四）加强良种培育与推广。继续实施畜禽遗传改良计划和现代种业提升工程，健全产学研联合育种机制，重点开展白羽肉鸡育种攻关，推进瘦肉型猪本土化选育，加快牛羊专门化品种选育，逐步提高核心种源自给率。实施生猪良种补贴和牧区畜牧良种补贴，加快优良品种推广和应用。强化畜禽遗传资源保护，加强国家级和省级保种场、保护区、基因库建设，推动地方品种资源应保尽保、有序开发。（农业农村部、国家发展改革委、科技部、财政部等按职责分工负责，地方人民政府负责落实。以下均需地方人民政府落实，不再列出）

（五）健全饲草料供应体系。因地制宜推行粮改饲，增加青贮玉米种植，提高苜蓿、燕麦草等紧缺饲草自给率，开发利用杂交构树、饲料桑等新饲草资源。推进饲草料专业化生产，加强饲草料加工、流通、配送体系建设。促进秸秆等非粮饲料资源高效利用。建立健全饲料原料营养价值数据库，全面推广饲料精准配方和精细加工技术。加快生物饲料开发应用，研发推广新型安全高效饲料添加剂。调整优化饲料配方结构，促进玉米、豆粕减量替代。（农业农村部、国家发展改革委、科技部、财政部、国务院扶贫办等按职责分工负责）

（六）提升畜牧业机械化水平。制定主要畜禽品种规模化养殖设施装备配套技术规范，推进养殖工艺与设施装备的集成配套。落实农机购置补贴政策，将养殖场（户）购置自动饲喂、环境控制、疫病防控、废弃物处理等农机装备按规定纳入补贴范围。遴选推介一批全程机械化养殖场和示范基地。提高饲草料和畜禽生产加工等关键环节设施装备自主研发能力。（农业农村部、国家发展改革委、工业和信息化部、财政部等按职责分工负责）

（七）发展适度规模经营。因地制宜发展规模化养殖，引导养殖场（户）改造提升基础设施条件，扩大养殖规模，提升标准化养殖水平。加快养殖专业合作社和现代家庭牧场发展，鼓励其以产权、资金、劳动、技术、产品为纽带，开展合作和联合经营。鼓励畜禽养殖龙头企业发挥引领带动作用，与养殖专业合作社、家庭牧场紧密合作，通过统一生产、统一服务、统一营销、技术共享、品牌共创等方式，形成稳定的产业联合体。完善畜禽标准化饲养管理规程，开展畜禽养殖标准化示范创建。（农业农村部负责）

（八）扶持中小养殖户发展。加强对中小养殖户的指导帮扶，不得以行政手段强行清退。鼓励新型农业经营主体与中小养殖户建立利益联结机制，带动中小养殖户专业化生产，提升市场竞争力。加强基层畜牧兽医技术推广体系建设，健全社会化服务体系，培育壮大畜牧科技服务企业，为中小养殖户提供良种繁育、饲料营养、疫病检测诊断治疗、机械化生产、产品储运、废弃物资源化利用等实用科技服务。（农业农村部、科技部等按职责分工负责）

三、建立健全动物防疫体系

（九）落实动物防疫主体责任。依法督促落实畜禽养殖、贩运、屠宰加工等各环节从业者动物防疫主体责任。引导养殖场（户）改善动物防疫条件，严格按规定做好强制免疫、清洗消毒、疫情报告等工作。建立健全畜禽贩运和运输车辆监管制度，对运输车辆实施备案管理，落实清洗消毒措施。督促指导规模养殖场（户）和屠宰厂（场）配备相应的畜牧兽医技术人员，依法落实疫病自检、报告等制度。加强动物疫病防控分类指导和技术培训，总结推广一批行之有效的防控模式。（农业农村部、交通运输部等按职责分工负责）

（十）提升动物疫病防控能力。落实地方各级人民政府防疫属地管理责任，完善部门联防联控机制。强化重大动物疫情监测排查，建立重点区域和场点入场抽检制度。健全动物疫情信息报告制度，加强养殖、屠宰加工、无害化处理等环节动物疫病信息管理。完善疫情报告奖惩机制，对疫情报告工作表现突出的给予表彰，对瞒报、漏报、迟报或阻碍他人报告疫情的依法依规严肃处理。实施重大动物疫病强制免疫计划，建立基于防疫水平的养殖场（户）分级管理制度。加强口岸动物疫情防控工作，进一步提升口岸监测、检测、预警和应急处置能力。严厉打击收购、贩运、销售、随意丢弃病死畜禽等违法违规行为，构成犯罪的，依法追究刑事责任。（农业农村部、公安部、交通运输部、海关总署等按职责分工负责）

（十一）建立健全分区防控制度。加快实施非洲猪瘟等重大动物疫病分区防控，落实省际联席会议制度，统筹做好动物疫病防控、畜禽及畜禽产品调运监管和市场供应等工作。统一规划实施畜禽指定通道运输。支持有条件的地区和规模养殖场（户）建设无疫区和无疫小区。推进动物疫病净化，以种畜禽场为重点，优先净化垂直传播性动物疫病，建设一批净化示范场。（农业农村部、国家发展改革委、交通运输部等按职责分工负责）

（十二）提高动物防疫监管服务能力。加强动物防疫队伍建设，采取有效措施稳定基层机构队伍。依托现有机构编制资源，建立健全动物卫生监督机构和动物疫病预防控制机构，加强动物疫病防控实验室、边境监测站、省际公路检查站和区域洗消中心等建设。在生猪大县实施乡镇动物防疫特聘计划。保障村级动物防疫员合理劳务报酬。充分发挥执业兽医、乡村兽医作用，支持其开展动物防疫和疫病诊疗活动。鼓励大型养殖企业、兽药及饲料生产企业组建动物防疫服务团队，提供“一条龙”、“菜单式”防疫服务。（农业农村部、中央编办、国家发展改革委、财政部、人力资源社会保障部等按职责分工负责）

四、加快构建现代加工流通体系

（十三）提升畜禽屠宰加工行业整体水平。持续推进生猪屠宰行业转型升级，鼓励地方新建改建大型屠宰自营企业，加快小型屠宰场点撤停并转。开展生猪屠宰标准化示范创建，实施生猪屠宰企业分级管理。鼓励大型畜禽养殖企业、屠宰加工企业开展养殖、屠宰、加工、配送、销售一体化经营，提高肉品精深加工和副产品综合利用水平。推动出台地方性法规，规范牛羊禽屠宰管理。（农业农村部、国家发展改革委等按职责分工负责）

（十四）加快健全畜禽产品冷链加工配送体系。引导畜禽屠宰加工企业向养殖主产区转移，推动畜禽就地屠宰，减少活畜禽长距离运输。鼓励屠宰加工企业建设冷却库、低温分割车间等冷藏加工设施，配置冷链运输设备。推动物流配送企业完善冷链配送体系，拓展销售网络，促进运活畜禽向运肉转变。规范活畜禽跨区域调运管理，完善“点对点”调运制度。倡导畜禽产品安全健康消费，逐步提高冷鲜肉品消费比重。（农业农村部、国家发展改革委、交通运输部、商务部等按职责分工负责）

（十五）提升畜牧业信息化水平。加强大数据、人工智能、云计算、物联网、移动互联网等技术在畜牧业的应用，提高圈舍环境调控、精准饲喂、动物疫病监测、畜禽产品追溯等智能化水平。加快畜牧业信息资源整合，推进畜禽养殖档案电子化，全面实行生产经营信息直联直报。实现全产业链信息化闭环管理。支持第三方机构以信息数据为基础，为养殖场（户）提供技术、营销和金融等服务。（农业农村部、国家发展改革委、国家统计局等按职责分工负责）

（十六）统筹利用好国际国内两个市场、两种资源。扩大肉品进口来源国和进口品种，适度进口优质安全畜禽产品，补充和调剂国内市场供应。稳步推进畜牧业对外投资合作，开拓多元海外市场，扩大优势畜禽产品出口。深化对外交流，加强先进设施装备、优良种质资源引进，开展动物疫苗科研联合攻关。（农业农村部、国家发展改革委、科技部、商务部、海关总署等按职责分工负责）

五、持续推动畜牧业绿色循环发展

（十七）大力推进畜禽养殖废弃物资源化利用。支持符合条件的县（市、区、旗）整县推进畜禽粪污资源化利用，鼓励液体粪肥机械化施用。对畜禽粪污全部还田利用的养殖场（户）实行登记管理，不需申领排污许可证。完善畜禽粪污肥料化利用标准，支持农民合作社、家庭农场等在种植业生产中施用粪肥。统筹推进病死猪牛羊禽等无害化处理，完善市场化运作模式，合理制定补助标准，完善保险联动机制。（农业农村部、国家发展改革委、生态环境部、银保监会等按职责分工负责）

（十八）促进农牧循环发展。加强农牧统筹，将畜牧业作为农业结构调整的重点。农区要推进种养结合，鼓励在规模种植基地周边建设农牧循环型畜禽养殖场（户），促进粪肥还田，加强农副产品饲料化利用。农牧交错带要综合利用饲草、秸秆等资源发展草食畜牧业，加强退化草原生态修复，恢复提升草原生产能力。草原牧区要坚持以草定畜，科学合理利用草原，鼓励发展家庭生态牧场和生态牧业合作社。南方草山草坡地区要加强草地改良和人工草地建植，因地制宜发展牛羊养殖。（农业农村部、国家发展改革委、生态环境部、国家林草局等按职责分工负责）

（十九）全面提升绿色养殖水平。科学布局畜禽养殖，促进养殖规模与资源环境相匹配。缺水地区要发展羊、禽、兔等低耗水畜种养殖，土地资源紧缺地区要采取综合措施提高养殖业土地利用率。严格执行饲料添加剂安全使用规范，依法加强饲料中超剂量使用铜、锌等问题监管。加强兽用抗菌药综合治理，实施动物源细菌耐药性监测、药物饲料添加剂退出和兽用抗菌药使用减量化行动。建立畜牧业绿色发展评价体系，推广绿色发展配套技术。（农业农村部、自然资源部、生态环境部等按职责分工负责）

六、保障措施

（二十）严格落实省负总责和“菜篮子”市长负责制。各省（自治区、直辖市）人民政府对本地区发展畜牧业生产、保障肉蛋奶市场供应负总责，制定发展规划，强化政策措施，不得超越法律法规规定禁养限养。加强“菜篮子”市长负责制考核。鼓励主销省份探索通过资源环境补偿、跨区合作建立养殖基地等方式支持主产省份发展畜禽生产，推动形成销区补偿产区的长效机制。（国家发展改革委、农业农村部等按职责分工负责）

（二十一）保障畜牧业发展用地。按照畜牧业发展规划目标，结合地方国土空间规划编制，统筹支持解决畜禽养殖用地需求。养殖生产及其直接关联的畜禽粪污处理、检验检疫、清洗消毒、病死畜禽无害化处理等农业设施用地，可以使用一般耕地，不需占补平衡。畜禽养殖设施原则上不得使用永久基本农田，涉及少量永久基本农田确实难以避让的，允许使用但须补划。加大林地对畜牧业发展的支持，依法依规办理使用林地手续。鼓励节约使用畜禽养殖用地，提高土地利用效率。（自然资源部、农业农村部、国家林草局等按职责分工负责）

（二十二）加强财政保障和金融服务。继续实施生猪、牛羊调出大县奖励政策。通过政府购买服务方式支持动物防疫社会化服务。落实畜禽规模养殖、畜禽产品初加工等环节用水、用电优惠政策。通过中央财政转移支付等现有渠道，加强对生猪屠宰标准化示范创建和畜禽产品冷链运输配送体系建设的支持。银行业金融机构要积极探索推进土地经营权、养殖圈舍、大型养殖机械抵押贷款，支持具备活体抵押登记、流转等条件的地区按照市场化和风险可控原则，积极稳妥开展活畜禽抵押贷款试点。大力推进畜禽养殖保险，鼓励有条件的地方自主开展畜禽养殖收益险、畜产品价格险试点，逐步实现全覆盖。鼓励社会资本设立畜牧业产业投资基金和畜牧业科技创业投资基金。（财政部、银保监会、国家发展改革委、农业农村部等按职责分工负责）

（二十三）强化市场调控。依托现代信息技术，加强畜牧业生产和畜禽产品市场动态跟踪监测，及时、准确发布信息，科学引导生产和消费。完善政府猪肉储备调节机制，缓解生猪生产和市场价格周期性波动。各地根据需要研究制定牛羊肉等重要畜产品保供和市场调控预案。（国家发展改革委、财政部、农业农村部、商务部等按职责分工负责）

（二十四）落实“放管服”改革措施。推动修订畜牧兽医相关法律法规，提高畜牧业法制化水平。简化畜禽养殖用地取得程序以及环境影响评价、动物防疫条件审查、种畜禽进出口等审批程序，缩短审批时间，推进“一窗受理”，强化事中事后监管。（司法部、自然资源部、生态环境部、农业农村部、海关总署等按职责分工负责）

国务院办公厅关于以新业态新模式引领新型消费加快发展的意见

（2020年9月16日　国办发〔2020〕32号）

近年来，我国以网络购物、移动支付、线上线下融合等新业态新模式为特征的新型消费迅速发展，特别是今年新冠肺炎疫情发生以来，传统接触式线下消费受到影响，新型消费发挥了重要作用，有效保障了居民日常生活需要，推动了国内消费恢复，促进了经济企稳回升。但也要看到，新型消费领域发展还存在基础设施不足、服务能力偏弱、监管规范滞后等突出短板和问题。在常态化疫情防控条件下，为着力补齐新型消费短板、以新业态新模式为引领加快新型消费发展，经国务院同意，现提出以下意见。

一、总体要求

（一）指导思想。

在以习近平同志为核心的党中央坚强领导下，以习近平新时代中国特色社会主义思想为指导，全面贯彻党的十九大和十九届二中、三中、四中全会精神，坚持稳中求进工作总基调，坚持新发展理念，坚持以供给侧结构性改革为主线，坚持以改革开放为动力推动高质量发展，扎实做好“六稳”工作，全面落实“六保”任务，坚定实施扩大内需战略，以新业态新模式为引领，加快推动新型消费扩容提质，坚持问题导向和目标导向，补齐基础设施和服务能力短板，规范创新监管方式，持续激发消费活力，促进线上线下消费深度融合，努力实现新型消费加快发展，推动形成以国内大循环为主体、国内国际双循环相互促进的新发展格局。

（二）基本原则。

坚持创新驱动、融合发展。深入实施创新驱动发展战略，推动技术、管理、商业模式等各类创新，加快培育新业态新模式，推动互联网和各类消费业态紧密融合，加快线上线下消费双向深度融合，促进新型消费蓬勃发展。

坚持问题导向、补齐短板。针对新型消费基础设施不足、服务能力偏弱等问题，充分调动中央和地方两个积极性，进一步加大软硬件建设力度，加强新装备新设备生产应用，优化新型消费网络节点布局，加快补齐发展短板。

坚持深化改革、优化环境。以深化“放管服”改革、优化营商环境推动新型消费加快发展，打破制约发展的体制机制障碍，顺应新型消费发展规律创新经济治理模式，系统性优化制度体系和发展环境，最大限度激发市场活力。

坚持市场主导、政府促进。使市场在资源配置中起决定性作用，以市场需求为导向，顺应居民消费升级趋势，培育壮大各类新型消费市场主体，提升新型消费竞争力。更好发挥政府作用，为新型消费发展提供全方位制度和政策支撑。

（三）主要目标。

经过3—5年努力，促进新型消费发展的体制机制和政策体系更加完善，通过进一步优化新业态新模式引领新型消费发展的环境、进一步提升新型消费产品的供给质量、进一步增强新型消费对扩内需稳就业的支撑，到2025年，培育形成一批新型消费示范城市和领先企业，实物商品网上零售额占社会消费品零售总额比重显著提高，“互联网＋服务”等消费新业态新模式得到普及并趋于成熟。

二、加力推动线上线下消费有机融合

（四）进一步培育壮大各类消费新业态新模式。建立健全“互联网＋服务"、电子商务公共服务平台，加快社会服务在线对接、线上线下深度融合。有序发展在线教育，推广大规模在线开放课程等网络学习模式，推动各类数字教育资源共建共享。积极发展互联网健康医疗服务，大力推进分时段预约诊疗、互联网诊疗、电子处方流转、药品网络销售等服务。深入发展在线文娱，鼓励传统线下文化娱乐业态线上化，支持互联网企业打造数字精品内容创作和新兴数字资源传播平台。鼓励发展智慧旅游，提升旅游消费智能化、便利化水平。大力发展智能体育，培育在线健身等体育消费新业态。进一步支持依托互联网的外卖配送、网约车、即时递送、住宿共享等新业态发展。加快智慧广电生态体系建设，培育打造5G条件下更高技术格式、更新应用场景、更美视听体验的高新视频新业态，形成多元化的商业模式。创新无接触式消费模式，探索发展智慧超市、智慧商店、智慧餐厅等新零售业态。推广电子合同、电子文件等无纸化在线应用。（国家发展改革委、教育部、工业和信息化部、交通运输部、商务部、文化和旅游部、国家卫生健康委、广电总局、体育总局、国家邮政局、国家药监局等部门按职责分工负责）

（五）推动线上线下融合消费双向提速。支持互联网平台企业向线下延伸拓展，加快传统线下业态数字化改造和转型升级，发展个性化定制、柔性化生产，推动线上线下消费高效融合、大中小企业协同联动、上下游全链条一体发展。引导实体企业更多开发数字化产品和服务，鼓励实体商业通过直播电子商务、社交营销开启"云逛街"等新模式。加快推广农产品"生鲜电子商务+冷链宅配"、"中央厨房+食材冷链配送"等服务新模式。组织开展形式多样的网络促销活动，促进品牌消费、品质消费。（国家发展改革委、工业和信息化部、住房城乡建设部、农业农村部、商务部、国家邮政局等部门按职责分工负责）

（六）鼓励企业依托新型消费拓展国际市场。推动电子商务、数字服务等企业"走出去"，加快建设国际寄递物流服务体系，统筹推进国际物流供应链建设，开拓国际市场特别是"一带一路"沿线业务，培育一批具有全球资源配置能力的国际一流平台企业和物流供应链企业。充分依托新型消费带动传统商品市场拓展对外贸易、促进区域产业集聚。持续提高通关便利化水平，优化申报流程。探索新型消费贸易流通项下逐步推广人民币结算。鼓励企业以多种形式实现境外本土化经营，降低物流成本，构建营销渠道。（国家发展改革委、交通运输部、商务部、人民银行、海关总署、税务总局、国家邮政局、国家外汇局等部门按职责分工负责）

三、加快新型消费基础设施和服务保障能力建设

（七）加强信息网络基础设施建设。进一步加大5G网络、数据中心、工业互联网、物联网等新型基础设施建设力度，优先覆盖核心商圈、重点产业园区、重要交通枢纽、主要应用场景等。打造低时延、高可靠、广覆盖的新一代通信网络。加快建设千兆城市。推动车联网部署应用。推动城市信息模型（CIM）基础平台建设，支持城市规划建设管理多场景应用，促进城市基础设施数字化和城市建设数据汇聚。加大相关设施安全保障力度。（国家发展改革委、工业和信息化部、自然资源部、住房城乡建设部等部门按职责分工负责）

（八）完善商贸流通基础设施网络。建立健全数字化商品流通体系，在新兴城市、重点乡镇和中西部地区加快布局数字化消费网络，降低物流综合成本。提升电商、快递进农村综合水平，推动农村商贸流通转型升级。补齐农产品冷链物流设施短板，加快农产品分拨、包装、预冷等集配装备和分拨仓、前置仓等仓储设施建设。推进快递服务站、智能快件箱（信包箱）、无人售货机、智能垃圾回收机等智能终端设施建设和资源共享。推进供应链创新应用，开展农商互联农产品供应链建设，提升农产品流通现代化水平。鼓励传统流通企业向供应链服务企业转型。（国家发展改革委、住房城乡建设部、交通运输部、农业农村部、商务部、国家邮政局等部门按职责分工负责）

（九）大力推动智能化技术集成创新应用。在有效防控风险的前提下，推进大数据、云计算、人工智能、区块链等技术发展融合，加快区块链在商品溯源、跨境汇款、供应链金融和电子票据等数字化场景应用，推动更多企业"上云上平台"。积极开展消费服务领域人工智能应用，丰富5G技术应用场景，加快研发可穿戴设备、移动智能终端、智能家居、超高清及高新视频终端、智能教学助手、智能学伴、医疗电子、医疗机器人等智能化产品，增强新型消费技术支撑。（国家发展改革委、工业和信息化部、人民银行、广电总局、银保监会等部门按职责分工负责）

（十）安全有序推进数据商用。在健全安全保障体系的基础上，依法加强信息数据资源服务和监管。加大整合开发力度，探索数据流通规则制度，有效破除数据壁垒和"孤岛"，打通传输应用堵点，提升消费信息数据共享商用水平，更好为企业提供算力资源支持和优惠服务。探索发展消费大数据服务。（国家发展改革委、工业和信息化部、国家统计局等部门按职责分工负责）

（十一）规划建设新型消费网络节点。围绕国家重大区域发展战略打造新型消费增长极，培育建设国际消费中心城市，着力建设辐射带动能力强、资源整合有优势的区域消费中心，加强中小型消费城市梯队建设。规划建设城乡融合新型消费网络节点，积极发展"智慧街区"、"智慧商圈"。深化步行街改造提升工作，鼓励有条件的街区加快数字化改造，提供全方位数字生活新服务。优化百货商场、购物中心、便利店、农贸市场等城乡商业网点布局，引导行业适度集中。完善社区便民消费设施，加快规划建设便民生活服务圈、城市社区邻里中心和农村社区综合性服务网点。（国家发展改革委、工业和信息化部、自然资源部、住房城乡建设部、农业农村部、商务部等部门按职责分工负责）

四、优化新型消费发展环境

（十二）加强相关法规制度建设。出台互联网上网服务管理政策，规范行业发展。顺应新型消费发展规律，加快出台电子商务、共享经济等领域相关配套规章制度，研究制定分行业分领域的管理办法，有序做好与其他相关政策法规的衔接。推动及时调整不适应新型消费发展的法律法规与政策规定。（国家发展改革委、工业和信息化部、司法部、商务部、市场监管总局等部门按职责分工负责）

（十三）深化包容审慎和协同监管。按照包容审慎和协同监管原则，为新型消费营造规范适度的发展环境。强化消费信用体系建设，构建以信用为基础的新型监管机制。完善跨部门协同监管机制，实现线上线下协调互补、市场监管与行业监管联接互动，加大对销售假冒伪劣商品、侵犯知识产权、虚假宣传、价格欺诈、泄露隐私等行为的打击力度，着力营造安全放心诚信消费环境，促进新型消费健康发展。（国家发展改革委、工业和信息化部、商务部、市场监管总局等部门按职责分工负责）

（十四）健全服务标准体系。推进新型消费标准化建设，支持和鼓励平台企业、行业组织、研究机构等研究制定支撑新型消费的服务标准，健全市场监测、用户权益保护、重要产品追溯等机制，提升行业发展质量和水平。（国家发展改革委、工业和信息化部、商务部、市场监管总局等部门按职责分工负责）

（十五）简化优化证照办理。进一步优化零售新业态新模式营商环境，探索实行“一照多址”。各地对新申请食品经营（仅限从事预包装食品销售）的，可试点推行告知承诺制。各地可结合实际，在保障食品安全的前提下，扩大推行告知承诺制的范围。（市场监管总局牵头，国家发展改革委等部门按职责分工负责）

五、加大新型消费政策支持力度

（十六）强化财政支持。各级财政通过现有资金渠道、按照市场化方式支持新型消费发展，促进相关综合服务和配套基础设施建设。研究进一步对新型消费领域企业优化税收征管措施，更好发挥减税降费政策效应。（国家发展改革委、工业和信息化部、财政部、人力资源社会保障部、税务总局等部门按职责分工负责）

（十七）优化金融服务。深化政银企合作，拓展新型消费领域投融资渠道。鼓励金融机构按照市场化原则，在风险可控前提下，结合新型消费领域相关企业经营特点，积极开发金融产品和服务。优化与新型消费相关的支付环境，鼓励银行等各类型支付清算服务主体降低手续费用，降低商家、消费者支付成本，推动银行卡、移动支付在便民消费领域广泛应用。完善跨境支付监管制度，稳妥推进跨境移动支付应用，提升境外人员境内支付规范化便利化水平。支持符合条件的企业通过发行新股、发行公司债券、"新三板"挂牌等方式融资。发展股权投资基金，推动生产要素向更具前景、更具活力的新型消费领域转移和集聚。（国家发展改革委、财政部、人民银行、银保监会、证监会等部门按职责分工负责）

（十八）完善劳动保障政策。鼓励发展新就业形态，支持灵活就业，加快完善相关劳动保障制度。指导企业规范开展用工余缺调剂，帮助有"共享用工"需求的企业精准、高效匹配人力资源。促进新业态新模式从业人员参加社会保险，提高参保率。坚持失业保险基金优先保生活，通过发放失业保险金、一次性生活补助等多措并举，加快构建城乡参保失业人员应发尽发、应保尽保长效机制。（国家发展改革委、财政部、人力资源社会保障部、国家医保局等部门按职责分工负责）

六、强化组织保障

（十九）加强组织领导。充分发挥完善促进消费体制机制部际联席会议制度作用，加强组织领导和统筹协调，国家发展改革委牵头组织实施，强化部门协同和上下联动，加快研究制定以新业态新模式引领新型消费加快发展的具体实施方案和配套措施，明确责任主体、时间表和路线图，形成政策合力。（国家发展改革委等各有关部门按职责分工负责）

（二十）强化监测评估。加强新型消费统计监测，聚合各类平台企业消费数据，强化传统数据与大数据比对分析，及时反映消费现状和发展趋势，提高政策调控的前瞻性和有效性。完善政策实施评估体系，综合运用第三方评估、社会监督评价等多种方式，科学评估实施效果，确保各项举措落到实处。（国家发展改革委、商务部、市场监管总局、国家统计局等部门按职责分工负责）

（二十一）注重宣传引导。创新宣传方式，丰富宣传手段，加强支持新型消费发展相关政策宣传解读和经验推广，倡导健康、智慧、便捷、共享的消费理念，营造有利于新型消费良性发展的舆论氛围。（国家发展改革委、商务部、市场监管总局、广电总局、国务院新闻办等部门按职责分工负责）

各地区、各有关部门要以习近平新时代中国特色社会主义思想为指导，增强"四个意识"、坚定"四个自信"、做到"两个维护"，坚决贯彻党中央、国务院决策部署，充分认识培育壮大新业态新模式、加快发展新型消费的重要意义，认真落实本意见各项要求，细化实化政策措施，优化制度环境，强化要素保障，持续扩大国内需求，扩大最终消费，为居民消费升级创造条件。

国务院办公厅转发国家发展改革委关于促进特色小镇规范健康发展意见的通知

（2020 年 9 月 16 日　国办发〔2020〕33 号）

国家发展改革委《关于促进特色小镇规范健康发展的意见》已经国务院同意，现转发给你们，请认真贯彻执行。

关于促进特色小镇规范健康发展的意见

特色小镇作为一种微型产业集聚区，具有细分高端的鲜明产业特色、产城人文融合的多元功能特征、集约高效的空间利用特点，在推动经济转型升级和新型城镇化建设中具有重要作用。近年来，各地特色小镇建设取得一定成效，涌现出一批产业特而强、功能聚而合、形态小而美、机制新而活的精品特色小镇，但也出现了部分特色小镇概念混淆、内涵不清、主导产业薄弱等问题。为加强对特色小镇发展的顶层设计、激励约束和规范管理，现提出以下意见：

一、总体要求

（一）指导思想。以习近平新时代中国特色社会主义思想为指导，全面贯彻党的十九大和十九届二中、三中、四中全会精神，坚持稳中求进工作总基调，坚持新发展理念，以准确把握特色小镇发展定位为前提，以培育发展主导产业为重点，促进产城人文融合，突出企业主体地位，健全激励约束机制和规范管理机制，有力有序有效推进特色小镇高质量发展，为扎实做好“六稳”工作、全面落实“六保”任务提供抓手，为坚定实施扩大内需战略和新型城镇化战略提供支撑。

（二）基本原则。

——遵循规律、质量第一。立足不同地区经济发展阶段和客观实际，遵循经济规律、城镇化规律和城乡融合发展趋势，不下指标、不搞平衡，控制数量、提高质量，防止一哄而上、一哄而散。

——因地制宜、突出特色。依托不同地区区位条件、资源禀赋、产业基础和比较优势，适合什么发展什么，合理谋划并做精做强特色小镇主导产业，防止重复建设、千镇一面。

——市场主导、政府引导。厘清政府与市场的关系，引导市场主体扩大有效投资，创新投资运营管理方式，更好发挥政府公共设施配套和政策引导等作用，防止政府大包大揽。

——统一管理、奖优惩劣。把握发展与规范的关系，实行正面激励与负面纠偏“两手抓”，实行部门指导、省负总责、市县落实，强化统筹协调和政策协同，防止政出多门。

二、主要任务

（三）准确把握发展定位。准确理解特色小镇概念，以微型产业集聚区为空间单元进行培育发展，不得将行政建制镇和传统产业园区命名为特色小镇。准确把握特色小镇区位布局，主要在城市群、都市圈、城市周边等优势区位或其他有条件区域进行培育发展。准确把握特色小镇发展内涵，发挥要素成本低、生态环境好、体制机制活等优势，打造经济高质量发展的新平台、新型城镇化建设的新空间、城乡融合发展的新支点、传统文化传承保护的新载体。

（四）聚力发展主导产业。聚焦行业细分门类，科学定位特色小镇主导产业，提高主导产业质量效益，切实增强产业核心竞争力。错位发展先进制造类特色小镇，信息、科创、金融、教育、商贸、文化旅游、森林、体育、康养等现代服务类特色小镇，以及农业田园类特色小镇，打造行业“单项冠军”。聚焦高端产业和产业高端环节，吸引先进要素集聚发展，助推产业基础高级化和产业链现代化。

（五）促进产城人文融合。推进特色小镇多元功能聚合，打造宜业宜居宜游的新型空间。叠加现代社区功能，结合教育、医疗、养老整体布局提供优质公共服务，完善社区服务、商业服务和交通站点，建设15分钟便捷生活圈。叠加文化功能，挖掘工业文化等产业衍生文化，促进优秀传统文化与现代生活相互交融，建设展示小镇建设整体图景和文化魅力的公共空间。叠加旅游功能，加强遗产遗迹保护，因地制宜开展绿化亮化美化，打造彰显地域特征的特色建筑，保护修复生态环境。

（六）突出企业主体地位。推进特色小镇市场化运作，以企业投入为主、以政府有效精准投资为辅，依法合规建立多元主体参与的特色小镇投资运营模式。培育一批特色小镇投资运营优质企业，鼓励有条件有经验的大中型企业独立或牵头发展特色小镇，实行全生命周期的投资建设运营管理，探索可持续的投融资模式和盈利模式，带动中小微企业联动发展。

（七）促进创业带动就业。因地制宜培育特色小镇创新创业生态，提高就业吸纳能力。结合主导产业加强创业就业技能培训服务，提高创业者和劳动者技能素质。发展创业孵化器等众创空间，强化场地安排、要素对接等服务功能。鼓励中小银行和地方银行分支机构入驻特色小镇或延伸服务，创新科技金融产品和服务模式。引导入驻企业与电商平台深化合作，拓宽新工艺新产品新模式的商业渠道。

（八）完善产业配套设施。着眼特色小镇主导产业发展所需，健全公共性、平台性产业配套设施，惠及更多市场主体。完善智能标准生产设施，提供标准厂房和通用基础制造装备，降低投产成本、缩短产品上市周期。健全技术研发转化设施，发展共性技术研发平台和科研成果中试基地。健全仓储集散回收设施，完善电子商务硬件设施及软件系统。

（九）开展改革探索试验。根据特色小镇多数位于城乡接合部的区位特点，推动其先行承接城乡融合发展等相关改革试验，努力探索微型产业集聚区高质量发展的经验和路径。深化“放管服”改革，因地制宜建设便企政务服务设施，有效承接下放的涉企行政审批事项，完善政务服务功能，优化营商环境。允许特色小镇稳妥探索综合体项目整体立项、子项目灵活布局的可行做法。开展供地用地方式改革，鼓励建设用地多功能复合利用，盘活存量建设用地和低效土地，稳妥探索农村集体经营性建设用地直接入市交易。探索投融资机制改革，谋划与新型城镇化建设项目相匹配、财务可持续的投融资模式。

三、规范管理

（十）实行清单管理。各省级人民政府要根据本意见，按照严定标准、严控数量、统一管理、动态调整原则，明确本省份特色小镇清单，择优予以倾斜支持。对此前已命名的特色小镇，经审核符合条件的可纳入清单，不符合条件的要及时清理或更名。国务院有关部门和行业协会不命名、不评比特色小镇。国家发展改革委要会同有关部门建立全国特色小镇信息库，加强对各省份特色小镇清单的指导监督和动态管理。

（十一）强化底线约束。地方各级人民政府要加强规划管理，严格节约集约利用土地，单个特色小镇规划面积原则上控制在1—5平方公里（文化旅游、体育、农业田园类特色小镇规划面积上限可适当提高），保持生产生活生态空间合理比例，保持四至范围清晰、空间相对独立，严守生态保护红线、永久基本农田、城镇开发边界三条控制线。严格控制高耗能、高污染、高排放企业入驻，同步规划建设污水、垃圾处理等市政基础设施和环境卫生设施。严防地方政府债务风险，县级政府债务风险预警地区原则上不得通过政府举债建设特色小镇。严控特色小镇房地产化倾向，在充分论证人口规模基础上合理控制住宅用地在建设用地中所占比重。严守安全生产底线，加强安全生产监管和重大灾害治理，维护人民生命财产安全。

（十二）加强激励引导。国务院有关部门要组织制定特色小镇发展导则，在规划布局、主导产业发展、产城人文融合和公共设施建设等方面提出普适性操作性指引，引导培育一批示范性特色小镇，总结提炼典型经验，发挥引领带动作用。建立政银企对接长效机制，支持符合条件的特色小镇投资运营企业发行企业债券，鼓励开发性、政策性和商业性金融机构在债务风险可控前提下增加中长期融资支持。加大中央预算内投资对特色小镇建设的支持力度。支持发行地方政府专项债券用于特色小镇有一定收益的产业配套设施、公共服务设施、市政公用设施等项目建设。鼓励地方通过安排相关资金、新增建设用地计划指标等方式，对特色小镇发展予以支持引导。

（十三）及时纠偏纠错。地方各级人民政府要对违法违规的特色小镇予以及时整改或淘汰。对主导产业薄弱的，要加强指导引导，长期不见效的要督促整改。对违法违规占地用地、破坏生态环境的，要及时制止并限期整改。对投资主体缺失、无法进行有效建设运营的，以及以“特色小镇”之名单纯进行大规模房地产开发的，要坚决淘汰除名。

四、组织实施

（十四）压实地方责任。各省级人民政府要强化主体责任，统筹制定本省份特色小镇管理制度、政策措施和检查评估机制，做好组织调度和监测监管。市县级人民政府要深化认识、把握节奏、强化落实、久久为功，结合本地实际制定细化可操作的工作措施，并科学编制特色小镇规划。

（十五）加强部门指导。依托城镇化工作暨城乡融合发展工作部际联席会议制度，国家发展改革委要会同财政部、自然资源部、住房城乡建设部、农业农村部、体育总局、国家林草局等有关部门和单位强化协同协作，统筹开展特色小镇监测督导、典型示范和规范纠偏等工作，督促有关地区及时处置特色小镇建设过程中的违法违规行为，对工作不力的地区进行通报，切实促进特色小镇规范健康发展。

国务院办公厅关于加快医学教育创新发展的指导意见

（2020 年 9 月 17 日　国办发〔2020〕34 号）

医学教育是卫生健康事业发展的重要基石。党的十八大以来，我国医学教育蓬勃发展，为卫生健康事业输送了大批高素质医学人才。在新冠肺炎疫情防控中，我国医学教育培养的医务工作者发挥了重要作用。但同时，面对疫情提出的新挑战、实施健康中国战略的新任务、世界医学发展的新要求，我国医学教育还存在人才培养结构亟需优化、培养质量亟待提高、医药创新能力有待提升等问题。为加快医学教育创新发展，经国务院同意，现提出以下意见。

一、总体要求

（一）指导思想。以习近平新时代中国特色社会主义思想为指导，全面贯彻党的十九大和十九届二中、三中、四中全会精神，按照党中央、国务院决策部署，落实立德树人根本任务，把医学教育摆在关系教育和卫生健康事业优先发展的重要地位，立足基本国情，以服务需求为导向，以新医科建设为抓手，着力创新体制机制，分类培养研究型、复合型和应用型人才，全面提高人才培养质量，为推进健康中国建设、保障人民健康提供强有力的人才保障。

（二）基本原则。

——以新理念谋划医学发展。将医学发展理念从疾病诊疗提升拓展为预防、诊疗和康养，加快以疾病治疗为中心向以健康促进为中心转变，服务生命全周期、健康全过程。

——以新定位推进医学教育发展。以"大国计、大民生、大学科、大专业"的新定位推进医学教育改革创新发展，服务健康中国建设和教育强国建设。

——以新内涵强化医学生培养。加强救死扶伤的道术、心中有爱的仁术、知识扎实的学术、本领过硬的技术、方法科学的艺术的教育，培养医德高尚、医术精湛的人民健康守护者。

——以新医科统领医学教育创新。优化学科专业结构，体现"大健康"理念和新科技革命内涵，对现有专业建设提出理念内容、方法技术、标准评价的新要求，建设一批新的医学相关专业，强力推进医科与多学科深度交叉融合。

（三）工作目标。到 2025 年，医学教育学科专业结构更加优化，管理体制机制更加科学高效；医科与多学科深度交叉融合、高水平的医学人才培养体系基本建立，培养质量进一步提升；医学人才使用激励机制更加健全。到2030年，建成具有中国特色、更高水平的医学人才培养体系，医学科研创新能力显著提高，服务卫生健康事业的能力显著增强。

二、全面优化医学人才培养结构

（四）提升医学专业学历教育层次。严格控制高职（专科）临床医学类专业招生规模，大力发展高职护理专业教育，加大护理专业人才供给。稳步发展本科临床医学类、中医学类专业教育，缩减临床医学、中医学专业招生规模过大的医学院校招生计划。适度扩大研究生招生规模，调整研究生招生结构，新增招生计划重点向紧缺人才倾斜。坚持以需定招，合理确定招生结构和规模。高校要结合人才需求和教育资源状况，科学合理设置医学院。

（五）着力加强医学学科建设。在一流大学和一流学科建设中，加大医学及相关学科建设布局和支持力度。2020年临床医学博士专业学位授权单位均须设置麻醉、感染、重症、儿科学科，大幅度扩大麻醉、感染、重症、儿科研究生招生规模。优化学科结构，2021年完成医学二级学科目录编制调整，将麻醉、感染、重症学科纳入临床医学指导性二级学科目录并加大建设力度。统筹研究医学相关一级学科设置。修订临床医学博士、硕士研究生培养方案，加强麻醉、感染、重症学科研究生课程建设，强化实践能力和科研思维能力培养。在医学领域新建一批教育部重点实验室。

（六）加大全科医学人才培养力度。提升基层医疗卫生行业职业吸引力。逐步扩大订单定向免费医学生培养规模，中央财政继续支持为中西部乡镇卫生院培养本科定向医学生，各地要结合实际为村卫生室和边远贫困地区乡镇卫生院培养一批高职定向医学生，加快培养“小病善治、大病善识、重病善转、慢病善管”的防治结合全科医学人才。系统规划全科医学教学体系，3年内推动医学院校普遍成立全科医学教学组织机构，加强面向全体医学生的全科医学教育，建设100个左右国家全科医学实践教学示范基地，加强师资培训。2021年起开展临床医学（全科医学）博士专业学位研究生招生培养工作，扩大临床医学（全科医学）硕士专业学位研究生招生规模。加快推进全科医生薪酬制度改革，拓展全科医生职业发展前景。

（七）加快高水平公共卫生人才培养体系建设。提高公共卫生教育在高等教育体系中的定位，依托高水平大学布局建设一批高水平公共卫生学院。加强培养体系建设，强化预防医学本科专业学生实践能力培养，加强医学院校与疾病预防控制中心、传染病医院的医教研合作，3年内建设30个左右公共卫生实训示范基地。将公共卫生硕士专业学位培养计划作为公共卫生研究生教育的主体培养计划，创立发展公共卫生博士专业学位教育，开展多学科背景下的公共卫生高层次人才培养改革试点。加大高层次专业人才供给,将公共卫生与预防医学相关学科专业纳入"国家关键领域急需高层次人才培养专项招生计划"支持范围,增加专项研究生招生计划数量,在"十四五"期间持续扩大培养规模。

(八)加快高层次复合型医学人才培养。健全以职业需求为导向的人才培养体系,设置交叉学科,促进医工、医理、医文学科交叉融合。推进"医学+X"多学科背景的复合型创新拔尖人才培养;深化基础医学人才培养模式改革;推进基础与临床融通的整合式八年制临床医学教育改革,加大政策保障力度,支持八年制医学专业毕业生进入博士后流动站;深化临床药学高层次人才培养改革;扩大学术型医学博士研究生培养规模,开展医师科学家培养改革试点。在"基础学科拔尖学生培养计划2.0"中,强化高端基础医学人才和药学人才培养。加强与国际高水平大学、科研机构的交流合作,培养具有国际视野的高层次拔尖创新医学人才。

三、全力提升院校医学人才培养质量

(九)提高入口生源质量。积极采取措施吸引优质生源报考医学专业。依托高水平大学建设一批一流医学院。举办医学教育的中央部门所属高校要深挖潜力,着力提升培养能力,积极扩大本科医学专业招生规模。在基础学科招生改革试点工作中加大对医学人才培养支持力度,将基础医学等医学学科纳入改革试点。研究将护理(学)专业纳入国家控制布点专业。

(十)培养仁心仁术的医学人才。深化本科医学教育教学内容、课程体系和教学方法改革,推进"卓越医生教育培养计划2.0",到2021年建设600个左右医学本科一流专业建设点。强化医学生职业素养教育,加强医学伦理、科研诚信教育,发挥课程思政作用,着力培养医学生救死扶伤精神。推进医学教育课堂教学改革,着力提高教学水平,加强教研室等基层教学组织建设,完善管理制度,激发组织活力;强化对医学生的公共卫生与预防医学、传染病防控知识等教育,组织编写传染病学等医学类精品教材,将中医药课程列入临床医学类专业必修课程。强化现代信息技术与医学教育教学的深度融合,探索智能医学教育新形态,建设400门左右国家级医学虚拟仿真实验教学一流课程,推出1500门左右国家级医学线上线下精品课程;建设国家临床医学、中医学、公共卫生等教学案例共享资源库。加快基于器官系统的基础与临床整合式教学改革,研究建立医学生临床实践保障政策机制,强化临床实习过程管理,加快以能力为导向的学生考试评价改革。加强护理专业人才培养,构建理论、实践教学与临床护理实际有效衔接的课程体系,加快建设高水平"双师型"护理教师队伍,提升学生的评判性思维和临床实践能力。推进高职医药类高水平专业群建设。建设国家及区域院校医学教育发展基地,带动院校医学教育水平整体提升。医学院校在临床医学类专业学位硕士研究生考试招生中,进一步加强对考生职业素质和临床实践技能的考查。研究发布研究生核心课程指南,不断完善临床医学、口腔医学、中医硕士专业学位研究生教育与住院医师规范化培训(以下简称住培)的有机衔接。

(十一)传承创新发展中医药教育。强化中医药专业在中医药院校中的主体地位,集中优势资源做大做强中医药主干专业。支持中医药院校加强对中医药传统文化功底深厚、热爱中医的优秀学生的选拔培养。强化传承,把中医药经典能力培养作为重点,提高中医类专业经典课程比重,将中医药经典融入中医基础与临床课程,强化学生中医思维培养。建立早跟师、早临床学习制度,将师承教育贯穿临床实践教学全过程。支持编写一批符合中医药教育规律的核心课程教材。注重创新,试点开展九年制中西医结合教育,培养少而精、高层次、高水平的中西医结合人才;探索多学科交叉创新型中医药人才培养。

(十二)夯实高校附属医院医学人才培养主阵地。教育、卫生健康、中医药部门要医教协同加强和规范高校附属医院管理;抓紧制定完善高校附属医院等临床教学基地标准,将人才培养质量纳入临床教学基地绩效考核和卫生专业技术人员医疗卫生职称晋升评价的重要内容。高校要把附属医院教学、科研建设纳入学校发展整体规划,根据人才培养规模、科学研究和医学生临床实践教学需求,科学规划设置附属医院的数量,防止盲目增设附属医院;强化附属医院临床教学主体职能,增加对附属医院教学工作的经费投入。高校附属医院要健全临床教学组织机构、稳定教学管理队伍,围绕人才培养整合优化临床科室设置,设立专门的教学门诊和教学病床,着力推进医学生早临床、多临床、反复临床。

(十三)系统推进综合性大学医学教育统筹管理。实化医学院(部)职能,完善大学、医学院(部)、附属医院医学教育管理运行机制,保障医学教育的完整性;配齐配强医学教育各级管理干部,在现有领导职数限额内,加快实现有医学专业背景的高校负责人分管医学教育或兼任医学院(部)主要负责人。教育部、国家卫生健康委加快推进与省级人民政府共建综合性大学医学院(部),完善管理体制机制,加大支持力度,提升共建院校办学能力和水平。

(十四)建立健全医学教育质量评估认证制度。加快推进医学教育专业认证,构建医学专业全覆盖的医学教育认证体系,建立具有中国特色、国际实质等效的院校医学教育专业认证制度。逐步将认证结果向社会公布,对认证不合格的医学院校限期整改,整改后仍不达标的取消相关专业招生资格。将医师资格和护士执业资格考试通过率作为评价医学人才培养质量的重要内容，对资格考试通过率连续3年低于50%的高校予以减招。推进毕业后医学教育基地认证和继续医学教育学分认证，将住培结业考核通过率、年度业务水平测试结果等作为住培基地质量评估的核心指标，对住培结业理论考核通过率连续2年排名全国后5%位次的专业基地予以减招。

（十五）加快建立医药基础研究创新基地。发挥综合性大学学科综合优势，建立“医学+X”多学科交叉融合平台和机制。围绕生命健康、临床诊疗、生物安全、药物创新、疫苗攻关等领域，建设临床诊疗、生命科学、药物研发高度融合，医学与人工智能、材料等工科以及生物、化学等理科交叉融合，产学研融通创新、基础研究支撑临床诊疗创新的具有中国特色、世界水平的医药基础研究创新基地。

四、深化住院医师培训和继续医学教育改革

（十六）健全住院医师规范化培训制度。夯实住院医师医学理论基础，强化临床思维、临床实践能力培养，将医德医风相关课程作为必修课程，提高外语文献阅读与应用能力。加大全科等紧缺专业住院医师培训力度。加强公共卫生医师规范化培训，加快培养一批防治复合型公共卫生人才。保障住院医师合理待遇，住培基地综合考虑经济发展、物价变动、所在地城镇职工平均工资等因素，结合实际制定培训对象薪酬待遇发放标准，鼓励承担培训任务的公立医疗卫生机构对全科、儿科等紧缺专业培训对象的薪酬待遇予以倾斜，发挥示范引领作用，具体办法由国家卫生健康委会同财政部、人力资源社会保障部等制定。对面向社会招收的培训对象，住培基地依法与其签订劳动合同，明确培训期间双方权利义务，劳动合同到期后依法终止，培训对象自主择业。面向社会招收的普通高校应届毕业生培训对象培训合格当年在医疗卫生机构就业的，在招聘、派遣、落户等方面，按当年应届毕业生同等对待。对经住培合格的本科学历临床医师，在人员招聘、职称晋升、岗位聘用、薪酬待遇等方面，与临床医学、中医专业学位硕士研究生同等对待。依托现有资源实施毕业后医学教育质量提升工程，加强信息化建设，择优建设一批国家住培示范基地、重点专业基地、骨干师资培训基地和标准化住培实践技能考核基地。

（十七）推进继续医学教育创新发展。将医德医风、法律法规、急诊和重症抢救、感染和自我防护，以及传染病防控、健康教育等公共卫生知识与技能作为医务人员必修课。创新继续教育方式，逐步推广可验证的自学模式。大力发展远程教育，健全远程继续医学教育网络。将医务人员接受继续医学教育的情况纳入其年度绩效考核的必备内容。用人单位要加大投入，依法依规提取和使用职工教育经费，保证所有在职在岗医务人员接受继续教育和职业再培训。在卫生专业技术人员职称评价中,突出品德、能力、业绩导向,强调临床实践等业务工作能力,破除唯论文倾向。

五、完善保障措施

(十八)加强组织领导。教育部、国家卫生健康委、国家中医药局等部门要进一步加强医学教育综合管理和统筹,协调解决医学教育创新发展有关问题。各地、各有关部门要加强领导、周密部署、统筹资源、落实责任,把医学教育创新发展纳入本地区经济社会发展规划和本部门重点工作计划,制定实施方案和配套政策措施。各省、自治区、直辖市要在2020年12月底前出台具体实施方案。充分发挥行业组织协助政府服务管理毕业后医学教育、继续医学教育工作的作用和优势。

(十九)实施国家重大战略工程。统筹各方资金资源,加强对医学教育投入保障。推进人才培养、科学研究改革创新,支持国家及区域院校医学教育发展基地、一流医学院、高水平公共卫生学院、医药基础研究创新基地等建设,支持"卓越医生教育培养计划2.0"、"基础学科拔尖学生培养计划2.0"等重大改革。支持国家住培示范基地、标准化住培实践技能考核基地、毕业后医学教育和继续医学教育信息化等建设。中央预算内投资加大对医学院校支持力度。

(二十)保障经费投入。积极支持医学教育创新发展,优化培养结构,提升培养质量。根据财力、物价变动水平、培养成本等情况,合理确定并适时调整医学门类专业生均定额拨款标准、住培补助标准。支持相关高校优化支出结构,加大医学人才培养和医学学科建设投入力度。充分调动社会、医疗卫生机构、个人出资的积极性,健全多元化、可持续的医学教育经费保障机制和政府投入动态调整机制。地方各级人民政府要按照规定落实投入责任。

国务院办公厅关于加快推进政务服务"跨省通办"的指导意见

(2020年9月24日　国办发〔2020〕35号)

推进政务服务"跨省通办",是转变政府职能、提升政务服务能力的重要途径,是畅通国民经济循环、促进要素自由流动的重要支撑,对于提升国家治理体系和治理能力现代化水平具有重要作用。近年来,党中央、国务院陆续出台审批服务便民化、"互联网+政务服务"、优化营商环境等一系列政策文件,全国一体化政务服务平台初步建成并发挥作用,政务服务"一网通办"深入推进,各地区各部门积极开展政务服务改革探索和创新实践,政务服务便捷度和群众获得感显著提升。但企业(包括个体工商户、农民专业合作社,下同)和群众异地办事仍面临不少堵点难点问题,“多地跑”、“折返跑”等现象仍然存在。为深化“放管服”改革,进一步优化政务服务,经国务院同意,现就加快推进政务服务“跨省通办”提出以下意见。

一、总体要求

(一)指导思想。

以习近平新时代中国特色社会主义思想为指导,全面贯彻落实党的十九大和十九届二中、三中、四中全会精神,按照党中央、国务院决策部署,坚持以人民为中心的发展思想,坚持新发展理念,适应统筹推进疫情防控和经济社会发展形势要求,有效服务人口流动、生产要素自由流动和产业链高效协同,纵深推进“放管服”改革,优化政务服务,完善事中事后监管,加快推动政务服务从政府部门供给导向向企业和群众需求导向转变,依托全国一体化政务服务平台和各级政务服务机构,着力打通业务链条和数据共享堵点,推动更多政务服务事项“跨省通办”,为建设人民满意的服务型政府提供有力保障。

(二)基本原则。

坚持需求导向。聚焦企业和群众普遍关切的异地办事事项,围绕保障改善民生、促进就业创业和便利企业跨地区生产经营,促进政务服务供给与企业、群众需求有效对接,推动政务服务绩效由企业和群众评判。

坚持改革创新。紧扣政务服务“跨省通办”全环节,创新工作理念和制度机制,充分运用大数据、人工智能、区块链等新技术手段,优化再造业务流程,强化业务协同,打破地域阻隔和部门壁垒,促进条块联通和上下联动。

坚持便民高效。优化服务方式,丰富办事渠道,大力推进政务服务“跨省通办”减时间、减环节、减材料、减跑动,实现企业和群众异地办事“马上办、网上办、就近办、一地办”。

坚持依法监管。加强政务服务“跨省通办”业务流程改革后的事中事后监管,防止出现监管真空,推行“互联网+监管”和信用监管,确保事有人管、责有人负,实现无缝衔接,对失信和欺诈行为“零容忍”,保障市场主体公平参与市场竞争,切实维护人民群众合法权益。

(三)工作目标。

从高频政务服务事项入手,2020年底前实现第一批事项“跨省通办”,2021年底前基本实现高频政务服务事项“跨省通办”,同步建立清单化管理制度和更新机制,逐步纳入其他办事事项,有效满足各类市场主体和广大人民群众异地办事需求。

二、重点任务

(一)聚焦保障改善民生,推动个人服务高频事项“跨省通办”。围绕教育、就业、社保、医疗、养老、居住、婚育、出行等与群众生活密切相关的异地办事需求,推动社会保障卡申领、异地就医登记备案和结算、养老保险关系转移接续、户口迁移、住房公积金转移接续、就业创业、婚姻登记、生育登记等事项加快实现“跨省通办”,便利群众异地办事,提升人民群众获得感。

(二)聚焦助力惠企利企,推动企业生产经营高频事项“跨省通办”。围绕生产要素自由流动、企业跨地区生产经营、产业链供应链协同和建立全国统一大市场,推动企业等各类市场主体登记注册和涉企经营许可等事项“跨省通办”,简化优化各类跨地区投资项目审批、工程建设项目审批等流程手续,方便企业开展生产经营活动,提升跨区域政务服务水平,激发市场主体活力。

(三)鼓励区域“跨省通办”先行探索和“省内通办”拓展深化。在全国高频政务服务“跨省通办”事项清单基础上,支持京津冀、粤港澳大湾区、长三角、成渝等地区,进一步拓展“跨省通办”范围和深度,为区域协调发展提供支撑保障。支持劳动力输出输入、东西部协作等省区市点对点开展“跨省通办”。支持各地区拓展深化,推动更多政务服务事项“省内通办”。有关行业主管部门要加强对本行业承担公共服务职能企事业单位的指导、监督,鼓励将有需求、有条件的服务事项纳入“跨省通办”范围。

三、优化政务服务“跨省通办”业务模式

(一)深化“全程网办”。除法律法规规定必须到现场办理的事项外,按照“应上尽上”的原则,政务服务事项全部纳入全国一体化政务服务平台,提供申请受理、审查决定、颁证送达等全流程全环节网上服务,实现申请人“单点登录、全国漫游、无感切换”,由业务属地为申请人远程办理。进一步改革制约全流程网上办理的规章制度和业务流程,不得强制要求申请人到现场办理。政府部门核发的证照批文,能通过数据共享查询、核验的,不再要求申请人到现场核验原件。

(二)拓展“异地代收代办”。对法律法规明确要求必须到现场办理的政务服务事项,在不改变各省区市原有办理事权的基础上,通过“收受分离”模式,打破事项办理的属地化管理限制,申请人可在政务服务大厅设置的“跨省通办”窗口提交申请材料,窗口收件后对申请材料进行形式审查、身份核验,通过邮件寄递至业务属地部门完成办理,业务属地部门寄递纸质结果或网络送达办理结果。同步建立异地收件、问题处理、监督管理、责任追溯机制,明确收件地和办理地的工作职责、业务流转程序等,确保收件、办理两地权责清晰、高效协同。支持各地进一步深化“异地受理、无差别办理”服务。

（三）优化“多地联办”。对需要申请人分别到不同地方现场办理的政务服务事项，减少申请人办理手续和跑动次数，改革原有业务规则，整合申请人多地办理流程，改由一地受理申请、各地政府部门内部协同，申请材料和档案材料通过全国一体化政务服务平台共享，实现申请人只需到一地即可完成办理。建立多地协同办理工作机制，明确办理流程和责任。

四、加强政务服务“跨省通办”服务支撑

（一）加强全国一体化政务服务平台“跨省通办”服务能力。在国家政务服务平台建设全国“跨省通办”专区，作为全国“跨省通办”服务总入口，建立个人和企业专属空间，精准推送“跨省通办”服务。充分发挥全国一体化政务服务平台公共入口、公共通道、公共支撑作用，完善统一身份认证、电子证照、电子印章等支撑能力，推动高频电子证照标准化和跨区域互认共享。国务院各部门要按照全国一体化政务服务平台统一标准和要求，建设完善“跨省通办”相关业务系统，与国家政务服务平台全面对接、深度融合，并通过全国一体化政务服务平台，加快推动本部门垂直业务系统与地方政务服务平台互联互通、协同办理，面向各级政府部门提供跨区域查询和在线核验服务。进一步加强市县政务服务平台建设，加快实现网上政务服务省、市、县、乡镇（街道）、村（社区）五级全覆盖，提升基层在线服务能力。加强全国一体化政务服务平台移动端建设和应用，推动“跨省通办”事项“掌上办”、“指尖办”。

（二）提升“跨省通办”数据共享支撑能力。建立权威高效的数据共享协调机制，明确数据共享供需对接、规范使用、争议处理、安全管理、监督考核、技术支撑等制度流程，满足“跨省通办”数据需求。除现行法律法规另有规定或涉及国家秘密和安全等外，一律面向各级政府部门提供履行职责需要的数据共享服务。依托全国一体化政务服务平台统一受理“跨省通办”数据共享需求并提供服务，加强数据共享运行监测，提升数据质量和协同效率，保障数据的及时性、准确性和安全性。结合推进政务服务“跨省通办”，将更多直接关系企业和群众办事、应用频次高的数据纳入共享范围，依法有序推进政务数据向公证处等公共服务机构共享。

（三）统一“跨省通办”业务规则和标准。各地区各部门要按照“应减尽减”的原则，优化调整“跨省通办”事项业务规则，明确申请条件、申报方式、受理模式、审核程序、办理时限、发证方式、收费标准等内容，统一办理流程和办事指南。提升政务服务事项标准化程度，基于国家政务服务平台政务服务事项基本目录，持续推进名称、编码、依据、类型等基本要素“四级四同”，完善业务分类、办理层级、前置环节等业务要素，推动事项办理规范化运行，实现同一事项在不同地域无差别受理、同标准办理。

（四）加强政务服务机构“跨省通办”能力建设。强化政务服务机构“跨省通办”管理和服务功能，优化政务服务资源配置，原则上县级以上政务服务大厅要设置“跨省通办”窗口、政务服务平台要按照全国一体化政务服务平台相关标准规范设置“跨省通办”专区，配备相应的设备和人员，有条件的地方可延伸到乡镇（街道）、村（社区）和园区。加强政务服务队伍建设，开展窗口人员“跨省通办”业务培训，提高“跨省通办”服务能力和水平。为“跨省通办”提供便利快捷的物流和支付渠道。依托全国一体化政务服务平台，推动政务服务大厅和政务服务平台对接融合，为企业和群众提供线上线下多样化办事渠道，满足不同群体的差异化需求。

五、保障措施

（一）加强组织领导和统筹协调。国务院办公厅负责全国政务服务“跨省通办”的统筹协调，组织编制并发布全国高频政务服务“跨省通办”事项清单，建立工作台账，明确责任单位、时间表、路线图，协调解决有关重大问题。各地区各部门要高度重视，切实加强组织领导，层层压实责任，强化经费保障，在推进政务服务“跨省通办”的同时，加快实现相关高频政务服务事项“省内通办”，确保改革任务尽快落地见效。国务院各部门要按照职责分工，加大对主管行业领域政务服务“跨省通办”的政策、业务、系统、数据支持力度，加强部门间协同配合。

（二）加强法治保障和政策支持。聚焦政务服务“跨省通办”流程优化再造面临的政策制度障碍，及时清理和修改完善与政务服务“跨省通办”中“全程网办”、“异地代收代办”、“多地联办”等不相适应的有关法规规章和规范性文件，细化制定相关配套政策和规则标准。针对政务服务“跨省通办”后可能出现的新情况新问题，及时调整完善监管政策。数据共享要注重保护国家秘密、商业秘密和个人隐私，防止滥用或泄露。

（三）加强督促指导和服务评价。国务院办公厅加强对各地区各部门政务服务“跨省通办”工作的跟踪督促和业务指导，及时推动优化调整相关政策。对改革措施不到位、工作落实不到位、企业和群众反映问题仍然突出的，给予通报批评等处理。推进政务服务“跨省通办”的“好差评”工作，完善评价规则，加强评价结果运用，改进提升政务服务质量。

（四）加强宣传推广和解读引导。各地区各部门要统筹政务服务与政务公开，及时公开政务服务“跨省通办”工作进展及成效。中国政府网、各地区各部门政府网站及政务新媒体要做好有关政策汇聚、宣传解读、服务推广和精准推送。要通过全国一体化政务服务平台“好差评”系统、各级政府门户网站、“12345”热线等倾听收集企业和群众意见建议，及时解决突出问题。

各地区各部门要根据本意见抓紧制定具体工作方案，明确责任单位和进度安排，加强衔接配合，认真抓好落实。有关情况及时报送国务院办公厅。

附件：全国高频政务服务"跨省通办"事项清单

附件

全国高频政务服务"跨省通办"事项清单

（共140项）

一、2020年底前实现"跨省通办"的事项(58项)

序号	"跨省通办"事项	应用场景	牵头单位	配合单位
1	学历公证	申请人可异地申请博士研究生、硕士研究生、大学本科、大学专科学历公证，不受户籍地或学校所在地限制。	司法部	教育部
2	学位公证	申请人可异地申请博士、硕士、学士学位公证，不受户籍地或学校所在地限制。	司法部	教育部
3	机动车驾驶证公证	申请人可异地申请机动车驾驶证公证，不受户籍地或驾驶证领取地限制。	司法部	公安部
4	应届毕业生法律职业资格认定(享受放宽条件政策的除外)	申请人可选择在居住地、户籍地或工作地申请授予法律职业资格，不受考试报名地限制。	司法部	
5	失业登记	申请人可在居住地、工作地、参保地或户籍地申请失业登记，不受地域限制。	人力资源社会保障部	
6	社会保险个人权益记录单查询打印(养老保险、工伤保险、失业保险等)	申请人可异地查询、打印本人名下各地、各年度社会保险个人权益记录单，不受地域限制。	人力资源社会保障部	
7	企业职工基本养老保险关系转移接续	申请人可向转入地申请，转入地与转出地协同办理企业职工基本养老保险关系转移接续，申请人不再需要到转出地办理(不符合转出条件的除外)。	人力资源社会保障部	

续表

序号	“跨省通办”事项	应用场景	牵头单位	配合单位
8	城乡居民基本养老保险关系转移接续	申请人可向转入地申请，转入地与转出地协同办理城乡居民基本养老保险关系转移接续，申请人不再需要到转出地办理（不符合转出条件的除外）。	人力资源社会保障部	
9	机关事业单位基本养老保险关系转移接续（含职业年金）	申请人可向转入地申请，转入地与转出地协同办理机关事业单位基本养老保险关系转移接续（含职业年金），申请人不再需要到转出地办理（不符合转出条件的除外）。	人力资源社会保障部	
10	机关事业单位基本养老保险与企业职工基本养老保险互转	申请人可向转入地申请，转入地与转出地协同办理机关事业单位基本养老保险与企业职工基本养老保险互转，申请人不再需要到转出地办理（不符合转出条件的除外）。	人力资源社会保障部	
11	企业职工基本养老保险与城乡居民基本养老保险互转	申请人可向转入地申请，转入地与转出地协同办理企业职工基本养老保险与城乡居民基本养老保险互转，申请人不再需要到转出地办理（不符合转出条件的除外）。	人力资源社会保障部	
12	退役军人养老保险关系转移接续	申请人可向转入地申请，转入地与军队经办机构协同办理退役军人养老保险关系转移接续。	人力资源社会保障部	
13	领取养老金人员待遇资格认证	领取养老金的申请人，可异地自助办理领取待遇资格认证，不受地域限制。	人力资源社会保障部	
14	养老保险供养亲属领取待遇资格认证	申请人属于养老保险供养亲属的，可异地自助办理领取待遇资格认证（生存认证），不受地域限制。	人力资源社会保障部	
15	电子社会保障卡申领	申请人可网上申领电子社会保障卡，不受发卡地限制。	人力资源社会保障部	
16	失业保险金申领	申请人可异地申领失业保险金，不受地域限制。	人力资源社会保障部	

续表

序号	“跨省通办”事项	应用场景	牵头单位	配合单位
17	就业创业证查询、核验	申请人可异地查询或核验本人就业创业证信息,不受地域限制。	人力资源社会保障部	
18	技工院校毕业证书查询、核验	申请人可异地查询或核验本人技工院校毕业证书信息,不受地域限制。	人力资源社会保障部	
19	技能人员职业资格证书查询、核验	申请人可异地查询或核验本人技能人员职业资格证书信息,不受地域限制。	人力资源社会保障部	
20	专业技术人员职业资格证书查询、核验	申请人可异地查询或核验本人专业技术人员职业资格证书信息,不受地域限制。	人力资源社会保障部	
21	商品房预售、抵押涉及的不动产预告登记(省会城市及计划单列市)	申请人可异地网上申请商品房预售、抵押涉及的不动产预告登记,不受商品房所在地限制。	自然资源部	公安部、民政部、国家卫生健康委、市场监管总局
22	不动产登记资料查询(省会城市及计划单列市)	申请人可异地网上查询不动产登记资料,不受不动产登记地限制。	自然资源部	最高人民法院、公安部、民政部、司法部、国家卫生健康委、市场监管总局

续表

序号	"跨省通办"事项	应用场景	牵头单位	配合单位
23	不动产抵押登记（省会城市及计划单列市）	申请人可异地网上申请不动产抵押登记，不受不动产登记地限制。	自然资源部	公安部、民政部、国家卫生健康委、市场监管总局
24	排污许可	申请人可异地网上提交申请材料，由排污企业所在地生态环境部门审核并发证。	生态环境部	
25	个人住房公积金缴存贷款等信息查询	申请人可异地查询个人住房公积金缴存贷款等信息，不受住房公积金缴存地限制。	住房城乡建设部	
26	出具贷款职工住房公积金缴存使用证明	申请人在非住房公积金缴存地贷款购房，可向购房地住房公积金管理中心申请出具贷款职工住房公积金缴存使用证明，不受住房公积金缴存地限制。	住房城乡建设部	
27	正常退休提取住房公积金	申请人正常退休，可异地提取住房公积金，不受住房公积金缴存地限制。	住房城乡建设部	公安部、人力资源社会保障部
28	小型非营运二手车交易登记	申请人异地交易小型非营运二手车，车辆转入地可为小型非营运二手车交易开具发票并办理转移登记手续。	商务部	公安部、税务总局
29	义诊活动备案	申请人可异地网上提交义诊活动备案申请，不受义诊组织所在地限制。	国家卫生健康委	
30	消毒产品卫生安全评价报告备案	申请人可异地网上申请消毒产品卫生安全评价报告备案，不受企业所在地限制。	国家卫生健康委	
31	内资企业及分支机构设立登记	申请人可异地网上申请内资企业及分支机构设立登记，不受企业住所地限制。	市场监管总局	

续表

序号	“跨省通办”事项	应用场景	牵头单位	配合单位
32	内资企业及分支机构变更登记	申请人可异地网上申请内资企业及分支机构变更登记,不受企业登记地限制。	市场监管总局	
33	内资企业及分支机构注销登记	申请人可异地网上申请内资企业及分支机构注销登记,不受企业登记地限制。	市场监管总局	
34	外资企业及分支机构设立登记	申请人可异地网上申请外资企业及分支机构设立登记,不受企业住所地限制。	市场监管总局	商务部
35	外资企业及分支机构变更登记	申请人可异地网上申请外资企业及分支机构变更登记,不受企业登记地限制。	市场监管总局	商务部
36	外资企业及分支机构注销登记	申请人可异地网上申请外资企业及分支机构注销登记,不受企业登记地限制。	市场监管总局	商务部
37	个体工商户设立登记	申请人可异地网上申请个体工商户设立登记,不受住所地限制。	市场监管总局	
38	个体工商户变更登记	申请人可异地网上申请个体工商户变更登记,不受登记地限制。	市场监管总局	
39	个体工商户注销登记	申请人可异地网上申请个体工商户注销登记,不受登记地限制。	市场监管总局	
40	农民专业合作社设立登记	申请人可异地网上申请农民专业合作社设立登记,不受住所地限制。	市场监管总局	
41	农民专业合作社变更登记	申请人可异地网上申请农民专业合作社变更登记,不受登记地限制。	市场监管总局	
42	农民专业合作社注销登记	申请人可异地网上申请农民专业合作社注销登记,不受登记地限制。	市场监管总局	
43	营业执照遗失补领、换发	申请人营业执照遗失的,可异地网上申请补领、换发,不受登记地限制。	市场监管总局	
44	特种设备检验、检测人员资格认定	申请人可异地申请特种设备检验、检测人员资格认定,不受地域限制。	市场监管总局	
45	国产保健食品备案	申请人可异地申请国产保健食品备案,不受企业所在地限制。	市场监管总局	
46	特种设备检验检测机构核准	申请人可异地向规定的许可机关申请特种设备检验检测机构核准,不受所在地限制。	市场监管总局	

续表

序号	“跨省通办”事项	应用场景	牵头单位	配合单位
47	特种设备生产单位许可	申请人可异地向规定的许可机关申请特种设备生产单位许可，不受所在地限制。	市场监管总局	
48	医保电子凭证申领	申请人可网上申领医保电子凭证，不受地域限制。	国家医保局	
49	航空安全员资格认定	申请人可异地申请办理航空安全员执照，不受提交申请地点限制。	中国民航局	
50	申请撤销提供邮政普遍服务的邮政营业场所	申请人可异地申请撤销提供邮政普遍服务的邮政营业场所，不受提交申请地点限制，不影响法定经营地域。	国家邮政局	
51	邮政企业申请停止办理或者限制办理邮政普遍服务和邮政特殊服务业务审批	申请人可异地申请停止办理或者限制办理邮政普遍服务业务、邮政特殊服务业务，不受提交申请地点限制，不影响法定经营地域。	国家邮政局	
52	快递业务经营许可	申请人可异地申请经营快递业务，不受提交申请地点限制，不影响法定经营地域。	国家邮政局	
53	国产药品再注册	申请人可异地向注册地省级药品监管部门申请办理国产药品再注册，不受所在地限制。	国家药监局	
54	不涉及技术内容的国产药品变更备案	申请人可异地向注册地省级药品监管部门申请不涉及技术内容的国产药品变更备案，不受所在地限制。	国家药监局	
55	执业药师注册	申请人可异地向注册地管理机构申请执业药师注册，不受所在地限制。	国家药监局	人力资源社会保障部
56	执业药师延续注册	申请人可异地向注册地管理机构申请执业药师延续注册，不受所在地限制。	国家药监局	人力资源社会保障部
57	执业药师变更注册	申请人可异地向注册地管理机构申请执业药师变更注册，不受所在地限制。	国家药监局	人力资源社会保障部

续表

序号	“跨省通办”事项	应用场景	牵头单位	配合单位
58	执业药师注销注册	申请人可异地向注册地管理机构申请执业药师注销注册,不受所在地限制。	国家药监局	人力资源社会保障部

二、2021年底前实现“跨省通办”的事项(74项)

序号	“跨省通办”事项	应用场景	牵头单位	配合单位
1	开具有无犯罪记录证明	申请人可异地申请开具有无犯罪记录证明,不受户籍地限制。	公安部	
2	开具户籍类证明	因家庭矛盾等原因无法取得居民户口簿的,申请人可异地申请开具户籍类证明,由户籍地公安部门开具相关证明,不受户籍地限制。	公安部	
3	工作调动户口迁移	申请人因工作调动需要迁移户口的,只需在迁入地申请,迁入地和迁出地公安部门协同办理户口迁移,申请人不再需要到转出地办理相关手续。	公安部	教育部、人力资源社会保障部
4	大中专院校录取学生户口迁移	申请人因大中专院校录取需要迁移户口的,只需在迁入地申请,迁入地和迁出地公安部门协同办理户口迁移,申请人不再需要到转出地办理相关手续。	公安部	教育部、人力资源社会保障部
5	大中专学生毕业户口迁移	申请人因大中专毕业后需要迁移户口的,只需在迁入地申请,迁入地和迁出地公安部门协同办理户口迁移,申请人不再需要到转出地办理相关手续。	公安部	教育部、人力资源社会保障部
6	夫妻投靠户口迁移	申请人因投靠配偶需要迁移户口的,只需在迁入地申请,迁入地和迁出地公安部门协同办理户口迁移,申请人不再需要到转出地办理相关手续。	公安部	民政部

续表

序号	“跨省通办”事项	应用场景	牵头单位	配合单位
7	父母投靠子女户口迁移	申请人因投靠子女需要迁移户口的,只需在迁入地申请,迁入地和迁出地公安部门协同办理户口迁移,申请人不再需要到转出地办理相关手续。	公安部	民政部
8	孤儿救助资格认定	申请人可异地申请孤儿救助资格认定,不受户籍地限制。	民政部	
9	事实无人抚养儿童认定	申请人可异地申请事实无人抚养儿童认定,不受户籍地限制。	民政部	
10	困难残疾人生活补贴和重度残疾人护理补贴资格认定	申请人可异地申请困难残疾人生活补贴和重度残疾人护理补贴资格认定,不受户籍地限制。	民政部	中国残联
11	法律职业资格认定(享受放宽条件政策的除外)	申请人可选择在居住地、户籍地或工作地申请授予法律职业资格,不受考试报名地限制。	司法部	
12	纳税状况公证	申请人可异地申请办理纳税状况公证,不受缴税地限制。	司法部	税务总局
13	职业年金个人权益记录单查询打印	申请人可异地查询、打印职业年金个人权益记录单,不受地域限制。	人力资源社会保障部	
14	个人社保参保证明查询打印	申请人可异地查询、打印个人社保参保证明信息,不受地域限制。	人力资源社会保障部	
15	单位社保参保证明查询打印	申请人可异地查询、打印单位社保参保证明信息,不受地域限制。	人力资源社会保障部	
16	失业保险关系转移接续	申请人可向转入地申请,转入地与转出地经办机构协同办理失业保险关系转移接续,申请人不再需要到转出地办理(不符合转出条件的除外)。	人力资源社会保障部	

续表

序号	“跨省通办”事项	应用场景	牵头单位	配合单位
17	领取一级至四级伤残职工工伤保险长期待遇资格认证	申请人可异地自助办理一级至四级伤残职工工伤保险长期待遇资格认证(生存认证),不受地域限制。	人力资源社会保障部	
18	领取因工死亡职工供养亲属待遇资格认证	申请人可异地自助办理因工死亡职工供养亲属待遇资格认证(生存认证),不受地域限制。	人力资源社会保障部	
19	工伤事故备案	申请人异地发生工伤事故后,可异地向参保地社保经办机构及时报告工伤事故情况,不受地域限制。	人力资源社会保障部	
20	工伤异地居住(就医)申请	申请人需要在异地就医的,可申请工伤异地居住(就医)备案,不再需要到参保地办理。	人力资源社会保障部	国家医保局
21	社会保障卡申领	申请人可异地申领社会保障卡,不受发卡地限制。	人力资源社会保障部	
22	社会保障卡启用	申请人可异地启用社会保障卡社会保障功能,不受发卡地限制。	人力资源社会保障部	
23	社会保障卡补领、换领、换发	申请人可异地申请社会保障卡补领、换领、换发,不受发卡地限制。	人力资源社会保障部	
24	社会保障卡临时挂失	申请人可异地办理社会保障卡临时挂失,不受发卡地限制。	人力资源社会保障部	
25	职业技能等级证书查询、核验	申请人可异地查询或核验本人职业技能等级证书信息,不受地域限制。	人力资源社会保障部	

续表

序号	"跨省通办"事项	应用场景	牵头单位	配合单位
26	流动人员人事档案接收、转递	申请人可向人事档案转入地申请，转入地与转出地协同办理流动人员人事档案接收、转递，申请人不再需要到转出地办理相关手续。	人力资源社会保障部	
27	商品房预售、抵押涉及的不动产预告登记	申请人可异地网上申请商品房预售、抵押涉及的不动产预告登记，不受商品房所在地限制。	自然资源部	公安部、民政部、国家卫生健康委、市场监管总局
28	不动产登记资料查询	申请人可异地网上查询不动产登记资料，不受不动产登记地限制。	自然资源部	最高人民法院、公安部、民政部、司法部、国家卫生健康委、市场监管总局
29	不动产抵押登记	申请人可异地网上申请不动产抵押登记，不受不动产登记地限制。	自然资源部	公安部、民政部、国家卫生健康委、市场监管总局
30	测绘作业证办理	申请人可异地申请办理测绘作业证，不受测绘作业地限制。	自然资源部	
31	新设探矿权登记	申请人可异地申请新设探矿权登记，不受地域限制。	自然资源部	

续表

序号	“跨省通办”事项	应用场景	牵头单位	配合单位
32	探矿权保留登记	申请人可异地申请探矿权保留登记，不受地域限制。	自然资源部	
33	探矿权延续登记	申请人可异地申请探矿权延续登记，不受地域限制。	自然资源部	
34	探矿权变更登记	申请人可异地申请探矿权变更登记，不受地域限制。	自然资源部	
35	探矿权注销登记	申请人可异地申请探矿权注销登记，不受地域限制。	自然资源部	
36	新设采矿权登记	申请人可异地申请新设采矿权登记，不受地域限制。	自然资源部	
37	采矿权变更登记	申请人可异地申请采矿权变更登记，不受地域限制。	自然资源部	
38	采矿权抵押备案	申请人可异地申请采矿权抵押备案，不受地域限制。	自然资源部	
39	采矿权延续登记	申请人可异地申请采矿权延续登记，不受地域限制。	自然资源部	
40	采矿权注销登记	申请人可异地申请采矿权注销登记，不受地域限制。	自然资源部	
41	测绘成果目录汇交	汇交人可网上汇交测绘成果目录，不受地域限制。	自然资源部	
42	建立相对独立平面坐标系统审批	申请人可异地申请建立相对独立平面坐标系统审批，不受地域限制。	自然资源部	
43	住房公积金单位登记开户	申请人可异地向注册地住房公积金管理中心申请住房公积金单位登记开户，不受地域限制。	住房城乡建设部	公安部、人力资源社会保障部、市场监管总局

续表

序号	“跨省通办”事项	应用场景	牵头单位	配合单位
44	住房公积金单位及个人缴存信息变更	申请人可异地向缴存地住房公积金管理中心申请变更单位及个人住房公积金缴存信息,不受地域限制。	住房城乡建设部	公安部、人力资源社会保障部、市场监管总局
45	购房提取住房公积金	申请人在非缴存地购房的,可向购房地住房公积金管理中心提出申请,从缴存地住房公积金管理中心提取住房公积金。	住房城乡建设部	公安部、民政部、人力资源社会保障部、自然资源部、税务总局、中国人民银行
46	开具住房公积金个人住房贷款全部还清证明	申请人可异地向贷款地住房公积金管理中心申请开具住房公积金个人住房贷款全部还清证明,不受地域限制。	住房城乡建设部	
47	提前还清住房公积金贷款	申请人可异地向贷款地住房公积金管理中心申请提前还清住房公积金贷款,不受地域限制。	住房城乡建设部	
48	道路客运驾驶员从业资格证换证	申请人可异地申请道路客运驾驶员从业资格证换证,不受地域限制。	交通运输部	
49	生育登记(一孩/二孩)	申请人可异地网上申请生育登记(一孩/二孩),不受户籍地限制。	国家卫生健康委	
50	再生育审批(三孩及以上)	申请人可异地网上申请再生育审批(三孩及以上),不受户籍地限制(西藏的完成时间可适当延后)。	国家卫生健康委	
51	医疗广告审查	申请人可异地网上申请发布医疗广告,不受企业所在地限制。	国家卫生健康委	

续表

序号	“跨省通办”事项	应用场景	牵头单位	配合单位
52	工业产品生产许可证发证	申请人可异地申请工业产品生产许可证，不受企业所在地限制。	市场监管总局	
53	工业产品生产许可证注销	申请人可异地申请工业产品生产许可证注销，不受企业所在地限制。	市场监管总局	
54	保健食品广告审查	申请人可异地网上申请保健食品广告审查，不受申请人所在地限制。	市场监管总局	
55	特殊医学用途配方食品广告审查	申请人可异地网上申请特殊医学用途配方食品广告审查，不受申请人所在地限制。	市场监管总局	
56	计量器具型式批准（国产计量器具）	申请人可异地申请计量器具型式批准（国产计量器具），不受企业所在地限制。	市场监管总局	
57	医疗器械广告审查	申请人可异地网上申请医疗器械广告审查，不受申请人所在地限制。	市场监管总局	
58	基本医疗保险参保信息变更	申请人可异地申请变更基本医疗保险参保信息，不受参保地限制。	国家医保局	公安部、民政部、人力资源社会保障部、税务总局
59	城乡居民基本医疗保险参保登记	申请人可异地申请城乡居民基本医疗保险参保登记，不受参保地限制。	国家医保局	公安部、民政部、人力资源社会保障部、税务总局

续表

序号	“跨省通办”事项	应用场景	牵头单位	配合单位
60	基本医疗保险关系转移接续	申请人可在转入地申请，转入地与转出地经办机构协同办理基本医疗保险关系转移接续，申请人不再需要到转出地办理相关手续。	国家医保局	公安部、人力资源社会保障部、税务总局
61	异地就医结算备案	申请人可跨省申请异地就医结算备案，不受参保地限制。	国家医保局	公安部
62	门诊费用跨省直接结算	申请人在异地门诊就医时可凭社会保障卡、身份证或医保电子凭证直接结算医疗费用。	国家医保局	
63	医保定点医疗机构基础信息变更	申请人可异地申请医保定点医疗机构基础信息变更，不受医保定点医疗机构所在地限制。	国家医保局	国家卫生健康委、国家药监局
64	非《进出口野生动植物种商品目录》物种证明核发	申请人可异地申请非《进出口野生动植物种商品目录》物种证明核发，不受地域限制。	国家林草局	海关总署
65	经营邮政通信业务审批	申请人可异地申请办理经营邮政通信业务审批，不受提交申请地点限制，不影响法定经营地域。	国家邮政局	
66	仿印邮票图案及其制品审批	申请人因工作需要，可异地申请办理仿印邮票图案及其制品审批，不受提交申请地点限制。	国家邮政局	
67	申请停止使用邮资凭证审批	申请人可异地申请办理停止使用邮资凭证审批，不受提交申请地点限制。	国家邮政局	
68	残疾人证新办	申请人可异地申请新办残疾人证，不受户籍地限制。	中国残联	公安部、国家卫生健康委

续表

序号	“跨省通办”事项	应用场景	牵头单位	配合单位
69	残疾人证换领	申请人可异地申请换领残疾人证，不受户籍地限制。	中国残联	公安部
70	残疾人证迁移	申请人可异地申请迁移残疾人证，不受户籍地限制。	中国残联	公安部
71	残疾人证挂失补办	申请人可异地申请挂失补办残疾人证，不受户籍地限制。	中国残联	公安部
72	残疾人证注销	申请人可异地申请注销残疾人证，不受户籍地限制。	中国残联	公安部
73	残疾类别/等级变更	申请人可异地申请变更残疾类别/等级，不受户籍地限制。	中国残联	公安部、国家卫生健康委
74	全国残疾人按比例就业情况联网认证	申请人可异地申请“安排残疾人就业比例”认证，不受地域限制。	中国残联	人力资源社会保障部、税务总局、国家医保局

三、2021年以后实现“跨省通办”的事项（8项）

序号	“跨省通办”事项	应用场景	牵头单位	完成时限
1	新生儿入户	申请人可异地向新生儿（其父母为境内人士，父母同民族，婚内、境内生育小孩，父母非集体户，且随父亲或母亲报出生）出生地公安部门申请办理新生儿入户，不受父母户籍地限制。	公安部	2021年在京津冀、长三角等地区开展“跨省通办”试点，在总结试点经验基础上逐步推开

续表

序号	“跨省通办”事项	应用场景	牵头单位	完成时限
2	首次申领居民身份证（监护人代办的除外）	申请人可异地首次申领居民身份证，由所在地公安部门线下取指纹和拍照，不受户籍地限制。	公安部	2021年在京津冀、长三角等地区开展“跨省通办”试点，在总结试点经验基础上逐步推开
3	结婚登记	申请人可在所在地婚姻登记机关办理结婚登记，不受户籍地限制。	民政部	2020年至2022年10月进行“省内通办”试点，2022年10月至2024年底进行“跨省通办”试点，力争2025年底前在县级以上婚姻登记机关全面实行全国“跨省通办”
4	离婚登记	申请人可在所在地婚姻登记机关办理离婚登记，不受户籍地限制。	民政部	在开展结婚登记“跨省通办”试点基础上，条件成熟时实施离婚登记“跨省通办”试点
5	灵活就业人员申请企业职工基本养老保险参保登记	申请人可异地申请企业职工基本养老保险参保登记，不受地域限制。	人力资源社会保障部	2022年6月底前
6	社会保险参保缴费记录查询	申请人可异地查询本人在各地的每月社会保险参保缴费记录，不受地域限制。	人力资源社会保障部	2022年6月底前

续表

序号	“跨省通办”事项	应用场景	牵头单位	完成时限
7	工伤职工异地就医结算	申请人可持社会保障卡直接结算工伤医疗费、辅助器具配置费、工伤康复费。	人力资源社会保障部（配合单位：国家医保局）	2022 年底前
8	生育保险待遇核定与支付	申请人可异地申请报销生育医疗费用，申领生育津贴，不受参保地限制。	国家医保局	2022 年底前

注：1. 根据企业、群众需求和业务工作实际，可通过“全程网办”、“异地代收代办”、“多地联办”等一种方式或多种方式组合，实现政务服务事项“跨省通办”。

2. 对 2021 年以后实现“跨省通办”的事项，请相关部门于每年 12 月底前将工作进展情况报送国务院办公厅。

国务院办公厅关于加强全民健身场地设施建设发展群众体育的意见

（2020 年 9 月 30 日　国办发〔2020〕36 号）

加强全民健身场地设施（以下简称健身设施）建设，发展群众体育，是各级人民政府的重要公共服务职能，是贯彻全民健身国家战略、实施健康中国行动的必然要求。为推进健身设施建设，推动群众体育蓬勃开展，提升全民健身公共服务水平，经国务院同意，现提出以下意见。

一、总体要求

以习近平新时代中国特色社会主义思想为指导，深入贯彻党的十九大和十九届二中、三中、四中全会精神，完善健身设施建设顶层设计，增加健身设施有效供给，补齐群众身边的健身设施短板，大力开展群众体育活动，统筹推进新冠肺炎疫情防控和全民健身促进工作。争取到 2025 年，有效解决制约健身设施规划建设的瓶颈问题，相关部门联动工作机制更加健全高效，健身设施配置更加合理，健身环境明显改善，形成群众普遍参加体育健身的良好氛围。

二、完善顶层设计

（一）摸清底数短板。各地区要抓紧启动本地区健身设施现状调查，评估健身设施布局和开放使用情况，对照相关标准规范和群众需求，摸清健身设施建设短板。与此同时，要系统梳理可用于建设健身设施的城市空闲地、边角地、公园绿地、城市路桥附属用地、厂房、建筑屋顶等空间资源，以及可复合利用的城市文化娱乐、养老、教育、商业等其他设施资源，制定并向社会公布可用于建设健身设施的非体育用地、非体育建筑目录或指引。

（二）制定行动计划。各地区要结合相关规划，于1年内编制健身设施建设补短板五年行动计划，明确各年度目标任务，聚焦群众就近健身需要，优先规划建设贴近社区、方便可达的全民健身中心、多功能运动场、体育公园、健身步道、健身广场、小型足球场等健身设施，并统筹考虑增加应急避难（险）功能设置。对确有必要建设的大型体育场馆，要从严审批、合理布局，兼顾社区使用。

（三）规范审核程序。各地区在组织编制涉及健身设施建设的相关规划时，要就有关健身设施建设的内容征求同级体育主管部门意见；在审查审批建设工程设计方案时，要按照国家关于健身设施规划建设的标准规范严格把关。对于已建成交付和新建改建的健身设施，要严格用途管理，防止挪作他用。

三、挖掘存量建设用地潜力

（四）盘活城市空闲土地。各地区在不影响相关规划实施及交通、市容、安全等前提下，可应社会主体申请，提供城市空闲土地建设健身设施，并可依法按照兼容用途、依据地方关于临时建设的办法进行管理。

（五）用好城市公益性建设用地。鼓励依法依规利用城市公益性建设用地建设健身设施，并统筹考虑应急避难（险）需要。在不妨碍防洪、供水安全等前提下，可依法依规在河道湖泊沿岸、滩地建设健身步道等。

（六）支持以租赁方式供地。鼓励各地区在符合城市规划的前提下，以租赁方式向社会力量提供用于建设健身设施的土地，租期不超过20年。以先租后让方式供地的，健身设施建成开放并达到约定条件和年限后，可采取协议方式办理土地出让手续，出让的土地应继续用于健身设施建设运营。对按用途需要采取招标拍卖挂牌方式出让的土地，依照有关规定办理。依法必须以招标拍卖挂牌方式出让国有建设用地使用权的土地实行先租后让、租让结合的，招标拍卖挂牌程序可在租赁供应时实施。

（七）倡导复合用地模式。支持对健身设施和其他公共服务设施进行功能整合。在不改变、不影响建设用地主要用途的前提下，鼓励复合利用土地建设健身设施，通过与具有相容性用途土地产权人达成使用协议的方式促进健身设施项目落地。在养老设施规划建设中,要安排充足的健身空间。

四、提升建设运营水平

(八)简化审批程序。各地区要加大健身设施建设审批领域放管服改革力度,协调本地区发展改革、财政、自然资源、生态环境、住房城乡建设、体育、水务、应急管理、园林、城市管理等相关职能部门,简化、优化审批程序,提高健身设施项目审批效率。

(九)鼓励改造建设。各地区要统筹体育和公共卫生、应急避难(险)设施建设,推广公共体育场馆平战两用改造,在公共体育场馆新建或改建过程中预留改造条件,强化其在重大疫情防控、避险避灾方面的功能。有关改造应符合工程建设相关法律法规和技术标准,具体要求由体育总局、住房城乡建设部、国家卫生健康委、应急管理部等部门另行制定。支持建设符合环保和安全等要求的气膜结构健身馆、装配式健身馆。"十四五"期间,在全国新建或改扩建1000个左右体育公园,打造全民健身新载体。

(十)落实社区配套要求。新建居住小区要按照有关要求和规定配建社区健身设施,并与住宅同步规划、同步建设、同步验收、同步交付,不得挪用或侵占。支持房地产开发企业结合新建小区实际和应急避难(险)需求配建健身馆等设施。社区健身设施未达到规划要求或建设标准的既有居住小区,要紧密结合城镇老旧小区改造,统筹建设社区健身设施。不具备标准健身设施建设条件的,鼓励灵活建设非标准健身设施。

(十一)支持社会参与。社会力量投资建设的室外健身设施在符合相关规划要求的前提下,由各相关方协商依法确定健身设施产权归属,建成后5年内不得擅自改变其产权归属和功能用途。社会力量可申请利用尚未明确用途的城市空闲土地、储备建设用地或者已明确为文化体育用地但尚未完成供地的地块建设临时性室外健身设施,使用时间一般不超过2年,且不能影响土地供应。

(十二)推广委托运营。推进公共体育场馆"改造功能、改革机制"工程。规范委托经营模式,编制和推广政府委托社会力量运营公共体育场馆示范合同文本。鼓励采取公开招标方式筛选运营团队,鼓励将公共体育场馆预订、赛事信息发布、经营服务统计等工作委托社会力量承担,提高运营效率。

(十三)推动设施开放。完善大型体育场馆免费或低收费开放补助政策,支持体育场馆向社会免费或低收费开放。挖掘学校体育场地设施开放潜力,在政策范围内采取必要激励机制,鼓励各地区委托专业机构集中运营本地区符合对外开放条件的学校体育场馆,促进学校体育场馆开放。推动公共体育场馆为学校开展体育活动提供免费或低收费服务。充分挖潜利用现有城市公共体育设施,加强对公共体育场馆开放使用的评估督导,对开放程度低、使用率低、服务对象满意度低的,要求其限期整改。加强对公共场所室外健身器材配建工作的监管,确保健身设施符合应急、疏散和消防安全标准,保障各类健身设施使用安全。

(十四)加强信息化建设。公共体育场馆管理运营方要积极执行场馆信息化建设标准规范,建立完善预约制度,通过即时通讯工具、手机客户端、官方网站、电话等多种渠道开放预约并做好信息登记,确保进出馆人员可追溯,并根据疫情防控要求及时调整入馆限额。对开放式室外健身设施,其管理者要进行必要的人流监测,发现人员过度聚集时及时疏导。

五、实施群众体育提升行动

(十五)丰富社区体育赛事活动。体育总局要加强统筹指导和顶层设计,结合开展"我要上全运"群众体育赛事活动,打造线上与线下比赛相结合、全社会参与、多项目覆盖、多层级联动的"全国社区运动会",充分发挥社区体育赛事在激发拼搏精神、促进邻里交往、增强社区认同感等方面的积极作用。强化项目推动和综合保障,激发社区组织协办赛事活动的积极性,支持有条件的学校体育俱乐部承办社区体育赛事。通过政府购买服务等方式,引导社会力量承接社区体育赛事活动和培训项目。赛事组织方要严格落实防疫等安全管理要求,制定相关预案。

(十六)推进"互联网+健身"。依托现有平台和资源,委托专业机构开发基于PC端、移动端和第三方平台的国家社区体育活动管理服务系统,集成全国公共健身设施布局、科学健身知识、社会体育指导员情况等内容,实现健身设施查询预订、社会体育指导员咨询、体育培训报名等功能,并作为"全国社区运动会"的总服务保障平台。依托该平台,运用市场化方式打造"全国社区运动会"品牌,鼓励各地区正在开展或拟开展的线上、线下社区赛事活动自愿加入平台,为相关活动提供组织管理、人才技术等方面支撑,提高全民健身公共服务智能化、信息化、数字化水平。

(十七)推动居家健身。按照常态化疫情防控要求,大力推广居家健身和全民健身网络赛事活动,充分发挥全民健身在提升全民健康和免疫水平方面的积极作用。在健康中国行动系列工作中大力推进居家健身促进计划,鼓励各地区与线上运动平台合作开办居家健身课程。鼓励体育明星等体育专业技术人才参加健身直播活动,普及运动健身知识、提供科学健身指导、激发群众健身热情。

(十八)夯实组织人才基础。各地区要加快制定完善社区体育相关标准和制度规范。培育发展社会体育指导员协会、社区体育俱乐部等基层体育组织。加强社会体育指导员队伍建设，优化社会体育指导员等级制度，在组织社区体育活动、指导科学健身方面充分发挥作用。

六、加强组织领导

体育总局要会同有关部门制定落实本意见的工作计划和工作台账，对各省(自治区、直辖市)政府贯彻落实本意见情况进行跟踪评估并做好督促指导。各有关部门要加强沟通协调，抓紧细化健身设施规划、用地、开放运营等政策和标准，完善开展社区体育和居家健身的措施，指导地方做好有关工作。各地区要将健身设施规划建设、开放利用和开展群众体育纳入重点工作安排，建立健全责任明确、分工合理、齐抓共管的工作机制，提出符合本地区实际的具体贯彻落实措施。

国务院部门规章

国家工程研究中心管理办法

（2020年7月29日国家发展和改革委员会令第34号公布　自2020年9月1日起施行　国司备字[2020002405]）

第一章　总　　则

第一条　为深入贯彻落实《中共中央国务院关于深化体制机制改革加快实施创新驱动发展战略的若干意见》（中发〔2015〕8号）《关于深化中央财政科技计划（专项、基金等）管理改革的方案》（国发〔2014〕64号）等决策部署，规范和加强国家工程研究中心建设及运行管理，加快提高创新能力，根据《科学技术进步法》《促进科技成果转化法》等有关法律法规规定，制定本办法。

第二条　本办法适用于对国家工程研究中心（以下简称“工程中心”）的申报、组建、评价等管理行为。

本办法所称工程中心，是指国家发展改革委根据建设现代化经济体系的重大战略需求，以服务国家重大战略任务和重点工程实施为目标，组织具有较强研究开发和综合实力的企业、科研单位、高等院校等建设的研究开发实体。

工程中心是国家创新体系的重要组成部分。

第三条　建设工程中心旨在坚定实施创新驱动发展战略，服务经济社会发展，支撑关键核心技术研发，围绕产业链部署创新链，围绕创新链布局产业链，提升产业链供应链稳定性和竞争力，推动经济高质量发展。工程中心以国家和行业需求为出发点，通过建立工程化研究、验证设施和有利于技术创新、成果转化的机制，培育、提高创新能力，搭建产业发展与科技创新之间的桥梁，推动产业关键共性技术、前沿引领技术、现代工程技术、颠覆性技术创新，加快科研成果向现实生产力转化，促进重大科研成果转化应用以及产业基础高级化和产业链现代化。工程中心建设的主要目的是：

（一）坚持目标导向，着眼加快重大科技成果工程化、产业化，布局建设开放服务的创新平台，为各类创新主体开展实验室技术熟化、工程化放大和可靠

性验证等活动提供基础条件,促进提高科技成果转化能力和转化效率;

(二)坚持问题导向,瞄准国家战略任务和重点工程实施中的重大技术难题,以及保产业链供应链稳定的关键领域环节,引导优势创新单元组建创新联合体,突破关键核心技术和重大装备等瓶颈制约,提高科技创新服务经济社会发展的能力;

(三)坚持结果导向,围绕提升产学研协同创新的效能,深化体制机制改革和创新,探索建立知识、技术、数据等生产要素由市场评价贡献、按贡献决定报酬的机制,激发科技人员推动技术创新和科技成果转化的积极性、主动性和创造性。

第四条 工程中心的主要任务包括:

(一)面向国家重大战略任务和重点工程建设需求,开展关键技术攻关和实验研究;

(二)以市场为导向,研判产业发展态势及需求,开展具有重要应用价值的重大科技成果的工程化和系统集成,研制重大装备样机及其关键部件;

(三)推动技术转移和扩散,持续不断地为规模化生产提供成熟的先进技术、工艺及其技术产品和装备;

(四)积极开展国际交流合作,为企业应用国际先进技术、制定采用国际标准、推动国际技术转移扩散等提供支撑服务;

(五)提供工程技术验证和咨询服务,研究产业技术标准;

(六)为行业培养工程技术研究与管理的高层次人才。

第五条 工程中心的责任与义务主要包括:

(一)根据组建方案及相关要求,实现设定的研究开发和成果转化目标,持续推动产业技术进步和创新能力提升;

(二)主动组织或参与产业关键核心技术、共性技术开发,并为行业提供高水平技术开发、科技成果工程化试验验证环境;

(三)承担国家和行业下达的科技开发及工程化研究任务,并依据合同按时完成任务;

(四)通过市场机制向行业转移和扩散承担国家和行业任务所形成的技术成果,起到产业发展与科技创新之间的桥梁作用。

第二章 组织管理

第六条 国家发展改革委负责指导协调工程中心建设及运行管理相关工作,主要负责:

（一）会同国务院有关部门制定支持工程中心建设的有关政策，指导工程中心的建设和发展；

（二）组织论证工程中心组建方案，对符合条件的支持启动建设；对完成筹建任务的工程中心，予以核定并进行监督管理；

（三）批复工程中心创新能力建设项目，下达中央预算内投资计划；

（四）组织工程中心运行评价，会同国务院有关部门落实工程中心建设后补助资金和相关进口税收优惠政策。

第七条 国务院有关部门，各省、自治区、直辖市、计划单列市及新疆生产建设兵团发展改革部门，计划单列中央企业（集团）是工程中心建设的主管部门，主要负责：

（一）组织所属工程中心创新能力建设项目的申报和管理，督促、协调落实建设条件；

（二）组织工程中心组建任务、创新能力建设项目验收，以及工程中心运行的监督管理；

（三）根据国家有关规定建立相应的监督管理制度，配合有关部门做好审计、监察和检查等各项工作；

（四）按规定给予工程中心资金和政策支持。

第八条 工程中心实施主体单位主要负责：

（一）根据组建方案及有关文件要求，推进工程中心组建；

（二）落实工程中心建设与运行条件，筹措工程中心建设和运行经费，保障工程中心顺利建设和正常运行；

（三）承担国家有关部门委托的研发任务，保证工程中心的开放运行和共用共享，为国家相关重大战略任务、重点工程提供研发和试验条件；

（四）按照有关要求向主管部门报送建设项目实施情况和工程中心运行情况。

第三章 申报与组建

第九条 国家发展改革委根据有关重大战略部署、重大规划实施、重大工程建设、重点区域创新发展等需要，遵循“少而精”的原则，择优择需部署建设工程中心。国家发展改革委会同有关方面研究提出工程中心建设领域布局，并采取适当形式发布通知。

第十条 拟申请工程中心组建的实施主体单位（以下简称“申报单位”）应具备以下条件：

（一）符合国家发展改革委发布的建设领域及相关要求；

（二）具有一批有待工程化开发、拥有自主知识产权和良好市场前景、处于国内领先水平的重大科技成果，具有国内一流水平的研究开发和技术集成能力及相应的人才队伍；

（三）具有以市场为导向，将重大科技成果向规模生产转化的工程化研究验证环境和能力；

（四）具有通过市场机制实现技术转移和扩散，促进科技成果产业化，形成良性循环的自我发展能力；

（五）具有对科技成果产业化能力，条件允许的还应具有工程设计、评估及建设的咨询与服务能力；

（六）具有完善的人才激励、成果转化激励和知识产权管理等管理制度；

（七）未因严重违法失信行为被司法、行政机关依法列入联合惩戒对象名单；

（八）符合国家其他相关规定。

第十一条 工程中心一般应采用法人形式组建和运行。对于采取非法人形式组建的工程中心，需要与依托单位在人、财、物的管理上保持清晰边界，评价指标数据能够独立核算、有据可查。

第十二条 鼓励相关领域的优势企业、科研单位、高等院校、社会投资机构组建创新联合体，共同申请组建工程中心。鼓励地方和部门层面的工程中心优先申报。

第十三条 申报单位按照国家发展改革委通知要求，结合自身优势和具体情况，编制组建方案并向主管部门提出申请。

第十四条 主管部门采取适当形式对工程中心组建方案进行评估论证，将符合条件的组建方案推荐给国家发展改革委。

第十五条 国家发展改革委根据主管部门推荐，委托第三方机构或组织专家对工程中心组建方案进行论证，重点包括组建工程中心的必要性和紧迫性、申报单位的条件、发展目标及实现可能性等。

第十六条 国家发展改革委会同相关部门，根据论证意见，综合研究后，择优确定拟启动组建的工程中心，并通知相关主管部门。

第十七条 国家发展改革委同意启动组建工作后，工程中心进入筹建期，可暂以“××国家工程研究中心（筹）”的名义开展工作，实施组建方案中确定的各项任务。

第十八条 主管部门根据国家有关规定建立相应监督管理制度，对处于筹建期的工程中心加强监督管理，配合有关部门做好审计、监察和检查等各项工作。

第十九条 工程中心的筹建期一般不超过三年。达到组建方案明确的筹建期发展目标后,申报单位应编制筹建期总结报告(编制提纲见附件一)、填写工程中心评价表并附相应证明材料,向主管部门提出正式确认为工程中心的申请。

第二十条 主管部门对申请确认的工程中心应按照工程中心评价指标体系进行评价;对于评价结果中等及以上的工程中心,可向国家发展改革委提出确认申请。

第二十一条 对不能按期达到组建目标、完成组建任务的工程中心,在筹建期结束前,可由主管部门向国家发展改革委提交延长筹建期的书面申请,说明原因、拟采取的措施和计划完成日期。原则上,延长筹建期的时限不能超过一年且只能申请一次。

筹建期或延长期满未完成组建任务的,取消确认为国家工程中心的资格,且不得再以"××国家工程研究中心(筹)"的名义开展工作,由主管部门依照本办法相关规定对后续事宜作出处理。

第二十二条 国家发展改革委会同财政部、海关总署、税务总局对主管部门申请确认的工程中心及总结报告、评价结果及证明材料等进行复核,对符合条件的正式确认为"国家工程研究中心",国家发展改革委函告海关总署、税务总局并抄送财政部;对以非法人形式运行的工程中心,将其依托单位同时函告海关总署、税务总局并抄报财政部,纳入国家科技创新基地序列进行管理。

第四章 运行评价

第二十三条 工程中心实行优胜劣汰、动态调整的运行评价制度。国家发展改革委牵头,原则上每三年对经正式确认的工程中心进行一次集中评价。在评价年度完成确认的工程中心,可不参加当年的集中评价。

第二十四条 国家发展改革委制定发布《国家工程研究中心评价工作指南》,明确评价指标体系、数据采集规范、材料报送要求等事项。

第二十五条 运行评价程序为:

(一)数据采集。工程中心应于评价年度 5 月 1 日前将评价材料报主管部门。评价材料包括:工程中心年度工作报告、工程中心评价数据表及其相关附件和证明材料。

(二)数据初审。主管部门对工程中心报送的评价材料进行核实,并对材料完整性、真实性出具意见,于评价年度的 5 月 31 日前将评价材料报送国家发展改革委。

(三)数据核实。国家发展改革委委托第三方机构对工程中心报送的评价材料及相关情况进行核实,按照评价工作指南的规定进行计算、分析,形成评价结果。

(四)国家发展改革委会同财政部、海关总署、税务总局对评价结果进行确认,并向主管部门通报评价结果。

第二十六条 工程中心评价结果分为优秀、良好、中等、基本合格和不合格。

第二十七条 工程中心应当定期填报免税进口科技开发用品统计表(详见附件二),于每年4月1日前报送省级财政、税务部门,由各省级财政、税务部门汇总后于每年4月15日前报送财政部、税务总局。

第五章 支持政策

第二十八条 进入筹建期的工程中心,根据建设需要,可提出创新能力建设项目。国家发展改革委按照《中央预算内投资补助和贴息项目管理办法》(国家发展改革委令第45号)、《国家发展改革委关于规范中央预算内投资资金安排方式及项目管理的通知》(发改投资规〔2020〕518号)及《高技术产业发展项目中央预算内投资(补助)暂行管理办法》(发改高技规〔2016〕2514号)等国家高技术产业发展项目管理规定予以研究支持。

第二十九条 国家发展改革委依据运行评价结果,根据《中央财政科技计划(专项、基金等)后补助管理办法》(财教〔2019〕226号)规定,组织工程中心申请国家后补助资金支持。

第三十条 通过正式确认的工程中心,自确认文件印发之日起,进口科技开发用品按照国家相关进口税收政策执行。

第三十一条 国家鼓励和支持工程中心及其分支机构在海关综合保税区建设发展,并享受相关政策支持。

第六章 监督管理

第三十二条 工程中心需要对组建方案中明确的目标任务作重大调整的,应及时向主管部门报告:

(一)对于不影响实现工程中心功能和任务的调整,由主管部门负责审核,报国家发展改革委备案;

(二)对于发生重大变化,影响工程中心功能实现的,由主管部门提出调整建议,报国家发展改革委审核。

第三十三条 主管部门应将工程中心建设单位或依托单位发生更名、重组等变更情况及时报送国家发展改革委。国家发展改革委对主管部门报送的工程中心建设单位或依托单位变更情况进行确认并函告海关总署。其中,对经确认取消工程中心资格的,自变更之日起,停止享受国家支持科技创新进口税收政策。

第三十四条 主管部门应对工程中心报送的材料和数据承担核实责任,确保真实可靠。工程中心提供虚假材料和数据的行为,一经核实,记入其实施主体单位的信用记录,并纳入全国信用信息共享平台。

第三十五条 有下列情形之一的,国家发展改革委会同财政部、海关总署、税务总局,撤销其工程中心称号:

(一)运行评价结果不合格的;

(二)连续两次运行评价结果均为基本合格的;

(三)逾期未报送评价材料的;

(四)提供虚假材料和数据的;

(五)主要由于技术原因发生重大质量、安全事故的;

(六)因违反《海关法》及有关法律、行政法规,构成走私行为,受到刑事、行政处罚,或因严重违反海关监管规定受到行政处罚的;

(七)因违反《税收征收管理法》及有关法律、行政法规,构成偷税、骗取出口退税等严重税收违法行为的;

(八)因严重违法失信行为被司法、行政机关依法列入联合惩戒对象名单的;

(九)工程中心被依法终止的。

第三十六条 国家发展改革委商有关部门后向主管部门通报工程中心撤销情况,并函送海关总署、税务总局并抄送财政部。被撤销的工程中心,自通报文件印发之日起停止享受国家相关进口税收政策。

第七章 附 则

第三十七条 国家工程研究中心统一命名为:“××国家工程研究中心”,英文名称为:“National Engineering Research Center of ××”。

第三十八条 有关地方和国务院有关部门可参考本办法制定本地区、本部门工程研究中心管理办法。

国家地方联合工程研究中心和工程实验室参照本办法进行管理，不享受本办法规定的支持政策。

第三十九条 本办法由国家发展改革委负责解释，自2020年9月1日起施行，有效期至2025年9月1日。《国家工程研究中心管理办法》（国家发展改革委令第52号）和《国家工程实验室管理办法（试行）》（国家发展改革委令第54号）同时废止。

附件一

国家工程研究中心筹建期总结报告编制提纲

一、摘要

二、筹建期工作概述及取得的重大成效

三、主要建设内容完成情况

包括建安工程、实验室仪器设备配置、研发和工程化试验设施、分析检测手段、关键工程软件、配套条件等。

四、财务决算

包括资金筹措、工程决算及第三方审计报告、科研经费、流动资金及其他情况。

五、运行机制

包括组织机构、规章制度、管理与激励机制、主要负责人和研发队伍等。

六、筹建期发展目标完成情况

包括关键技术开发与工程化、对外合作交流、技术转移与扩散、服务行业发展、经济效益、人才培养等。

七、中长期任务与目标

八、其他需说明事项

九、相关附件

附件二

免税进口科技开发用品统计表

国家工程研究中心名称：

序号	年份	进口货物名称	进口数量	进口金额（万元）	免征进口关税金额（万元）	免征进口环节增值税、消费税金额（万元）
1						
2						
3						
…						
n						
合计						

有关问题说明：

基本医疗保险用药管理暂行办法

（2020 年 7 月 30 日国家医疗保障局令第 1 号公布　自 2020 年 9 月 1 日起施行　国司备字[2020002411]）

第一章　总　则

第一条　为推进健康中国建设，保障参保人员基本用药需求，提升基本医疗保险用药科学化、精细化管理水平，提高基本医疗保险基金使用效益，推进治理体系和治理能力现代化，依据《中华人民共和国社会保险法》等法律法规和《中共中央　国务院关于深化医疗保障制度改革的意见》，制定本暂行办法。

第二条　各级医疗保障部门对基本医疗保险用药范围的确定、调整，以及基本医疗保险用药的支付、管理和监督等，适用本办法。

第三条　基本医疗保险用药范围通过制定《基本医疗保险药品目录》（以下简称《药品目录》）进行管理，符合《药品目录》的药品费用，按照国家规定由基本医疗保险基金支付。《药品目录》实行通用名管理，《药品目录》内药品的同通用名药品自动属于基本医疗保险基金支付范围。

第四条 基本医疗保险用药管理坚持以人民为中心的发展思想，切实保障参保人员合理的用药需求；坚持“保基本”的功能定位，既尽力而为，又量力而行，用药保障水平与基本医疗保险基金和参保人承受能力相适应；坚持分级管理，明确各层级职责和权限；坚持专家评审，适应临床技术进步，实现科学、规范、精细、动态管理；坚持中西药并重，充分发挥中药和西药各自优势。

第五条 《药品目录》由凡例、西药、中成药、协议期内谈判药品和中药饮片五部分组成。省级医疗保障行政部门按国家规定增补的药品单列。为维护临床用药安全和提高基本医疗保险基金使用效益，《药品目录》对部分药品的医保支付条件进行限定。

第六条 国务院医疗保障行政部门负责建立基本医疗保险用药管理体系，制定和调整全国范围内基本医疗保险用药范围，使用和支付的原则、条件、标准及程序等，组织制定、调整和发布国家《药品目录》并编制统一的医保代码，对全国基本医疗保险用药工作进行管理和监督。国家医疗保障经办机构受国务院医疗保障行政部门委托承担国家《药品目录》调整的具体组织实施工作。

省级医疗保障行政部门负责本行政区域内的基本医疗保险用药管理，制定本地区基本医疗保险用药管理政策措施，负责《药品目录》的监督实施等工作。各省（自治区、直辖市）以国家《药品目录》为基础，按照国家规定的调整权限和程序将符合条件的民族药、医疗机构制剂、中药饮片纳入省级医保支付范围，按规定向国务院医疗保障行政部门备案后实施。

统筹地区医疗保障部门负责《药品目录》及相关政策的实施，按照医保协议对定点医药机构医保用药行为进行审核、监督和管理，按规定及时结算和支付医保费用，并承担相关的统计监测、信息报送等工作。

第二章 《药品目录》的制定和调整

第七条 纳入国家《药品目录》的药品应当是经国家药品监管部门批准，取得药品注册证书的化学药、生物制品、中成药（民族药），以及按国家标准炮制的中药饮片，并符合临床必需、安全有效、价格合理等基本条件。支持符合条件的基本药物按规定纳入《药品目录》。

第八条 以下药品不纳入《药品目录》：

（一）主要起滋补作用的药品；

（二）含国家珍贵、濒危野生动植物药材的药品；

（三）保健药品；

（四）预防性疫苗和避孕药品；

（五）主要起增强性功能、治疗脱发、减肥、美容、戒烟、戒酒等作用的药品；

（六）因被纳入诊疗项目等原因，无法单独收费的药品；

（七）酒制剂、茶制剂，各类果味制剂（特别情况下的儿童用药除外），口腔含服剂和口服泡腾剂（特别规定情形的除外）等；

（八）其他不符合基本医疗保险用药规定的药品。

第九条 《药品目录》内的药品，有下列情况之一的，经专家评审后，直接调出《药品目录》：

（一）被药品监管部门撤销、吊销或者注销药品批准证明文件的药品；

（二）被有关部门列入负面清单的药品；

（三）综合考虑临床价值、不良反应、药物经济性等因素，经评估认为风险大于收益的药品；

（四）通过弄虚作假等违规手段进入《药品目录》的药品；

（五）国家规定的应当直接调出的其他情形。

第十条 《药品目录》内的药品，符合以下情况之一的，经专家评审等规定程序后，可以调出《药品目录》：

（一）在同治疗领域中，价格或费用明显偏高且没有合理理由的药品；

（二）临床价值不确切，可以被更好替代的药品；

（三）其他不符合安全性、有效性、经济性等条件的药品。

第十一条 国务院医疗保障行政部门建立完善动态调整机制，原则上每年调整一次。

国务院医疗保障行政部门根据医保药品保障需求、基本医疗保险基金的收支情况、承受能力、目录管理重点等因素，确定当年《药品目录》调整的范围和具体条件，研究制定调整工作方案，依法征求相关部门和有关方面的意见并向社会公布。对企业申报且符合当年《药品目录》调整条件的药品纳入该年度调整范围。

第十二条 建立《药品目录》准入与医保药品支付标准（以下简称支付标准）衔接机制。除中药饮片外，原则上新纳入《药品目录》的药品同步确定支付标准。

独家药品通过准入谈判的方式确定支付标准。

非独家药品中，国家组织药品集中采购（以下简称集中采购）中选药品，按照集中采购有关规定确定支付标准；其他非独家药品根据准入竞价等方式确定支付标准。

执行政府定价的麻醉药品和第一类精神药品，支付标准按照政府定价确定。

第十三条 中药饮片采用专家评审方式进行调整，其他药品的调整程序主要包括企业申报、专家评审、谈判或准入竞价、公布结果。

第十四条 建立企业（药品上市许可持有人，以下统称企业）申报制度。根据当年调整的范围，符合条件的企业按规定向国家医疗保障经办机构提交必要的资料。提交资料的具体要求和办法另行制定。

第十五条 国家医疗保障经办机构按规定组织医学、药学、药物经济学、医保管理等方面专家，对符合当年《药品目录》调整条件的全部药品进行评审，并提出如下药品名单：

（一）建议新增纳入《药品目录》的药品。经专家评审后，符合条件的国家组织集中采购中选药品或政府定价药品，可直接纳入《药品目录》；其他药品按规定提交药物经济学等资料。

（二）原《药品目录》内建议直接调出的药品。该类药品直接从《药品目录》中调出。

（三）原《药品目录》内建议可以调出的药品。该类药品按规定提交药物经济学等资料。

（四）原《药品目录》内药品建议调整限定支付范围的。其中缩小限定支付范围或者扩大限定支付范围但对基本医疗保险基金影响较小的，可以直接调整；扩大限定支付范围且对基本医疗保险基金影响较大的，按规定提交药物经济学等资料。

第十六条 国家医疗保障经办机构按规定组织药物经济学、医保管理等方面专家开展谈判或准入竞价。其中独家药品进入谈判环节，非独家药品进入企业准入竞价环节。谈判或者准入竞价成功的，纳入《药品目录》或调整限定支付范围；谈判或者准入竞价不成功的，不纳入或调出《药品目录》，或者不予调整限定支付范围。

第十七条 国务院医疗保障行政部门负责确定并印发《药品目录》，公布调整结果。

第十八条 原则上谈判药品协议有效期为两年。协议期内，如有谈判药品的同通用名药物（仿制药）上市，医保部门可根据仿制药价格水平调整该药品的支付标准，也可以将该通用名纳入集中采购范围。协议期满后，如谈判药品仍为独家，周边国家及地区的价格等市场环境未发生重大变化且未调整限定支付范围或虽然调整了限定支付范围但对基本医疗保险基金影响较小的，根据协议期内基本医疗保险基金实际支出（以医保部门统计为准）与谈判前企业提交的预算影响分析进行对比，按相关规则调整支付标准，并续签协议。具体规则另行制定。

第十九条 对于因更名、异名等原因需要对药品的目录归属进行认定的，由国务院医疗保障行政部门按程序进行认定后发布。

第二十条 国务院医疗保障行政部门负责编制国家医保药品代码，按照医保药品分类和代码规则建立药品编码数据库。原则上每季度更新一次。

第三章 《药品目录》的使用

第二十一条 协议期内谈判药品原则上按照支付标准直接挂网采购。协议期内，谈判药品的同通用名药品在价格不高于谈判支付标准的情况下，按规定挂网采购。其他药品按照药品招采有关政策执行。

第二十二条 在满足临床需要的前提下，医保定点医疗机构须优先配备和使用《药品目录》内药品。逐步建立《药品目录》与定点医疗机构药品配备联动机制，定点医疗机构根据《药品目录》调整结果及时对本医疗机构用药目录进行调整和优化。

第四章 医保用药的支付

第二十三条 参保人使用《药品目录》内药品发生的费用，符合以下条件的，可由基本医疗保险基金支付：

（一）以疾病诊断或治疗为目的；

（二）诊断、治疗与病情相符，符合药品法定适应症及医保限定支付范围；

（三）由符合规定的定点医药机构提供，急救、抢救的除外；

（四）由统筹基金支付的药品费用，应当凭医生处方或住院医嘱；

（五）按规定程序经过药师或执业药师的审查。

第二十四条 国家《药品目录》中的西药和中成药分为“甲类药品”和“乙类药品”。“甲类药品”是临床治疗必需、使用广泛、疗效确切、同类药品中价格或治疗费用较低的药品。“乙类药品”是可供临床治疗选择使用，疗效确切、同类药品中比“甲类药品”价格或治疗费用略高的药品。协议期内谈判药品纳入“乙类药品”管理。

各省级医疗保障部门按国家规定纳入《药品目录》的民族药、医疗机构制剂纳入“乙类药品”管理。

中药饮片的“甲乙分类”由省级医疗保障行政部门确定。

第二十五条 参保人使用“甲类药品”按基本医疗保险规定的支付标准及分担办法支付；使用“乙类药品”按基本医疗保险规定的支付标准，先由参保人自付一定比例后，再按基本医疗保险规定的分担办法支付。

“乙类药品”个人先行自付的比例由省级或统筹地区医疗保障行政部门确定。

第二十六条 支付标准是基本医疗保险参保人员使用《药品目录》内药品时，基本医疗保险基金支付药品费用的基准。基本医疗保险基金依据药品的支付标准以及医保支付规定向定点医疗机构和定点零售药店支付药品费用。支付标准的制定和调整规则另行制定。

第五章 医保用药的管理与监督

第二十七条 综合运用协议、行政、司法等手段，加强《药品目录》及用药政策落实情况的监管，提升医保用药安全性、有效性、经济性。

第二十八条 定点医药机构应健全组织机构，完善内部制度规范，建立健全药品“进、销、存”全流程记录和管理制度，提高医保用药管理能力，确保医保用药安全合理。

第二十九条 将《药品目录》和相关政策落实责任纳入定点医药机构协议内容，强化用药合理性和费用审核，定期开展监督检查。将医保药品备药率、非医保药品使用率等与定点医疗机构的基金支付挂钩。加强定点医药机构落实医保用药管理政策，履行药品配备、使用、支付、管理等方面职责的监督检查。

第三十条 建立目录内药品企业监督机制，引导企业遵守相关规定。将企业在药品推广使用、协议遵守、信息报送等方面的行为与《药品目录》管理挂钩。

第三十一条 基本医疗保险用药管理工作主动接受纪检监察部门和社会各界监督。加强专家管理，完善专家产生、利益回避、责任追究等机制。加强内控制度建设，完善投诉举报处理、利益回避、保密等内部管理制度，落实合法性和公平竞争审查制度。

第三十二条 对于调入或调出《药品目录》的药品，专家应当提交评审结论和报告。逐步建立评审报告公开机制，接受社会监督。

第六章　附　　则

第三十三条　凡例是对《药品目录》的编排格式、名称剂型规范、备注等内容的解释和说明。

西药部分，收载化学药品和生物制品。

中成药部分，收载中成药和民族药。

协议期内谈判药品部分，收载谈判协议有效期内的药品。

中药饮片部分，收载基本医疗保险基金予以支付的饮片，并规定不得纳入基本医疗保险基金支付的饮片。

第三十四条　各省（自治区、直辖市）医疗保障部门要参照本暂行办法，在国家规定的权限内，制定本省（自治区、直辖市）调整《药品目录》的具体办法。

第三十五条　发生严重危害群众健康的公共卫生事件或紧急情况时，国务院医疗保障行政部门可临时调整或授权省级医疗保障行政部门临时调整医保药品支付范围。

第三十六条　原则上《药品目录》不再新增 OTC 药品。

第三十七条　本办法由国务院医疗保障行政部门负责解释，自 2020 年 9 月 1 日起施行。

公安部关于废止和修改部分规章的决定

（2020 年 8 月 6 日公安部令第 160 号公布　自公布之日起施行　国司备字[2020002409]）

根据第十三届全国人大常委会第十五次会议通过的《全国人民代表大会常务委员会关于废止有关收容教育法律规定和制度的决定》，公安部决定：

一、废止《收容教育所管理办法》（2000 年 4 月 24 日公安部令第 50 号发布，2014 年 6 月 29 日公安部令第 132 号修正）。

二、删去《公安机关内部执法监督工作规定》（1999 年 6 月 11 日公安部令第 40 号发布，2014 年 6 月 29 日公安部令第 132 号修正）第六条第四项中的“收容教育”、第五项中的“收容教育所”。

三、删去《公安机关适用继续盘问规定》（2004 年 7 月 12 日公安部令第 75

号发布)第十一条第二款、第二十一条中的“收容教育”,第三十条第二款中的“收容教育所”。

四、删去《公安机关办理行政案件程序规定》(2012 年 12 月 19 日公安部令第 125 号发布,2014 年 6 月 29 日公安部令第 132 号第一次修正,2018 年 11 月 25 日公安部令第 149 号第二次修正)第二条第一款、第七十三条第一款、第一百七十二条第一款第四项、第一百七十六条第二款、第二百三十七条第一款中的“收容教育”,第二百三十七条第一款中的“收容教育场所”。

本决定自发布之日起施行。

公安机关内部执法监督工作规定

(1999 年 6 月 11 日公安部令第 40 号公布　根据 2014 年 6 月 29 日《公安部关于修改部分部门规章的决定》第一次修订　根据 2020 年 8 月 6 日《公安部关于废止和修改部分规章的决定》第二次修订)

第一章　总　　则

第一条　为保障公安机关及其人民警察依法正确履行职责,防止和纠正违法和不当的执法行为,保护公民、法人和其他组织的合法权益,根据《中华人民共和国人民警察法》和有关法规,制定本规定。

第二条　公安机关内部执法监督,是指上级公安机关对下级公安机关,上级业务部门对下级业务部门,本级公安机关对所属业务部门、派出机构及其人民警察的各项执法活动实施的监督。

第三条　各级公安机关及其业务部门应当建立执法责任制和执法过错责任追究等执法制度,制定、完善执法程序,加强对各项公安执法活动的监督制约。

第四条　执法监督工作必须以事实为根据,以法律为准绳,遵循有错必纠、监督与指导相结合、教育与惩处相结合的原则。

第五条　各级公安机关在加强内部执法监督的同时,必须依法接受人民群众、新闻舆论的监督,接受国家权力机关、人民政府的监督,接受人民检察院的法律监督和人民法院的审判监督。

第二章　执法监督的范围和方式

第六条　执法监督的范围：

（一）有关执法工作的规范性文件及制度、措施是否合法；

（二）刑事立案、销案，实施侦查措施、刑事强制措施和执行刑罚等刑事执法活动是否合法和适当；

（三）有关治安管理、户籍管理、交通管理、消防管理、边防管理、出入境管理等法律法规的实施情况；

（四）适用和执行行政拘留、罚款、没收非法财物、吊销许可证、查封、扣押、冻结财物、强制戒毒等行政处罚和行政强制措施是否合法和适当；

（五）看守所、拘役所、治安拘留所、强制戒毒所、留置室等限制人身自由场所的执法情况；

（六）行政复议、行政诉讼、国家赔偿等法律法规的实施情况；

（七）国家赋予公安机关承担的其他执法职责的履行情况。

第七条　执法监督的方式：

（一）依照法律、法规和规章规定的执法程序和制度进行的监督；

（二）对起草、制订的有关执法工作的规范性文件及制度、措施进行法律审核；

（三）对疑难、有分歧、易出问题和各级公安机关决定需要专门监督的案件，进行案件审核；

（四）组织执法检查、评议；

（五）组织专项、专案调查；

（六）依照法律、法规进行听证、复议、复核；

（七）进行执法过错责任追究；

（八）各级公安机关决定采取的其他方式。

第八条　各级公安机关发现本级或者下级公安机关发布的规范性文件和制度、措施与国家法律、法规和规章相抵触的，应当予以纠正或者通知下级公安机关予以纠正。

第九条　对案件的审核可以采取阅卷审查方式进行，就案件的事实是否清楚，证据是否确凿、充分，定性是否准确，处理意见是否适当，适用法律是否正确，程序是否合法，法律文书是否规范、完备等内容进行审核，保障案件质量。

第十条　对公安行政管理执法行为的审核，可以采取查阅台账、法律文书、档案等方式，就适用法律是否正确、程序是否合法等内容进行审核，保障公正执法。

第十一条 各级公安机关每年应当定期、不定期地组织对本级和下级公安机关的执法活动进行检查或者评议。

有关公安工作的法律、法规发布实施后,各级公安机关应当在一年内对该项法律、法规的执行情况,组织执法检查,检查结果报上一级公安机关并在本级公安机关予以通报。

各级公安机关对本级和下级公安机关每年的执法工作情况应当进行综合考评。考评结果报上一级公安机关并在本级公安机关予以通报。考评结果与奖惩相结合。

第十二条 对国家权力机关、人民政府或者上级公安机关交办复查的案件,人民群众反映强烈的普遍性、倾向性的公安执法问题,应当组织有关部门进行专项调查或者专案调查。在查明情况后,应当写出调查报告,提出处理意见和纠正措施,报本级公安机关领导批准后组织实施,并将查处结果报告交办机关和上级公安机关。

第十三条 在执法监督过程中,发现本级或者下级公安机关已经办结的案件或者执法活动确有错误、不适当的,主管部门报经主管领导批准后,直接作出纠正的决定,或者责成有关部门或者下级公安机关在规定的时限内依法予以纠正。

第十四条 公安机关办理听证、行政复议、国家赔偿案件工作依照国家法律、法规规定的程序进行。

第三章 执法监督的实施和处理

第十五条 对公安机关及其人民警察违法行使职权或者不依法履行职责,致使办理的案件或者执法行为不合法、不适当的,必须依照有关法律、法规和本规定予以纠正和处理。

第十六条 各级公安机关的行政首长是执法监督的责任人,负责对本级和下级公安机关及其人民警察的执法活动组织实施监督。

公安机关各业务部门的负责人是本部门执法监督的责任人,负责对本部门及其人民警察的执法活动实施监督。

第十七条 各级公安机关法制部门是内部执法监督工作的主管部门,在本级公安机关的领导下,负责组织、实施、协调和指导执法监督工作。

第十八条 公安机关警务督察部门依照《公安机关督察条例》的规定,对公安机关及其人民警察的执法活动进行现场督察。

第十九条 对公安机关及其人民警察不合法、不适当的执法活动，分别作出如下处理：

（一）对错误的处理或者决定予以撤销或者变更；

（二）对拒不履行法定职责的，责令其在规定的时限内履行法定职责；

（三）对拒不执行上级公安机关决定和命令的有关人员，可以停止执行职务；

（四）公安机关及其人民警察违法行使职权已经给公民、法人和其他组织造成损害，需要给予国家赔偿的，应当依照《中华人民共和国国家赔偿法》的规定予以国家赔偿；

（五）公安机关人民警察在执法活动中因故意或者过失，造成执法过错的，按照《公安机关人民警察执法过错责任追究规定》追究执法过错责任。

第二十条 公安机关的领导和有关责任人员在执法工作中有违法违纪行为需要追究纪律和法律责任的，依照有关规定办理。

第二十一条 对上级公安机关及其主管部门的执法监督决定、命令，有关公安机关及其职能部门必须执行，并报告执行结果。

对执法监督决定有异议的，应当先予执行，然后按照规定提出意见，作出决定的机关应当认真审查，执行后果由作出决定的公安机关负责。

第二十二条 拒绝、阻碍上级机关或本级公安机关及执法监督主管部门的执法监督检查，拒不执行公安机关内部执法监督的有关决定、命令，或者无故拖延执行，对被监督的公安机关或者业务部门的负责人，应当依照有关规定给予纪律处分。

第二十三条 对本级和上级公安机关作出的执法监督决定不服，有关单位和人民警察可以向本级或者上级公安机关提出申诉，有关部门应当认真受理，并作出答复。

第二十四条 各级公安机关的执法监督责任人和执法监督主管部门必须严格依法履行执法监督职责，模范遵守法律，秉公执法，依法办事。对不严格履行执法监督职责或者滥用职权，造成不良影响的，应当给予通报批评；后果严重的，应当依照有关规定给予纪律处分；构成犯罪的，依法追究刑事责任。

第四章　附　则

第二十五条 各省、自治区、直辖市公安厅局可以根据本规定，结合本地实际情况，制定实施办法。

第二十六条 本规定由公安部法制局负责解释。

第二十七条 本规定自颁布之日起实施。

公安机关适用继续盘问规定

（2004年7月12日公安部令第75号公布　根据2020年8月6日《公安部关于废止和修改部分规章的决定》修订）

第一章　总　　则

第一条　为了规范继续盘问工作，保证公安机关依法履行职责和行使权限，维护社会治安秩序，保护公民的合法权益，根据《中华人民共和国人民警察法》，制定本规定。

第二条　本规定所称继续盘问，是指公安机关的人民警察为了维护社会治安秩序，对有违法犯罪嫌疑的人员当场盘问、检查后，发现具有法定情形而将其带至公安机关继续进行盘问的措施。

第三条　公安机关适用继续盘问，应当遵循依法、公正、及时、文明和确保安全的原则，做到适用对象准确、程序合法、处理适当。

第四条　继续盘问工作由公安机关主管公安派出所工作的部门负责业务指导和归口管理。

第五条　继续盘问工作由人民警察执行。严禁不具有人民警察身份的人员从事有关继续盘问的执法工作。

第六条　公安机关适用继续盘问，依法接受人民检察院、行政监察机关以及社会和公民的监督。

第二章　适用对象和时限

第七条　为维护社会治安秩序，公安机关的人民警察对有违法犯罪嫌疑的人员，经表明执法身份后，可以当场盘问、检查。

未穿着制式服装的人民警察在当场盘问、检查前，必须出示执法证件表明人民警察身份。

第八条　对有违法犯罪嫌疑的人员当场盘问、检查后，不能排除其违法犯罪嫌疑，且具有下列情形之一的，人民警察可以将其带至公安机关继续盘问：

（一）被害人、证人控告或者指认其有犯罪行为的；

（二）有正在实施违反治安管理或者犯罪行为嫌疑的；

（三）有违反治安管理或者犯罪嫌疑且身份不明的；

（四）携带的物品可能是违反治安管理或者犯罪的赃物的。

第九条 对具有下列情形之一的人员，不得适用继续盘问：

（一）有违反治安管理或者犯罪嫌疑，但未经当场盘问、检查的；

（二）经过当场盘问、检查，已经排除违反治安管理和犯罪嫌疑的；

（三）涉嫌违反治安管理行为的法定最高处罚为警告、罚款或者其他非限制人身自由的行政处罚的；

（四）从其住处、工作地点抓获以及其他应当依法直接适用传唤或者拘传的；

（五）已经到公安机关投案自首的；

（六）明知其所涉案件已经作为治安案件受理或者已经立为刑事案件的；

（七）不属于公安机关管辖的案件或者事件当事人的；

（八）患有精神病、急性传染病或者其他严重疾病的；

（九）其他不符合本规定第八条所列条件的。

第十条 对符合本规定第八条所列条件，同时具有下列情形之一的人员，可以适用继续盘问，但必须在带至公安机关之时起的四小时以内盘问完毕，且不得送入候问室：

（一）怀孕或者正在哺乳自己不满一周岁婴儿的妇女；

（二）不满十六周岁的未成年人；

（三）已满七十周岁的老年人。

对前款规定的人员在晚上九点至次日早上七点之间释放的，应当通知其家属或者监护人领回；对身份不明或者没有家属和监护人而无法通知的，应当护送至其住地。

第十一条 继续盘问的时限一般为十二小时；对在十二小时以内确实难以证实或者排除其违法犯罪嫌疑的，可以延长至二十四小时；对不讲真实姓名、住址、身份，且在二十四小时以内仍不能证实或者排除其违法犯罪嫌疑的，可以延长至四十八小时。

前款规定的时限自有违法犯罪嫌疑的人员被带至公安机关之时起，至被盘问人可以自由离开公安机关之时或者被决定刑事拘留、逮捕、行政拘留、强制戒毒而移交有关监管场所执行之时止，包括呈报和审批继续盘问、延长继续盘问时限、处理决定的时间。

第十二条 公安机关应当严格依照本规定的适用范围和时限适用继续盘问，禁止实施下列行为：

（一）超适用范围继续盘问；

（二）超时限继续盘问；
（三）适用继续盘问不履行审批、登记手续；
（四）以继续盘问代替处罚；
（五）将继续盘问作为催要罚款、收费的手段；
（六）批准继续盘问后不立即对有违法犯罪嫌疑的人员继续进行盘问；
（七）以连续继续盘问的方式变相拘禁他人。

第三章 审批和执行

第十三条 公安派出所的人民警察对符合本规定第八条所列条件，确有必要继续盘问的有违法犯罪嫌疑的人员，可以立即带回，并制作《当场盘问、检查笔录》、填写《继续盘问审批表》报公安派出所负责人审批决定继续盘问十二小时。对批准继续盘问的，应当将《继续盘问审批表》复印、传真或者通过计算机网络报所属县、市、旗公安局或者城市公安分局主管公安派出所工作的部门备案。

县、市、旗公安局或者城市公安分局其他办案部门和设区的市级以上公安机关及其内设机构的人民警察对有违法犯罪嫌疑的人员，应当依法直接适用传唤、拘传、刑事拘留、逮捕、取保候审或者监视居住，不得适用继续盘问；对符合本规定第八条所列条件，确有必要继续盘问的有违法犯罪嫌疑的人员，可以带至就近的公安派出所，按照本规定适用继续盘问。

第十四条 对有违法犯罪嫌疑的人员批准继续盘问的，公安派出所应当填写《继续盘问通知书》，送达被盘问人，并立即通知其家属或者单位；未批准继续盘问的，应当立即释放。

对被盘问人身份不明或者没有家属和单位而无法通知的，应当在《继续盘问通知书》上注明，并由被盘问人签名或者捺指印。但是，对因身份不明而无法通知的，在继续盘问期间查明身份后，应当依照前款的规定通知其家属或者单位。

第十五条 被盘问人的家属为老年人、残疾人、精神病人、不满十六周岁的未成年人或者其他没有独立生活能力的人，因公安机关实施继续盘问而使被盘问人的家属无人照顾的，公安机关应当通知其亲友予以照顾或者采取其他适当办法妥善安排，并将安排情况及时告知被盘问人。

第十六条 对有违法犯罪嫌疑的人员批准继续盘问后，应当立即结合当场盘问、检查的情况继续对其进行盘问，以证实或者排除其违法犯罪嫌疑。

对继续盘问的情况，应当制作《继续盘问笔录》，并载明被盘问人被带至公安机关的具体时间，由被盘问人核对无误后签名或者捺指印。对被盘问人拒绝签名和捺指印的，应当在笔录上注明。

第十七条 对符合本规定第十一条所列条件，确有必要将继续盘问时限延长至二十四小时的，公安派出所应当填写《延长继续盘问时限审批表》，报县、市、旗公安局或者城市公安分局的值班负责人审批；确有必要将继续盘问时限从二十四小时延长至四十八小时的，公安派出所应当填写《延长继续盘问时限审批表》，报县、市、旗公安局或者城市公安分局的主管负责人审批。

县、市、旗公安局或者城市公安分局的值班或者主管负责人应当在继续盘问时限届满前作出是否延长继续盘问时限的决定，但不得决定将继续盘问时限直接从十二小时延长至四十八小时。

第十八条 除具有《中华人民共和国人民警察使用警械和武器条例》规定的情形外，对被盘问人不得使用警械或者武器。

第十九条 对具有下列情形之一的，应当立即终止继续盘问，并立即释放被盘问人或者依法作出处理决定：

（一）继续盘问中发现具有本规定第九条所列情形之一的；

（二）已经证实有违法犯罪行为的；

（三）有证据证明有犯罪嫌疑的。

对经过继续盘问已经排除违法犯罪嫌疑，或者经过批准的继续盘问、延长继续盘问时限届满，尚不能证实其违法犯罪嫌疑的，应当立即释放被盘问人。

第二十条 对终止继续盘问或者释放被盘问人的，应当在《继续盘问登记表》上载明终止继续盘问或者释放的具体时间、原因和处理结果，由被盘问人核对无误后签名或者捺指印。被盘问人拒绝签名和捺指印的，应当在《继续盘问登记表》上注明。

第二十一条 在继续盘问期间对被盘问人依法作出刑事拘留、逮捕或者行政拘留、强制戒毒决定的，应当立即移交有关监管场所执行；依法作出取保候审、监视居住或者警告、罚款等行政处罚决定的，应当立即释放。

第二十二条 在继续盘问期间，公安机关及其人民警察应当依法保障被盘问人的合法权益，严禁实施下列行为：

（一）对被盘问人进行刑讯逼供；

（二）殴打、体罚、虐待、侮辱被盘问人；

（三）敲诈勒索或者索取、收受贿赂；

（四）侵吞、挪用、损毁被盘问人的财物；

（五）违反规定收费或者实施处罚；

（六）其他侵犯被盘问人合法权益的行为。

第二十三条 对在继续盘问期间突患疾病或者受伤的被盘问人，公安派出所应当立即采取措施予以救治，通知其家属或者单位，并向县、市、旗公安局或者城市公安分局负责人报告，做好详细记录。对被盘问人身份不明或者没有家属和单位而无法通知的，应当在《继续盘问登记表》上注明。

救治费由被盘问人或者其家属承担。但是，由于公安机关或者他人的过错导致被盘问人患病、受伤的，救治费由有过错的一方承担。

第二十四条 被盘问人在继续盘问期间死亡的，公安派出所应当做好以下工作：

(一)保护好现场，保管好尸体；

(二)立即报告所属县、市、旗公安局或者城市公安分局的主管负责人或者值班负责人、警务督察部门和主管公安派出所工作的部门；

(三)立即通知被盘问人的家属或者单位。

第二十五条 县、市、旗公安局或者城市公安分局接到被盘问人死亡的报告后，应当做好以下工作：

(一)立即通报同级人民检察院；

(二)在二十四小时以内委托具有鉴定资格的人员进行死因鉴定；

(三)在作出鉴定结论后三日以内将鉴定结论送达被盘问人的家属或者单位。对被盘问人身份不明或者没有家属和单位而无法通知的，应当在鉴定结论上注明。

被盘问人的家属或者单位对鉴定结论不服的，可以在收到鉴定结论后的七日以内向上一级公安机关申请重新鉴定。上一级公安机关接到申请后，应当在三日以内另行委托具有鉴定资格的人员进行重新鉴定。

第四章 候问室的设置和管理

第二十六条 县、市、旗公安局或者城市公安分局经报请设区的市级以上公安机关批准，可以在符合下列条件的公安派出所设置候问室：

(一)确有维护社会治安秩序的工作需要；

(二)警力配置上能够保证在使用候问室时由人民警察值班、看管和巡查。

县、市、旗公安局或者城市公安分局以上公安机关及其内设机构，不得设置候问室。

第二十七条 候问室的建设必须达到以下标准：

(一)房屋牢固、安全、通风、透光，单间使用面积不得少于六平方米，层高不低于二点五五米；

（二）室内应当配备固定的坐具，并保持清洁、卫生；

（三）室内不得有可能被直接用以行凶、自杀、自伤的物品；

（四）看管被盘问人的值班室与候问室相通，并采用栏杆分隔，以便于观察室内情况。

对有违法犯罪嫌疑的人员继续盘问十二小时以上的，应当为其提供必要的卧具。

候问室应当标明名称，并在明显位置公布有关继续盘问的规定、被盘问人依法享有的权利和候问室管理规定。

第二十八条 候问室必须经过设区的市级以上公安机关验收合格后，才能投入使用。

第二十九条 候问室应当建立以下日常管理制度，依法严格、文明管理：

（一）设立《继续盘问登记表》，载明被盘问人的姓名、性别、年龄、住址、单位，以及办案部门、承办人、批准人、继续盘问的原因、起止时间、处理结果等情况；

（二）建立值班、看管和巡查制度，明确值班岗位责任，候问室有被盘问人时，应当由人民警察值班、看管和巡查，如实记录有关情况，并做好交接工作；

（三）建立档案管理制度，对《继续盘问登记表》等有关资料按照档案管理的要求归案保存，以备查验。

第三十条 除本规定第十条所列情形外，在继续盘问间隙期间，应当将被盘问人送入候问室；未设置候问室的，应当由人民警察在讯问室、办公室看管，或者送入就近公安派出所的候问室。

禁止将被盘问人送入看守所、拘役所、拘留所、强制戒毒所或者其他监管场所关押，以及将不同性别的被盘问人送入同一个候问室。

第三十一条 被盘问人被送入候问室时，看管的人民警察应当问清其身体状况，并做好记录；发现被盘问人有外伤、有严重疾病发作的明显症状的，或者具有本规定第十条所列情形之一的，应当立即报告县、市、旗公安局或者城市公安分局警务督察部门和主管公安派出所工作的部门，并做好详细记录。

第三十二条 将被盘问人送入候问室时，对其随身携带的物品，公安机关应当制作《暂存物品清单》，经被盘问人签名或者捺指印确认后妥为保管，不得侵吞、挪用或者损毁。

继续盘问结束后，被盘问人的物品中属于违法犯罪证据或者违禁品的，应当依法随案移交或者作出处理，并在《暂存物品清单》上注明；与案件无关的，应当立即返还被盘问人，并在《暂存物品清单》上注明，由被盘问人签名或者捺指印。

第三十三条 候问室没有厕所和卫生用具的，人民警察带领被盘问人离开候问室如厕时，必须严加看管，防止发生事故。

第三十四条 在继续盘问期间，公安机关应当为被盘问人提供基本的饮食。

第五章 执法监督

第三十五条 公安机关应当将适用继续盘问的情况纳入执法质量考核评议范围，建立和完善办案责任制度、执法过错责任追究制度及其他内部执法监督制度。

第三十六条 除本规定第二十四条、第三十一条所列情形外，发生被盘问人重伤、逃跑、自杀、自伤等事故以及继续盘问超过批准时限的，公安派出所必须立即将有关情况报告县、市、旗公安局或者城市公安分局警务督察部门和主管公安派出所工作的部门，并做好详细记录。

县、市、旗公安局或者城市公安分局警务督察部门应当在接到报告后立即进行现场督察。

第三十七条 警务督察部门负责对继续盘问的下列情况进行现场督察：

（一）程序是否合法，法律手续是否齐全；

（二）继续盘问是否符合法定的适用范围和时限；

（三）候问室的设置和管理是否违反本规定；

（四）有无刑讯逼供或者殴打、体罚、虐待、侮辱被盘问人的行为；

（五）有无违法使用警械、武器的行为；

（六）有无违反规定收费或者实施处罚的行为；

（七）有无其他违法违纪行为。

第三十八条 警务督察部门在现场督察时，发现办案部门或者人民警察在继续盘问中有违法违纪行为的，应当按照有关规定，采取当场制止、纠正、发督察法律文书、责令停止执行职务或者禁闭等督察措施进行处理；对需要给予处分或者追究刑事责任的，应当依法移送有关部门处理。

第三十九条 对在适用继续盘问中有下列情形之一的，公安机关应当依照《公安机关督察条例》、《公安机关人民警察执法过错责任追究规定》追究有关责任人员的执法过错责任，并依照《中华人民共和国人民警察法》、《国家公务员暂行条例》和其他有关规定给予处分；构成犯罪的，依法追究直接负责的主管人员和其他直接责任人员的刑事责任：

（一）违法使用警械、武器，或者实施本规定第十二条、第二十二条、第三十条第二款所列行为之一的；

（二）未经批准设置候问室，或者将被盘问人送入未经验收合格的候问室的；

（三）不按照本规定第十四条、第十五条的规定通知被盘问人家属或者单位、安排被盘问人无人照顾的家属的；

（四）不按照本规定第十九条、第二十一条的规定终止继续盘问、释放被盘问人的；

（五）不按照本规定第二十三条、第二十四条、第三十一条和第三十六条的规定报告情况的；

（六）因疏于管理导致发生被盘问人伤亡、逃跑、自杀、自伤等事故的；

（七）指派不具有人民警察身份的人员从事有关继续盘问的执法工作的；

（八）警务督察部门不按照规定进行现场督察、处理或者在现场督察中对违法违纪行为应当发现而没有发现的；

（九）有其他违反本规定或者违法违纪行为的。

因违法使用警械、武器或者疏于管理导致被盘问人在继续盘问期间自杀身亡、被殴打致死或者其他非正常死亡的，除依法追究有关责任人员的法律责任外，应当对负有直接责任的人民警察予以开除，对公安派出所的主要负责人予以撤职，对所属公安机关的分管负责人和主要负责人予以处分，并取消该公安派出所及其所属公安机关参加本年度评选先进的资格。

第四十条　被盘问人认为公安机关及其人民警察违法实施继续盘问侵犯其合法权益造成损害，依法向公安机关申请国家赔偿的，公安机关应当依照国家赔偿法的规定办理。

公安机关依法赔偿损失后，应当责令有故意或者重大过失的人民警察承担部分或者全部赔偿费用，并对有故意或者重大过失的责任人员，按照本规定第三十九条追究其相应的责任。

第六章　附　　则

第四十一条　本规定所称“以上”、“以内”，均包含本数或者本级。

第四十二条　本规定涉及的有关法律文书格式，由公安部统一制定。

第四十三条　各省、自治区、直辖市公安厅、局和新疆生产建设兵团公安局可以根据本规定，制定具体操作规程、候问室建设标准和管理规定，报公安部备案审查后施行。

第四十四条　本规定自二〇〇四年十月一日起施行。公安部以前制定的关于继续盘问或者留置的规定，凡与本规定不一致的同时废止。

公安机关办理行政案件程序规定

（2012年12月19日公安部令第125号修订发布　根据2014年6月29日公安部令第132号《公安部关于修改部分部门规章的决定》第一次修正　根据2018年11月25日公安部令第149号《公安部关于修改〈公安机关办理行政案件程序规定〉的决定》第二次修正　根据2020年8月6日公安部令第160号《公安部关于废止和修改部分规章的决定》第三次修正）

目　录

第一章 总 则

第一条　为了规范公安机关办理行政案件程序，保障公安机关在办理行政案件中正确履行职责，保护公民、法人和其他组织的合法权益，根据《中华人民共和国行政处罚法》《中华人民共和国行政强制法》《中华人民共和国治安管理处罚法》等有关法律、行政法规，制定本规定。

第二条　本规定所称行政案件，是指公安机关依照法律、法规和规章的规定对违法行为人决定行政处罚以及强制隔离戒毒等处理措施的案件。

本规定所称公安机关，是指县级以上公安机关、公安派出所、依法具有独立执法主体资格的公安机关业务部门以及出入境边防检查站。

第三条　办理行政案件应当以事实为根据，以法律为准绳。

第四条　办理行政案件应当遵循合法、公正、公开、及时的原则，尊重和保障人权，保护公民的人格尊严。

第五条　办理行政案件应当坚持教育与处罚相结合的原则，教育公民、法人和其他组织自觉守法。

第六条　办理未成年人的行政案件，应当根据未成年人的身心特点，保障其合法权益。

第七条　办理行政案件，在少数民族聚居或者多民族共同居住的地区，应当使用当地通用的语言进行询问。对不通晓当地通用语言文字的当事人，应当为他们提供翻译。

第八条 公安机关及其人民警察在办理行政案件时,对涉及的国家秘密、商业秘密或者个人隐私,应当保密。

第九条 公安机关人民警察在办案中玩忽职守、徇私舞弊、滥用职权、索取或者收受他人财物的,依法给予处分;构成犯罪的,依法追究刑事责任。

第二章 管 辖

第十条 行政案件由违法行为地的公安机关管辖。由违法行为人居住地公安机关管辖更为适宜的,可以由违法行为人居住地公安机关管辖,但是涉及卖淫、嫖娼、赌博、毒品的案件除外。

违法行为地包括违法行为发生地和违法结果发生地。违法行为发生地,包括违法行为的实施地以及开始地、途经地、结束地等与违法行为有关的地点;违法行为有连续、持续或者继续状态的,违法行为连续、持续或者继续实施的地方都属于违法行为发生地。违法结果发生地,包括违法对象被侵害地、违法所得的实际取得地、藏匿地、转移地、使用地、销售地。

居住地包括户籍所在地、经常居住地。经常居住地是指公民离开户籍所在地最后连续居住一年以上的地方,但在医院住院就医的除外。

移交违法行为人居住地公安机关管辖的行政案件,违法行为地公安机关在移交前应当及时收集证据,并配合违法行为人居住地公安机关开展调查取证工作。

第十一条 针对或者利用网络实施的违法行为,用于实施违法行为的网站服务器所在地、网络接入地以及网站建立者或者管理者所在地,被侵害的网络及其运营者所在地,违法过程中违法行为人、被侵害人使用的网络及其运营者所在地,被侵害人被侵害时所在地,以及被侵害人财产遭受损失地公安机关可以管辖。

第十二条 行驶中的客车上发生的行政案件,由案发后客车最初停靠地公安机关管辖;必要时,始发地、途经地、到达地公安机关也可以管辖。

第十三条 行政案件由县级公安机关及其公安派出所、依法具有独立执法主体资格的公安机关业务部门以及出入境边防检查站按照法律、行政法规、规章授权和管辖分工办理,但法律、行政法规、规章规定由设区的市级以上公安机关办理的除外。

第十四条 几个公安机关都有权管辖的行政案件,由最初受理的公安机关管辖。必要时,可以由主要违法行为地公安机关管辖。

第十五条　对管辖权发生争议的，报请共同的上级公安机关指定管辖。

对于重大、复杂的案件，上级公安机关可以直接办理或者指定管辖。

上级公安机关直接办理或者指定管辖的，应当书面通知被指定管辖的公安机关和其他有关的公安机关。

原受理案件的公安机关自收到上级公安机关书面通知之日起不再行使管辖权，并立即将案卷材料移送被指定管辖的公安机关或者办理的上级公安机关，及时书面通知当事人。

第十六条　铁路公安机关管辖列车上，火车站工作区域内，铁路系统的机关、厂、段、所、队等单位内发生的行政案件，以及在铁路线上放置障碍物或者损毁、移动铁路设施等可能影响铁路运输安全、盗窃铁路设施的行政案件。对倒卖、伪造、变造火车票案件，由最初受理的铁路或者地方公安机关管辖。必要时，可以移送主要违法行为发生地的铁路或者地方公安机关管辖。

交通公安机关管辖港航管理机构管理的轮船上、港口、码头工作区域内和港航系统的机关、厂、所、队等单位内发生的行政案件。

民航公安机关管辖民航管理机构管理的机场工作区域以及民航系统的机关、厂、所、队等单位内和民航飞机上发生的行政案件。

国有林区的森林公安机关管辖林区内发生的行政案件。

海关缉私机构管辖阻碍海关缉私警察依法执行职务的治安案件。

第三章　回　　避

第十七条　公安机关负责人、办案人民警察有下列情形之一的，应当自行提出回避申请，案件当事人及其法定代理人有权要求他们回避：

（一）是本案的当事人或者当事人近亲属的；

（二）本人或者其近亲属与本案有利害关系的；

（三）与本案当事人有其他关系，可能影响案件公正处理的。

第十八条　公安机关负责人、办案人民警察提出回避申请的，应当说明理由。

第十九条　办案人民警察的回避，由其所属的公安机关决定；公安机关负责人的回避，由上一级公安机关决定。

第二十条　当事人及其法定代理人要求公安机关负责人、办案人民警察回避的，应当提出申请，并说明理由。口头提出申请的，公安机关应当记录在案。

第二十一条　对当事人及其法定代理人提出的回避申请，公安机关应当在收到申请之日起二日内作出决定并通知申请人。

第二十二条 公安机关负责人、办案人民警察具有应当回避的情形之一，本人没有申请回避，当事人及其法定代理人也没有申请其回避的，有权决定其回避的公安机关可以指令其回避。

第二十三条 在行政案件调查过程中，鉴定人和翻译人员需要回避的，适用本章的规定。

鉴定人、翻译人员的回避，由指派或者聘请的公安机关决定。

第二十四条 在公安机关作出回避决定前，办案人民警察不得停止对行政案件的调查。

作出回避决定后，公安机关负责人、办案人民警察不得再参与该行政案件的调查和审核、审批工作。

第二十五条 被决定回避的公安机关负责人、办案人民警察、鉴定人和翻译人员，在回避决定作出前所进行的与案件有关的活动是否有效，由作出回避决定的公安机关根据是否影响案件依法公正处理等情况决定。

第四章 证 据

第二十六条 可以用于证明案件事实的材料，都是证据。公安机关办理行政案件的证据包括：

（一）物证；

（二）书证；

（三）被侵害人陈述和其他证人证言；

（四）违法嫌疑人的陈述和申辩；

（五）鉴定意见；

（六）勘验、检查、辨认笔录，现场笔录；

（七）视听资料、电子数据。

证据必须经过查证属实，才能作为定案的根据。

第二十七条 公安机关必须依照法定程序，收集能够证实违法嫌疑人是否违法、违法情节轻重的证据。

严禁刑讯逼供和以威胁、欺骗等非法方法收集证据。采用刑讯逼供等非法方法收集的违法嫌疑人的陈述和申辩以及采用暴力、威胁等非法方法收集的被侵害人陈述、其他证人证言，不能作为定案的根据。收集物证、书证不符合法定程序，可能严重影响执法公正的，应当予以补正或者作出合理解释；不能补正或者作出合理解释的，不能作为定案的根据。

第二十八条 公安机关向有关单位和个人收集、调取证据时，应当告知其必须如实提供证据，并告知其伪造、隐匿、毁灭证据，提供虚假证词应当承担的法律责任。

需要向有关单位和个人调取证据的，经公安机关办案部门负责人批准，开具调取证据通知书，明确调取的证据和提供时限。被调取人应当在通知书上盖章或者签名，被调取人拒绝的，公安机关应当注明。必要时，公安机关应当采用录音、录像等方式固定证据内容及取证过程。

需要向有关单位紧急调取证据的，公安机关可以在电话告知人民警察身份的同时，将调取证据通知书连同办案人民警察的人民警察证复印件通过传真、互联网通讯工具等方式送达有关单位。

第二十九条 收集调取的物证应当是原物。在原物不便搬运、不易保存或者依法应当由有关部门保管、处理或者依法应当返还时，可以拍摄或者制作足以反映原物外形或者内容的照片、录像。

物证的照片、录像，经与原物核实无误或者经鉴定证明为真实的，可以作为证据使用。

第三十条 收集、调取的书证应当是原件。在取得原件确有困难时，可以使用副本或者复制件。

书证的副本、复制件，经与原件核实无误或者经鉴定证明为真实的，可以作为证据使用。书证有更改或者更改迹象不能作出合理解释的，或者书证的副本、复制件不能反映书证原件及其内容的，不能作为证据使用。

第三十一条 物证的照片、录像，书证的副本、复制件，视听资料的复制件，应当附有关制作过程及原件、原物存放处的文字说明，并由制作人和物品持有人或者持有单位有关人员签名。

第三十二条 收集电子数据，能够扣押电子数据原始存储介质的，应当扣押。

无法扣押原始存储介质的，可以提取电子数据。提取电子数据，应当制作笔录，并附电子数据清单，由办案人民警察、电子数据持有人签名。持有人无法或者拒绝签名的，应当在笔录中注明。

由于客观原因无法或者不宜依照前两款规定收集电子数据的，可以采取打印、拍照或者录像等方式固定相关证据，并附有关原因、过程等情况的文字说明，由办案人民警察、电子数据持有人签名。持有人无法或者拒绝签名的，应当注明情况。

第三十三条 刑事案件转为行政案件办理的，刑事案件办理过程中收集的证据材料，可以作为行政案件的证据使用。

第三十四条 凡知道案件情况的人，都有作证的义务。

生理上、精神上有缺陷或者年幼，不能辨别是非、不能正确表达的人，不能作为证人。

第五章 期间与送达

第三十五条 期间以时、日、月、年计算，期间开始之时或者日不计算在内。法律文书送达的期间不包括路途上的时间。期间的最后一日是节假日的，以节假日后的第一日为期满日期，但违法行为人被限制人身自由的期间，应当至期满之日为止，不得因节假日而延长。

第三十六条 送达法律文书，应当遵守下列规定：

（一）依照简易程序作出当场处罚决定的，应当将决定书当场交付被处罚人，并由被处罚人在备案的决定书上签名或者捺指印；被处罚人拒绝的，由办案人民警察在备案的决定书上注明；

（二）除本款第一项规定外，作出行政处罚决定和其他行政处理决定，应当在宣告后将决定书当场交付被处理人，并由被处理人在附卷的决定书上签名或者捺指印，即为送达；被处理人拒绝的，由办案人民警察在附卷的决定书上注明；被处理人不在场的，公安机关应当在作出决定的七日内将决定书送达被处理人，治安管理处罚决定应当在二日内送达。

送达法律文书应当首先采取直接送达方式，交给受送达人本人；受送达人不在的，可以交付其成年家属、所在单位的负责人员或者其居住地居（村）民委员会代收。受送达人本人或者代收人拒绝接收或者拒绝签名和捺指印的，送达人可以邀请其邻居或者其他见证人到场，说明情况，也可以对拒收情况进行录音录像，把文书留在受送达人处，在附卷的法律文书上注明拒绝的事由、送达日期，由送达人、见证人签名或者捺指印，即视为送达。

无法直接送达的，委托其他公安机关代为送达，或者邮寄送达。经受送达人同意，可以采用传真、互联网通讯工具等能够确认其收悉的方式送达。

经采取上述送达方式仍无法送达的，可以公告送达。公告的范围和方式应当便于公民知晓，公告期限不得少于六十日。

第六章　简易程序和快速办理

第一节　简易程序

第三十七条　违法事实确凿,且具有下列情形之一的,人民警察可以当场作出处罚决定,有违禁品的,可以当场收缴:

(一)对违反治安管理行为人或者道路交通违法行为人处二百元以下罚款或者警告的;

(二)出入境边防检查机关对违反出境入境管理行为人处五百元以下罚款或者警告的;

(三)对有其他违法行为的个人处五十元以下罚款或者警告、对单位处一千元以下罚款或者警告的;

(四)法律规定可以当场处罚的其他情形。

涉及卖淫、嫖娼、赌博、毒品的案件,不适用当场处罚。

第三十八条　当场处罚,应当按照下列程序实施:

(一)向违法行为人表明执法身份;

(二)收集证据;

(三)口头告知违法行为人拟作出行政处罚决定的事实、理由和依据,并告知违法行为人依法享有的陈述权和申辩权;

(四)充分听取违法行为人的陈述和申辩。违法行为人提出的事实、理由或者证据成立的,应当采纳;

(五)填写当场处罚决定书并当场交付被处罚人;

(六)当场收缴罚款的,同时填写罚款收据,交付被处罚人;未当场收缴罚款的,应当告知被处罚人在规定期限内到指定的银行缴纳罚款。

第三十九条　适用简易程序处罚的,可以由人民警察一人作出行政处罚决定。

人民警察当场作出行政处罚决定的,应当于作出决定后的二十四小时内将当场处罚决定书报所属公安机关备案,交通警察应当于作出决定后的二日内报所属公安机关交通管理部门备案。在旅客列车、民航飞机、水上作出行政处罚决定的,应当在返回后的二十四小时内报所属公安机关备案。

第二节　快速办理

第四十条　对不适用简易程序,但事实清楚,违法嫌疑人自愿认错认罚,且对违法事实和法律适用没有异议的行政案件，公安机关可以通过简化取证方式和审核审批手续等措施快速办理。

第四十一条 行政案件具有下列情形之一的，不适用快速办理：

（一）违法嫌疑人系盲、聋、哑人，未成年人或者疑似精神病人的；

（二）依法应当适用听证程序的；

（三）可能作出十日以上行政拘留处罚的；

（四）其他不宜快速办理的。

第四十二条 快速办理行政案件前，公安机关应当书面告知违法嫌疑人快速办理的相关规定，征得其同意，并由其签名确认。

第四十三条 对符合快速办理条件的行政案件，违法嫌疑人在自行书写材料或者询问笔录中承认违法事实、认错认罚，并有视音频记录、电子数据、检查笔录等关键证据能够相互印证的，公安机关可以不再开展其他调查取证工作。

第四十四条 对适用快速办理的行政案件，可以由专兼职法制员或者办案部门负责人审核后，报公安机关负责人审批。

第四十五条 对快速办理的行政案件，公安机关可以根据不同案件类型，使用简明扼要的格式询问笔录，尽量减少需要文字记录的内容。

被询问人自行书写材料的，办案单位可以提供样式供其参考。

使用执法记录仪等设备对询问过程录音录像的，可以替代书面询问笔录，必要时，对视听资料的关键内容和相应时间段等作文字说明。

第四十六条 对快速办理的行政案件，公安机关可以根据违法行为人认错悔改、纠正违法行为、赔偿损失以及被侵害人谅解情况等情节，依法对违法行为人从轻、减轻处罚或者不予行政处罚。

对快速办理的行政案件，公安机关可以采用口头方式履行处罚前告知程序，由办案人民警察在案卷材料中注明告知情况，并由被告知人签名确认。

第四十七条 对快速办理的行政案件，公安机关应当在违法嫌疑人到案后四十八小时内作出处理决定。

第四十八条 公安机关快速办理行政案件时，发现不适宜快速办理的，转为一般案件办理。快速办理阶段依法收集的证据，可以作为定案的根据。

第七章　调查取证

第一节　一般规定

第四十九条　对行政案件进行调查时，应当合法、及时、客观、全面地收集、调取证据材料，并予以审查、核实。

第五十条　需要调查的案件事实包括：

（一）违法嫌疑人的基本情况；

（二）违法行为是否存在；

（三）违法行为是否为违法嫌疑人实施；

（四）实施违法行为的时间、地点、手段、后果以及其他情节；

（五）违法嫌疑人有无法定从重、从轻、减轻以及不予行政处罚的情形；

（六）与案件有关的其他事实。

第五十一条　公安机关调查取证时，应当防止泄露工作秘密。

第五十二条　公安机关进行询问、辨认、检查、勘验，实施行政强制措施等调查取证工作时，人民警察不得少于二人，并表明执法身份。

接报案、受案登记、接受证据、信息采集、调解、送达文书等工作，可以由一名人民警察带领警务辅助人员进行，但应当全程录音录像。

第五十三条　对查获或者到案的违法嫌疑人应当进行安全检查，发现违禁品或者管制器具、武器、易燃易爆等危险品以及与案件有关的需要作为证据的物品的，应当立即扣押；对违法嫌疑人随身携带的与案件无关的物品，应当按照有关规定予以登记、保管、退还。安全检查不需要开具检查证。

前款规定的扣押适用本规定第五十五条和第五十六条以及本章第七节的规定。

第五十四条　办理行政案件时，可以依法采取下列行政强制措施：

（一）对物品、设施、场所采取扣押、扣留、查封、先行登记保存、抽样取证、封存文件资料等强制措施，对恐怖活动嫌疑人的存款、汇款、债券、股票、基金份额等财产还可以采取冻结措施；

（二）对违法嫌疑人采取保护性约束措施、继续盘问、强制传唤、强制检测、拘留审查、限制活动范围，对恐怖活动嫌疑人采取约束措施等强制措施。

第五十五条　实施行政强制措施应当遵守下列规定：

（一）实施前须依法向公安机关负责人报告并经批准；

（二）通知当事人到场，当场告知当事人采取行政强制措施的理由、依据以及当事人依法享有的权利、救济途径。当事人不到场的，邀请见证人到场，并在现场笔录中注明；

（三）听取当事人的陈述和申辩；

（四）制作现场笔录，由当事人和办案人民警察签名或者盖章，当事人拒绝的，在笔录中注明。当事人不在场的，由见证人和办案人民警察在笔录上签名或者盖章；

（五）实施限制公民人身自由的行政强制措施的，应当当场告知当事人家属实施强制措施的公安机关、理由、地点和期限；无法当场告知的，应当在实施强制措施后立即通过电话、短信、传真等方式通知；身份不明、拒不提供家属联系方式或者因自然灾害等不可抗力导致无法通知的，可以不予通知。告知、通知家属情况或者无法通知家属的原因应当在询问笔录中注明。

（六）法律、法规规定的其他程序。

勘验、检查时实施行政强制措施，制作勘验、检查笔录的，不再制作现场笔录。

实施行政强制措施的全程录音录像，已经具备本条第一款第二项、第三项规定的实质要素的，可以替代书面现场笔录，但应当对视听资料的关键内容和相应时间段等作文字说明。

第五十六条 情况紧急，当场实施行政强制措施的，办案人民警察应当在二十四小时内依法向其所属的公安机关负责人报告，并补办批准手续。当场实施限制公民人身自由的行政强制措施的，办案人民警察应当在返回单位后立即报告，并补办批准手续。公安机关负责人认为不应当采取行政强制措施的，应当立即解除。

第五十七条 为维护社会秩序，人民警察对有违法嫌疑的人员，经表明执法身份后，可以当场盘问、检查。对当场盘问、检查后，不能排除其违法嫌疑，依法可以适用继续盘问的，可以将其带至公安机关，经公安派出所负责人批准，对其继续盘问。对违反出境入境管理的嫌疑人依法适用继续盘问的，应当经县级以上公安机关或者出入境边防检查机关负责人批准。

继续盘问的时限一般为十二小时；对在十二小时以内确实难以证实或者排除其违法犯罪嫌疑的，可以延长至二十四小时；对不讲真实姓名、住址、身份，且在二十四小时以内仍不能证实或者排除其违法犯罪嫌疑的，可以延长至四十八小时。

第五十八条 违法嫌疑人在醉酒状态中，对本人有危险或者对他人的人身、财产或者公共安全有威胁的，可以对其采取保护性措施约束至酒醒，也可以通知其家属、亲友或者所属单位将其领回看管，必要时，应当送医院醒酒。

对行为举止失控的醉酒人,可以使用约束带或者警绳等进行约束,但是不得使用手铐、脚镣等警械。

约束过程中,应当指定专人严加看护。确认醉酒人酒醒后,应当立即解除约束,并进行询问。约束时间不计算在询问查证时间内。

第五十九条 对恐怖活动嫌疑人实施约束措施,应当遵守下列规定:

(一)实施前须经县级以上公安机关负责人批准;

(二)告知嫌疑人采取约束措施的理由、依据以及其依法享有的权利、救济途径;

(三)听取嫌疑人的陈述和申辩;

(四)出具决定书。

公安机关可以采取电子监控、不定期检查等方式对被约束人遵守约束措施的情况进行监督。

约束措施的期限不得超过三个月。对不需要继续采取约束措施的,应当及时解除并通知被约束人。

第二节 受 案

第六十条 县级公安机关及其公安派出所、依法具有独立执法主体资格的公安机关业务部门以及出入境边防检查站对报案、控告、举报、群众扭送或者违法嫌疑人投案,以及其他国家机关移送的案件,应当及时受理并按照规定进行网上接报案登记。对重复报案、案件正在办理或者已经办结的,应当向报案人、控告人、举报人、扭送人、投案人作出解释,不再登记。

第六十一条 公安机关应当对报案、控告、举报、群众扭送或者违法嫌疑人投案分别作出下列处理,并将处理情况在接报案登记中注明:

(一)对属于本单位管辖范围内的案件,应当立即调查处理,制作受案登记表和受案回执,并将受案回执交报案人、控告人、举报人、扭送人;

(二)对属于公安机关职责范围,但不属于本单位管辖的,应当在二十四小时内移送有管辖权的单位处理,并告知报案人、控告人、举报人、扭送人、投案人;

(三)对不属于公安机关职责范围的事项,在接报案时能够当场判断的,应当立即口头告知报案人、控告人、举报人、扭送人、投案人向其他主管机关报案或者投案,报案人、控告人、举报人、扭送人、投案人对口头告知内容有异议或者不能当场判断的,应当书面告知,但因没有联系方式、身份不明等客观原因无法书面告知的除外。

在日常执法执勤中发现的违法行为,适用前款规定。

第六十二条　属于公安机关职责范围但不属于本单位管辖的案件,具有下列情形之一的,受理案件或者发现案件的公安机关及其人民警察应当依法先行采取必要的强制措施或者其他处置措施,再移送有管辖权的单位处理:

(一)违法嫌疑人正在实施危害行为的;

(二)正在实施违法行为或者违法后即时被发现的现行犯被扭送至公安机关的;

(三)在逃的违法嫌疑人已被抓获或者被发现的;

(四)有人员伤亡,需要立即采取救治措施的;

(五)其他应当采取紧急措施的情形。

行政案件移送管辖的,询问查证时间和扣押等措施的期限重新计算。

第六十三条　报案人不愿意公开自己的姓名和报案行为的,公安机关应当在受案登记时注明,并为其保密。

第六十四条　对报案人、控告人、举报人、扭送人、投案人提供的有关证据材料、物品等应当登记,出具接受证据清单,并妥善保管。必要时,应当拍照、录音、录像。移送案件时,应当将有关证据材料和物品一并移交。

第六十五条　对发现或者受理的案件暂时无法确定为刑事案件或者行政案件的,可以按照行政案件的程序办理。在办理过程中,认为涉嫌构成犯罪的,应当按照《公安机关办理刑事案件程序规定》办理。

第三节　询　　问

第六十六条　询问违法嫌疑人,可以到违法嫌疑人住处或者单位进行,也可以将违法嫌疑人传唤到其所在市、县内的指定地点进行。

第六十七条　需要传唤违法嫌疑人接受调查的,经公安派出所、县级以上公安机关办案部门或者出入境边防检查机关负责人批准,使用传唤证传唤。对现场发现的违法嫌疑人,人民警察经出示人民警察证,可以口头传唤,并在询问笔录中注明违法嫌疑人到案经过、到案时间和离开时间。

单位违反公安行政管理规定,需要传唤其直接负责的主管人员和其他直接责任人员的,适用前款规定。

对无正当理由不接受传唤或者逃避传唤的违反治安管理、出境入境管理的嫌疑人以及法律规定可以强制传唤的其他违法嫌疑人,经公安派出所、县级以上公安机关办案部门或者出入境边防检查机关负责人批准,可以强制传唤。强制传唤时,可以依法使用手铐、警绳等约束性警械。

公安机关应当将传唤的原因和依据告知被传唤人,并通知其家属。公安机关通知被传唤人家属适用本规定第五十五条第一款第五项的规定。

第六十八条 使用传唤证传唤的，违法嫌疑人被传唤到案后和询问查证结束后，应当由其在传唤证上填写到案和离开时间并签名。拒绝填写或者签名的，办案人民警察应当在传唤证上注明。

第六十九条 对被传唤的违法嫌疑人，应当及时询问查证，询问查证的时间不得超过八小时；案情复杂，违法行为依法可能适用行政拘留处罚的，询问查证的时间不得超过二十四小时。

不得以连续传唤的形式变相拘禁违法嫌疑人。

第七十条 对于投案自首或者群众扭送的违法嫌疑人，公安机关应当立即进行询问查证，并在询问笔录中记明违法嫌疑人到案经过、到案和离开时间。询问查证时间适用本规定第六十九条第一款的规定。

对于投案自首或者群众扭送的违法嫌疑人，公安机关应当适用本规定第五十五条第一款第五项的规定通知其家属。

第七十一条 在公安机关询问违法嫌疑人，应当在办案场所进行。

询问查证期间应当保证违法嫌疑人的饮食和必要的休息时间，并在询问笔录中注明。

在询问查证的间隙期间，可以将违法嫌疑人送入候问室，并按照候问室的管理规定执行。

第七十二条 询问违法嫌疑人、被侵害人或者其他证人，应当个别进行。

第七十三条 首次询问违法嫌疑人时，应当问明违法嫌疑人的姓名、出生日期、户籍所在地、现住址、身份证件种类及号码，是否为各级人民代表大会代表，是否受过刑事处罚或者行政拘留、强制隔离戒毒、社区戒毒、收容教养等情况。必要时，还应当问明其家庭主要成员、工作单位、文化程度、民族、身体状况等情况。

违法嫌疑人为外国人的，首次询问时还应当问明其国籍、出入境证件种类及号码、签证种类、入境时间、入境事由等情况。必要时，还应当问明其在华关系人等情况。

第七十四条 询问时，应当告知被询问人必须如实提供证据、证言和故意作伪证或者隐匿证据应负的法律责任，对与本案无关的问题有拒绝回答的权利。

第七十五条 询问未成年人时，应当通知其父母或者其他监护人到场，其父母或者其他监护人不能到场的，也可以通知未成年人的其他成年亲属，所在学校、单位、居住地基层组织或者未成年人保护组织的代表到场，并将有关情况记录在案。确实无法通知或者通知后未到场的，应当在询问笔录中注明。

第七十六条 询问聋哑人，应当有通晓手语的人提供帮助，并在询问笔录中注明被询问人的聋哑情况以及翻译人员的姓名、住址、工作单位和联系方式。

对不通晓当地通用的语言文字的被询问人,应当为其配备翻译人员,并在询问笔录中注明翻译人员的姓名、住址、工作单位和联系方式。

第七十七条 询问笔录应当交被询问人核对,对没有阅读能力的,应当向其宣读。记录有误或者遗漏的,应当允许被询问人更正或者补充,并要求其在修改处捺指印。被询问人确认笔录无误后,应当在询问笔录上逐页签名或者捺指印。拒绝签名和捺指印的,办案人民警察应当在询问笔录中注明。

办案人民警察应当在询问笔录上签名,翻译人员应当在询问笔录的结尾处签名。

询问时,可以全程录音、录像,并保持录音、录像资料的完整性。

第七十八条 询问违法嫌疑人时,应当听取违法嫌疑人的陈述和申辩。对违法嫌疑人的陈述和申辩,应当核查。

第七十九条 询问被侵害人或者其他证人,可以在现场进行,也可以到其单位、学校、住所、其居住地居(村)民委员会或者其提出的地点进行。必要时,也可以书面、电话或者当场通知其到公安机关提供证言。

在现场询问的,办案人民警察应当出示人民警察证。

询问前,应当了解被询问人的身份以及其与被侵害人、其他证人、违法嫌疑人之间的关系。

第八十条 违法嫌疑人、被侵害人或者其他证人请求自行提供书面材料的,应当准许。必要时,办案人民警察也可以要求违法嫌疑人、被侵害人或者其他证人自行书写。违法嫌疑人、被侵害人或者其他证人应当在其提供的书面材料的结尾处签名或者捺指印。对打印的书面材料,违法嫌疑人、被侵害人或者其他证人应当逐页签名或者捺指印。办案人民警察收到书面材料后,应当在首页注明收到日期,并签名。

第四节 勘验、检查

第八十一条 对于违法行为案发现场,必要时应当进行勘验,提取与案件有关的证据材料,判断案件性质,确定调查方向和范围。

现场勘验参照刑事案件现场勘验的有关规定执行。

第八十二条 对与违法行为有关的场所、物品、人身可以进行检查。检查时,人民警察不得少于二人,并应当出示人民警察证和县级以上公安机关开具的检查证。对确有必要立即进行检查的,人民警察经出示人民警察证,可以当场检查;但检查公民住所的,必须有证据表明或者有群众报警公民住所内正在发生危害公共安全或者公民人身安全的案（事）件，或者违法存放危险物质，不立即检查可能会对公共安全或者公民人身、财产安全造成重大危害。

对机关、团体、企业、事业单位或者公共场所进行日常执法监督检查，依照有关法律、法规和规章执行，不适用前款规定。

第八十三条 对违法嫌疑人，可以依法提取或者采集肖像、指纹等人体生物识别信息；涉嫌酒后驾驶机动车、吸毒、从事恐怖活动等违法行为的，可以依照《中华人民共和国道路交通安全法》《中华人民共和国禁毒法》《中华人民共和国反恐怖主义法》等规定提取或者采集血液、尿液、毛发、脱落细胞等生物样本。人身安全检查和当场检查时已经提取、采集的信息，不再提取、采集。

第八十四条 对违法嫌疑人进行检查时，应当尊重被检查人的人格尊严，不得以有损人格尊严的方式进行检查。

检查妇女的身体，应当由女性工作人员进行。

依法对卖淫、嫖娼人员进行性病检查，应当由医生进行。

第八十五条 检查场所或者物品时，应当注意避免对物品造成不必要的损坏。

检查场所时，应当有被检查人或者见证人在场。

第八十六条 检查情况应当制作检查笔录。检查笔录由检查人员、被检查人或者见证人签名；被检查人不在场或者拒绝签名的，办案人民警察应当在检查笔录中注明。

检查时的全程录音录像可以替代书面检查笔录，但应当对视听资料的关键内容和相应时间段等作文字说明。

第五节　鉴　　定

第八十七条 为了查明案情，需要对专门性技术问题进行鉴定的，应当指派或者聘请具有专门知识的人员进行。

需要聘请本公安机关以外的人进行鉴定的，应当经公安机关办案部门负责人批准后，制作鉴定聘请书。

第八十八条 公安机关应当为鉴定提供必要的条件，及时送交有关检材和比对样本等原始材料，介绍与鉴定有关的情况，并且明确提出要求鉴定解决的问题。

办案人民警察应当做好检材的保管和送检工作，并注明检材送检环节的责任人，确保检材在流转环节中的同一性和不被污染。

禁止强迫或者暗示鉴定人作出某种鉴定意见。

第八十九条 对人身伤害的鉴定由法医进行。

卫生行政主管部门许可的医疗机构具有执业资格的医生出具的诊断证明，可以作为公安机关认定人身伤害程度的依据，但具有本规定第九十条规定情形的除外。

对精神病的鉴定，由有精神病鉴定资格的鉴定机构进行。

第九十条　人身伤害案件具有下列情形之一的，公安机关应当进行伤情鉴定：

（一）受伤程度较重，可能构成轻伤以上伤害程度的；

（二）被侵害人要求作伤情鉴定的；

（三）违法嫌疑人、被侵害人对伤害程度有争议的。

第九十一条　对需要进行伤情鉴定的案件，被侵害人拒绝提供诊断证明或者拒绝进行伤情鉴定的，公安机关应当将有关情况记录在案，并可以根据已认定的事实作出处理决定。

经公安机关通知，被侵害人无正当理由未在公安机关确定的时间内作伤情鉴定的，视为拒绝鉴定。

第九十二条　对电子数据涉及的专门性问题难以确定的，由司法鉴定机构出具鉴定意见，或者由公安部指定的机构出具报告。

第九十三条　涉案物品价值不明或者难以确定的，公安机关应当委托价格鉴证机构估价。

根据当事人提供的购买发票等票据能够认定价值的涉案物品，或者价值明显不够刑事立案标准的涉案物品，公安机关可以不进行价格鉴证。

第九十四条　对涉嫌吸毒的人员，应当进行吸毒检测，被检测人员应当配合；对拒绝接受检测的，经县级以上公安机关或者其派出机构负责人批准，可以强制检测。采集女性被检测人检测样本，应当由女性工作人员进行。

对涉嫌服用国家管制的精神药品、麻醉药品驾驶机动车的人员，可以对其进行体内国家管制的精神药品、麻醉药品含量检验。

第九十五条　对有酒后驾驶机动车嫌疑的人，应当对其进行呼气酒精测试，对具有下列情形之一的，应当立即提取血样，检验血液酒精含量：

（一）当事人对呼气酒精测试结果有异议的；

（二）当事人拒绝配合呼气酒精测试的；

（三）涉嫌醉酒驾驶机动车的；

（四）涉嫌饮酒后驾驶机动车发生交通事故的。

当事人对呼气酒精测试结果无异议的，应当签字确认。事后提出异议的，不予采纳。

第九十六条　鉴定人鉴定后，应当出具鉴定意见。鉴定意见应当载明委托人、委托鉴定的事项、提交鉴定的相关材料、鉴定的时间、依据和结论性意见等内容,并由鉴定人签名或者盖章。通过分析得出鉴定意见的,应当有分析过程的说明。鉴定意见应当附有鉴定机构和鉴定人的资质证明或者其他证明文件。

鉴定人对鉴定意见负责,不受任何机关、团体、企业、事业单位和个人的干涉。多人参加鉴定,对鉴定意见有不同意见的,应当注明。

鉴定人故意作虚假鉴定的,应当承担法律责任。

第九十七条 办案人民警察应当对鉴定意见进行审查。

对经审查作为证据使用的鉴定意见,公安机关应当在收到鉴定意见之日起五日内将鉴定意见复印件送达违法嫌疑人和被侵害人。

医疗机构出具的诊断证明作为公安机关认定人身伤害程度的依据的,应当将诊断证明结论书面告知违法嫌疑人和被侵害人。

违法嫌疑人或者被侵害人对鉴定意见有异议的,可以在收到鉴定意见复印件之日起三日内提出重新鉴定的申请,经县级以上公安机关批准后,进行重新鉴定。同一行政案件的同一事项重新鉴定以一次为限。

当事人是否申请重新鉴定,不影响案件的正常办理。

公安机关认为必要时,也可以直接决定重新鉴定。

第九十八条 具有下列情形之一的,应当进行重新鉴定:

(一)鉴定程序违法或者违反相关专业技术要求,可能影响鉴定意见正确性的;

(二)鉴定机构、鉴定人不具备鉴定资质和条件的;

(三)鉴定意见明显依据不足的;

(四)鉴定人故意作虚假鉴定的;

(五)鉴定人应当回避而没有回避的;

(六)检材虚假或者被损坏的;

(七)其他应当重新鉴定的。

不符合前款规定情形的,经县级以上公安机关负责人批准,作出不准予重新鉴定的决定,并在作出决定之日起的三日以内书面通知申请人。

第九十九条 重新鉴定,公安机关应当另行指派或者聘请鉴定人。

第一百条 鉴定费用由公安机关承担,但当事人自行鉴定的除外。

第六节 辨 认

第一百零一条 为了查明案情,办案人民警察可以让违法嫌疑人、被侵害人或者其他证人对与违法行为有关的物品、场所或者违法嫌疑人进行辨认。

第一百零二条 辨认由二名以上办案人民警察主持。

组织辨认前，应当向辨认人详细询问辨认对象的具体特征，并避免辨认人见到辨认对象。

第一百零三条 多名辨认人对同一辨认对象或者一名辨认人对多名辨认对象进行辨认时，应当个别进行。

第一百零四条 辨认时，应当将辨认对象混杂在特征相类似的其他对象中，不得给辨认人任何暗示。

辨认违法嫌疑人时，被辨认的人数不得少于七人；对违法嫌疑人照片进行辨认的，不得少于十人的照片。

辨认每一件物品时，混杂的同类物品不得少于五件。

同一辨认人对与同一案件有关的辨认对象进行多组辨认的，不得重复使用陪衬照片或者陪衬人。

第一百零五条 辨认人不愿意暴露身份的，对违法嫌疑人的辨认可以在不暴露辨认人的情况下进行，公安机关及其人民警察应当为其保守秘密。

第一百零六条 辨认经过和结果，应当制作辨认笔录，由办案人民警察和辨认人签名或者捺指印。必要时，应当对辨认过程进行录音、录像。

第七节 证据保全

第一百零七条 对下列物品，经公安机关负责人批准，可以依法扣押或者扣留：

（一）与治安案件、违反出境入境管理的案件有关的需要作为证据的物品；

（二）道路交通安全法律、法规规定适用扣留的车辆、机动车驾驶证；

（三）《中华人民共和国反恐怖主义法》等法律、法规规定适用扣押或者扣留的物品。

对下列物品，不得扣押或者扣留：

（一）与案件无关的物品；

（二）公民个人及其所扶养家属的生活必需品；

（三）被侵害人或者善意第三人合法占有的财产。

对具有本条第二款第二项、第三项情形的，应当予以登记，写明登记财物的名称、规格、数量、特征，并由占有人签名或者捺指印。必要时，可以进行拍照。但是，与案件有关必须鉴定的，可以依法扣押，结束后应当立即解除。

第一百零八条 办理下列行政案件时，对专门用于从事无证经营活动的场所、设施、物品，经公安机关负责人批准，可以依法查封。但对与违法行为无

关的场所、设施,公民个人及其扶养家属的生活必需品不得查封:

(一)擅自经营按照国家规定需要由公安机关许可的行业的;

(二)依照《娱乐场所管理条例》可以由公安机关采取取缔措施的;

(三)《中华人民共和国反恐怖主义法》等法律、法规规定适用查封的其他公安行政案件。

场所、设施、物品已被其他国家机关依法查封的,不得重复查封。

第一百零九条 收集证据时,经公安机关办案部门负责人批准,可以采取抽样取证的方法。

抽样取证应当采取随机的方式,抽取样品的数量以能够认定本品的品质特征为限。

抽样取证时,应当对抽样取证的现场、被抽样物品及被抽取的样品进行拍照或者对抽样过程进行录像。

对抽取的样品应当及时进行检验。经检验,能够作为证据使用的,应当依法扣押、先行登记保存或者登记;不属于证据的,应当及时返还样品。样品有减损的,应当予以补偿。

第一百一十条 在证据可能灭失或者以后难以取得的情况下,经公安机关办案部门负责人批准,可以先行登记保存。

先行登记保存期间,证据持有人及其他人员不得损毁或者转移证据。

对先行登记保存的证据,应当在七日内作出处理决定。逾期不作出处理决定的,视为自动解除。

第一百一十一条 实施扣押、扣留、查封、抽样取证、先行登记保存等证据保全措施时,应当会同当事人查点清楚,制作并当场交付证据保全决定书。必要时,应当对采取证据保全措施的证据进行拍照或者对采取证据保全的过程进行录像。证据保全决定书应当载明下列事项:

(一)当事人的姓名或者名称、地址;

(二)抽样取证、先行登记保存、扣押、扣留、查封的理由、依据和期限;

(三)申请行政复议或者提起行政诉讼的途径和期限;

(四)作出决定的公安机关的名称、印章和日期。

证据保全决定书应当附清单,载明被采取证据保全措施的场所、设施、物品的名称、规格、数量、特征等,由办案人民警察和当事人签名后,一份交当事人,一份附卷。有见证人的,还应当由见证人签名。当事人或者见证人拒绝签名的,办案人民警察应当在证据保全清单上注明。

对可以作为证据使用的录音带、录像带,在扣押时应当予以检查,记明案由、内容以及录取和复制的时间、地点等,并妥为保管。

对扣押的电子数据原始存储介质，应当封存，保证在不解除封存状态的情况下，无法增加、删除、修改电子数据，并在证据保全清单中记录封存状态。

第一百一十二条 扣押、扣留、查封期限为三十日，情况复杂的，经县级以上公安机关负责人批准，可以延长三十日；法律、行政法规另有规定的除外。延长扣押、扣留、查封期限的，应当及时书面告知当事人，并说明理由。

对物品需要进行鉴定的，鉴定期间不计入扣押、扣留、查封期间，但应当将鉴定的期间书面告知当事人。

第一百一十三条 公安机关对恐怖活动嫌疑人的存款、汇款、债券、股票、基金份额等财产采取冻结措施的，应当经县级以上公安机关负责人批准，向金融机构交付冻结通知书。

作出冻结决定的公安机关应当在三日内向恐怖活动嫌疑人交付冻结决定书。冻结决定书应当载明下列事项：

（一）恐怖活动嫌疑人的姓名或者名称、地址；

（二）冻结的理由、依据和期限；

（三）冻结的账号和数额；

（四）申请行政复议或者提起行政诉讼的途径和期限；

（五）公安机关的名称、印章和日期。

第一百一十四条 自被冻结之日起二个月内，公安机关应当作出处理决定或者解除冻结；情况复杂的，经上一级公安机关负责人批准，可以延长一个月。

延长冻结的决定应当及时书面告知恐怖活动嫌疑人，并说明理由。

第一百一十五条 有下列情形之一的，公安机关应当立即退还财物，并由当事人签名确认；不涉及财物退还的，应当书面通知当事人解除证据保全：

（一）当事人没有违法行为的；

（二）被采取证据保全的场所、设施、物品、财产与违法行为无关的；

（三）已经作出处理决定，不再需要采取证据保全措施的；

（四）采取证据保全措施的期限已经届满的；

（五）其他不再需要采取证据保全措施的。

作出解除冻结决定的，应当及时通知金融机构。

第一百一十六条 行政案件变更管辖时，与案件有关的财物及其孳息应当随案移交，并书面告知当事人。移交时，由接收人、移交人当面查点清楚，并在交接单据上共同签名。

第八节 办案协作

第一百一十七条 办理行政案件需要异地公安机关协作的，应当制作办案协作函件。负责协作的公安机关接到请求协作的函件后,应当办理。

第一百一十八条 需要到异地执行传唤的,办案人民警察应当持传唤证、办案协作函件和人民警察证,与协作地公安机关联系,在协作地公安机关的协作下进行传唤。协作地公安机关应当协助将违法嫌疑人传唤到其所在市、县内的指定地点或者到其住处、单位进行询问。

第一百一十九条 需要异地办理检查、查询,查封、扣押或者冻结与案件有关的财物、文件的,应当持相关的法律文书、办案协作函件和人民警察证,与协作地公安机关联系,协作地公安机关应当协助执行。

在紧急情况下,可以将办案协作函件和相关的法律文书传真或者通过执法办案信息系统发送至协作地公安机关,协作地公安机关应当及时采取措施。办案地公安机关应当立即派员前往协作地办理。

第一百二十条 需要进行远程视频询问、处罚前告知的,应当由协作地公安机关事先核实被询问、告知人的身份。办案地公安机关应当制作询问、告知笔录并传输至协作地公安机关。询问、告知笔录经被询问、告知人确认并逐页签名或者捺指印后,由协作地公安机关协作人员签名或者盖章,并将原件或者电子签名笔录提供给办案地公安机关。办案地公安机关负责询问、告知的人民警察应当在首页注明收到日期,并签名或者盖章。询问、告知过程应当全程录音录像。

第一百二十一条 办案地公安机关可以委托异地公安机关代为询问、向有关单位和个人调取电子数据、接收自行书写材料、进行辨认、履行处罚前告知程序、送达法律文书等工作。

委托代为询问、辨认、处罚前告知的,办案地公安机关应当列出明确具体的询问、辨认、告知提纲,提供被辨认对象的照片和陪衬照片。

委托代为向有关单位和个人调取电子数据的,办案地公安机关应当将办案协作函件和相关法律文书传真或者通过执法办案信息系统发送至协作地公安机关,由协作地公安机关办案部门审核确认后办理。

第一百二十二条 协作地公安机关依照办案地公安机关的要求,依法履行办案协作职责所产生的法律责任,由办案地公安机关承担。

第八章 听证程序

第一节 一般规定

第一百二十三条 在作出下列行政处罚决定之前,应当告知违法嫌疑人有要求举行听证的权利:

（一）责令停产停业；

（二）吊销许可证或者执照；

（三）较大数额罚款；

（四）法律、法规和规章规定违法嫌疑人可以要求举行听证的其他情形。

前款第三项所称“较大数额罚款”，是指对个人处以二千元以上罚款，对单位处以一万元以上罚款，对违反边防出境入境管理法律、法规和规章的个人处以六千元以上罚款。对依据地方性法规或者地方政府规章作出的罚款处罚，适用听证的罚款数额按照地方规定执行。

第一百二十四条 听证由公安机关法制部门组织实施。

依法具有独立执法主体资格的公安机关业务部门以及出入境边防检查站依法作出行政处罚决定的，由其非本案调查人员组织听证。

第一百二十五条 公安机关不得因违法嫌疑人提出听证要求而加重处罚。

第一百二十六条 听证人员应当就行政案件的事实、证据、程序、适用法律等方面全面听取当事人陈述和申辩。

第二节 听证人员和听证参加人

第一百二十七条 听证设听证主持人一名，负责组织听证；记录员一名，负责制作听证笔录。必要时，可以设听证员一至二名，协助听证主持人进行听证。

本案调查人员不得担任听证主持人、听证员或者记录员。

第一百二十八条 听证主持人决定或者开展下列事项：

（一）举行听证的时间、地点；

（二）听证是否公开举行；

（三）要求听证参加人到场参加听证，提供或者补充证据；

（四）听证的延期、中止或者终止；

（五）主持听证，就案件的事实、理由、证据、程序、适用法律等组织质证和辩论；

（六）维持听证秩序，对违反听证纪律的行为予以制止；

（七）听证员、记录员的回避；

（八）其他有关事项。

第一百二十九条 听证参加人包括：

（一）当事人及其代理人；

（二）本案办案人民警察；

（三）证人、鉴定人、翻译人员；

（四）其他有关人员。

第一百三十条 当事人在听证活动中享有下列权利：

（一）申请回避；

（二）委托一至二人代理参加听证；

（三）进行陈述、申辩和质证；

（四）核对、补正听证笔录；

（五）依法享有的其他权利。

第一百三十一条 与听证案件处理结果有直接利害关系的其他公民、法人或者其他组织，作为第三人申请参加听证的，应当允许。为查明案情，必要时，听证主持人也可以通知其参加听证。

第三节 听证的告知、申请和受理

第一百三十二条 对适用听证程序的行政案件，办案部门在提出处罚意见后，应当告知违法嫌疑人拟作出的行政处罚和有要求举行听证的权利。

第一百三十三条 违法嫌疑人要求听证的，应当在公安机关告知后三日内提出申请。

第一百三十四条 违法嫌疑人放弃听证或者撤回听证要求后，处罚决定作出前，又提出听证要求的，只要在听证申请有效期限内，应当允许。

第一百三十五条 公安机关收到听证申请后，应当在二日内决定是否受理。认为听证申请人的要求不符合听证条件，决定不予受理的，应当制作不予受理听证通知书，告知听证申请人。逾期不通知听证申请人的，视为受理。

第一百三十六条 公安机关受理听证后，应当在举行听证的七日前将举行听证通知书送达听证申请人，并将举行听证的时间、地点通知其他听证参加人。

第四节 听证的举行

第一百三十七条 听证应当在公安机关收到听证申请之日起十日内举行。

除涉及国家秘密、商业秘密、个人隐私的行政案件外，听证应当公开举行。

第一百三十八条 听证申请人不能按期参加听证的，可以申请延期，是否准许，由听证主持人决定。

第一百三十九条 二个以上违法嫌疑人分别对同一行政案件提出听证要求的，可以合并举行。

第一百四十条 同一行政案件中有二个以上违法嫌疑人，其中部分违法嫌疑人提出听证申请的，应当在听证举行后一并作出处理决定。

第一百四十一条 听证开始时，听证主持人核对听证参加人；宣布案由；宣布听证员、记录员和翻译人员名单；告知当事人在听证中的权利和义务；询问当事人是否提出回避申请；对不公开听证的行政案件，宣布不公开听证的理由。

第一百四十二条 听证开始后，首先由办案人民警察提出听证申请人违法的事实、证据和法律依据及行政处罚意见。

第一百四十三条 办案人民警察提出证据时，应当向听证会出示。对证人证言、鉴定意见、勘验笔录和其他作为证据的文书，应当当场宣读。

第一百四十四条 听证申请人可以就办案人民警察提出的违法事实、证据和法律依据以及行政处罚意见进行陈述、申辩和质证，并可以提出新的证据。

第三人可以陈述事实，提出新的证据。

第一百四十五条 听证过程中，当事人及其代理人有权申请通知新的证人到会作证，调取新的证据。对上述申请，听证主持人应当当场作出是否同意的决定；申请重新鉴定的，按照本规定第七章第五节有关规定办理。

第一百四十六条 听证申请人、第三人和办案人民警察可以围绕案件的事实、证据、程序、适用法律、处罚种类和幅度等问题进行辩论。

第一百四十七条 辩论结束后，听证主持人应当听取听证申请人、第三人、办案人民警察各方最后陈述意见。

第一百四十八条 听证过程中，遇有下列情形之一，听证主持人可以中止听证：

（一）需要通知新的证人到会、调取新的证据或者需要重新鉴定或者勘验的；

（二）因回避致使听证不能继续进行的；

（三）其他需要中止听证的。

中止听证的情形消除后，听证主持人应当及时恢复听证。

第一百四十九条 听证过程中，遇有下列情形之一，应当终止听证：

（一）听证申请人撤回听证申请的；

（二）听证申请人及其代理人无正当理由拒不出席或者未经听证主持人许可中途退出听证的；

（三）听证申请人死亡或者作为听证申请人的法人或者其他组织被撤销、解散的；

（四）听证过程中，听证申请人或者其代理人扰乱听证秩序，不听劝阻，致使听证无法正常进行的；

（五）其他需要终止听证的。

第一百五十条 听证参加人和旁听人员应当遵守听证会场纪律。对违反听证会场纪律的，听证主持人应当警告制止；对不听制止，干扰听证正常进行的旁听人员，责令其退场。

第一百五十一条 记录员应当将举行听证的情况记入听证笔录。听证笔录应当载明下列内容：

（一）案由；

（二）听证的时间、地点和方式；

（三）听证人员和听证参加人的身份情况；

（四）办案人民警察陈述的事实、证据和法律依据以及行政处罚意见；

（五）听证申请人或者其代理人的陈述和申辩；

（六）第三人陈述的事实和理由；

（七）办案人民警察、听证申请人或者其代理人、第三人质证、辩论的内容；

（八）证人陈述的事实；

（九）听证申请人、第三人、办案人民警察的最后陈述意见；

（十）其他事项。

第一百五十二条 听证笔录应当交听证申请人阅读或者向其宣读。听证笔录中的证人陈述部分，应当交证人阅读或者向其宣读。听证申请人或者证人认为听证笔录有误的，可以请求补充或者改正。听证申请人或者证人审核无误后签名或者捺指印。听证申请人或者证人拒绝的，由记录员在听证笔录中记明情况。

听证笔录经听证主持人审阅后，由听证主持人、听证员和记录员签名。

第一百五十三条 听证结束后，听证主持人应当写出听证报告书，连同听证笔录一并报送公安机关负责人。

听证报告书应当包括下列内容：

（一）案由；

（二）听证人员和听证参加人的基本情况；

（三）听证的时间、地点和方式；

（四）听证会的基本情况；

（五）案件事实；

（六）处理意见和建议。

第九章　行政处理决定

第一节　行政处罚的适用

第一百五十四条　违反治安管理行为在六个月内没有被公安机关发现，其他违法行为在二年内没有被公安机关发现的，不再给予行政处罚。

前款规定的期限，从违法行为发生之日起计算，违法行为有连续、继续或者持续状态的，从行为终了之日起计算。

被侵害人在违法行为追究时效内向公安机关控告，公安机关应当受理而不受理的，不受本条第一款追究时效的限制。

第一百五十五条　实施行政处罚时，应当责令违法行为人当场或者限期改正违法行为。

第一百五十六条　对违法行为人的同一个违法行为，不得给予两次以上罚款的行政处罚。

第一百五十七条　不满十四周岁的人有违法行为的，不予行政处罚，但是应当责令其监护人严加管教，并在不予行政处罚决定书中载明。已满十四周岁不满十八周岁的人有违法行为的，从轻或者减轻行政处罚。

第一百五十八条　精神病人在不能辨认或者不能控制自己行为时有违法行为的，不予行政处罚，但应当责令其监护人严加看管和治疗，并在不予行政处罚决定书中载明。间歇性精神病人在精神正常时有违法行为的，应当给予行政处罚。尚未完全丧失辨认或者控制自己行为能力的精神病人有违法行为的，应当予以行政处罚，但可以从轻或者减轻行政处罚。

第一百五十九条　违法行为人有下列情形之一的，应当从轻、减轻处罚或者不予行政处罚：

（一）主动消除或者减轻违法行为危害后果，并取得被侵害人谅解的；

（二）受他人胁迫或者诱骗的；

（三）有立功表现的；

（四）主动投案，向公安机关如实陈述自己的违法行为的；

（五）其他依法应当从轻、减轻或者不予行政处罚的。

违法行为轻微并及时纠正，没有造成危害后果的，不予行政处罚。

盲人或者又聋又哑的人违反治安管理的，可以从轻、减轻或者不予行政处罚；醉酒的人违反治安管理的，应当给予处罚。

第一百六十条　违法行为人有下列情形之一的，应当从重处罚：

（一）有较严重后果的；

（二）教唆、胁迫、诱骗他人实施违法行为的；

（三）对报案人、控告人、举报人、证人等打击报复的；

（四）六个月内曾受过治安管理处罚或者一年内因同类违法行为受到两次以上公安行政处罚的；

（五）刑罚执行完毕三年内，或者在缓刑期间，违反治安管理的。

第一百六十一条 一人有两种以上违法行为的，分别决定，合并执行，可以制作一份决定书，分别写明对每种违法行为的处理内容和合并执行的内容。

一个案件有多个违法行为人的，分别决定，可以制作一式多份决定书，写明给予每个人的处理决定，分别送达每一个违法行为人。

第一百六十二条 行政拘留处罚合并执行的，最长不超过二十日。

行政拘留处罚执行完毕前，发现违法行为人有其他违法行为，公安机关依法作出行政拘留决定的，与正在执行的行政拘留合并执行。

第一百六十三条 对决定给予行政拘留处罚的人，在处罚前因同一行为已经被采取强制措施限制人身自由的时间应当折抵。限制人身自由一日，折抵执行行政拘留一日。询问查证、继续盘问和采取约束措施的时间不予折抵。

被采取强制措施限制人身自由的时间超过决定的行政拘留期限的，行政拘留决定不再执行。

第一百六十四条 违法行为人具有下列情形之一，依法应当给予行政拘留处罚的，应当作出处罚决定，但不送拘留所执行：

（一）已满十四周岁不满十六周岁的；

（二）已满十六周岁不满十八周岁，初次违反治安管理或者其他公安行政管理的。但是，曾被收容教养、被行政拘留依法不执行行政拘留或者曾因实施扰乱公共秩序，妨害公共安全，侵犯人身权利、财产权利，妨害社会管理的行为被人民法院判决有罪的除外；

（三）七十周岁以上的；

（四）孕妇或者正在哺乳自己婴儿的妇女。

第二节 行政处理的决定

第一百六十五条 公安机关办理治安案件的期限，自受理之日起不得超过三十日；案情重大、复杂的，经上一级公安机关批准，可以延长三十日。办理其他行政案件，有法定办案期限的，按照相关法律规定办理。

为了查明案情进行鉴定的期间，不计入办案期限。

对因违反治安管理行为人不明或者逃跑等客观原因造成案件在法定期限内无法作出行政处理决定的，公安机关应当继续进行调查取证，并向被侵害人说明情况，及时依法作出处理决定。

第一百六十六条 违法嫌疑人不讲真实姓名、住址，身份不明，但只要违法事实清楚、证据确实充分的，可以按其自报的姓名并贴附照片作出处理决定，并在相关法律文书中注明。

第一百六十七条 在作出行政处罚决定前，应当告知违法嫌疑人拟作出行政处罚决定的事实、理由及依据，并告知违法嫌疑人依法享有陈述权和申辩权。单位违法的，应当告知其法定代表人、主要负责人或者其授权的人员。

适用一般程序作出行政处罚决定的，采用书面形式或者笔录形式告知。

依照本规定第一百七十二条第一款第三项作出不予行政处罚决定的，可以不履行本条第一款规定的告知程序。

第一百六十八条 对违法行为事实清楚，证据确实充分，依法应当予以行政处罚，因违法行为人逃跑等原因无法履行告知义务的，公安机关可以采取公告方式予以告知。自公告之日起七日内，违法嫌疑人未提出申辩的，可以依法作出行政处罚决定。

第一百六十九条 违法嫌疑人有权进行陈述和申辩。对违法嫌疑人提出的新的事实、理由和证据，公安机关应当进行复核。

公安机关不得因违法嫌疑人申辩而加重处罚。

第一百七十条 对行政案件进行审核、审批时，应当审查下列内容：

（一）违法嫌疑人的基本情况；

（二）案件事实是否清楚，证据是否确实充分；

（三）案件定性是否准确；

（四）适用法律、法规和规章是否正确；

（五）办案程序是否合法；

（六）拟作出的处理决定是否适当。

第一百七十一条 法制员或者办案部门指定的人员、办案部门负责人、法制部门的人员可以作为行政案件审核人员。

初次从事行政处罚决定审核的人员，应当通过国家统一法律职业资格考试取得法律职业资格。

第一百七十二条 公安机关根据行政案件的不同情况分别作出下列处理决定：

（一）确有违法行为，应当给予行政处罚的，根据其情节和危害后果的轻重，作出行政处罚决定；

（二）确有违法行为，但有依法不予行政处罚情形的，作出不予行政处罚决定；有违法所得和非法财物、违禁品、管制器具的，应当予以追缴或者收缴；

（三）违法事实不能成立的，作出不予行政处罚决定；

（四）对需要给予社区戒毒、强制隔离戒毒、收容教养等处理的，依法作出决定；

（五）违法行为涉嫌构成犯罪的，转为刑事案件办理或者移送有权处理的主管机关、部门办理，无需撤销行政案件。公安机关已经作出行政处理决定的，应当附卷；

（六）发现违法行为人有其他违法行为的，在依法作出行政处理决定的同时，通知有关行政主管部门处理。

对已经依照前款第三项作出不予行政处罚决定的案件，又发现新的证据的，应当依法及时调查；违法行为能够认定的，依法重新作出处理决定，并撤销原不予行政处罚决定。

治安案件有被侵害人的，公安机关应当在作出不予行政处罚或者处罚决定之日起二日内将决定书复印件送达被侵害人。无法送达的，应当注明。

第一百七十三条 行政拘留处罚由县级以上公安机关或者出入境边防检查机关决定。依法应当对违法行为人予以行政拘留的，公安派出所、依法具有独立执法主体资格的公安机关业务部门应当报其所属的县级以上公安机关决定。

第一百七十四条 对县级以上的各级人民代表大会代表予以行政拘留的，作出处罚决定前应当经该级人民代表大会主席团或者人民代表大会常务委员会许可。

对乡、民族乡、镇的人民代表大会代表予以行政拘留的，作出决定的公安机关应当立即报告乡、民族乡、镇的人民代表大会。

第一百七十五条 作出行政处罚决定的，应当制作行政处罚决定书。决定书应当载明下列内容：

（一）被处罚人的姓名、性别、出生日期、身份证件种类及号码、户籍所在地、现住址、工作单位、违法经历以及被处罚单位的名称、地址和法定代表人；

（二）违法事实和证据以及从重、从轻、减轻等情节；

（三）处罚的种类、幅度和法律依据；

（四）处罚的执行方式和期限；

（五）对涉案财物的处理结果及对被处罚人的其他处理情况；

（六）对处罚决定不服，申请行政复议、提起行政诉讼的途径和期限；

（七）作出决定的公安机关的名称、印章和日期。

作出罚款处罚的，行政处罚决定书应当载明逾期不缴纳罚款依法加处罚款的标准和最高限额；对涉案财物作出处理的，行政处罚决定书应当附没收、收缴、追缴物品清单。

第一百七十六条 作出行政拘留处罚决定的，应当及时将处罚情况和执行场所或者依法不执行的情况通知被处罚人家属。

作出社区戒毒决定的，应当通知被决定人户籍所在地或者现居住地的城市街道办事处、乡镇人民政府。作出强制隔离戒毒、收容教养决定的，应当在法定期限内通知被决定人的家属、所在单位、户籍所在地公安派出所。

被处理人拒不提供家属联系方式或者不讲真实姓名、住址，身份不明的，可以不予通知，但应当在附卷的决定书中注明。

第一百七十七条 公安机关办理的刑事案件，尚不够刑事处罚，依法应当给予公安行政处理的，经县级以上公安机关负责人批准，依照本章规定作出处理决定。

第十章 治安调解

第一百七十八条 对于因民间纠纷引起的殴打他人、故意伤害、侮辱、诽谤、诬告陷害、故意损毁财物、干扰他人正常生活、侵犯隐私、非法侵入住宅等违反治安管理行为，情节较轻，且具有下列情形之一的，可以调解处理：

（一）亲友、邻里、同事、在校学生之间因琐事发生纠纷引起的；

（二）行为人的侵害行为系由被侵害人事前的过错行为引起的；

（三）其他适用调解处理更易化解矛盾的。

对不构成违反治安管理行为的民间纠纷，应当告知当事人向人民法院或者人民调解组织申请处理。

对情节轻微、事实清楚、因果关系明确，不涉及医疗费用、物品损失或者双方当事人对医疗费用和物品损失的赔付无争议，符合治安调解条件，双方当事人同意当场调解并当场履行的治安案件，可以当场调解，并制作调解协议书。当事人基本情况、主要违法事实和协议内容在现场录音录像中明确记录的，不再制作调解协议书。

第一百七十九条 具有下列情形之一的，不适用调解处理：

（一）雇凶伤害他人的；

（二）结伙斗殴或者其他寻衅滋事的；

（三）多次实施违反治安管理行为的；

（四）当事人明确表示不愿意调解处理的；

（五）当事人在治安调解过程中又针对对方实施违反治安管理行为的；

（六）调解过程中，违法嫌疑人逃跑的；

（七）其他不宜调解处理的。

第一百八十条 调解处理案件，应当查明事实，收集证据，并遵循合法、公正、自愿、及时的原则，注重教育和疏导，化解矛盾。

第一百八十一条 当事人中有未成年人的，调解时应当通知其父母或者其他监护人到场。但是，当事人为年满十六周岁以上的未成年人，以自己的劳动收入为主要生活来源，本人同意不通知的，可以不通知。

被侵害人委托其他人参加调解的，应当向公安机关提交委托书，并写明委托权限。违法嫌疑人不得委托他人参加调解。

第一百八十二条 对因邻里纠纷引起的治安案件进行调解时，可以邀请当事人居住地的居（村）民委员会的人员或者双方当事人熟悉的人员参加帮助调解。

第一百八十三条 调解一般为一次。对一次调解不成，公安机关认为有必要或者当事人申请的，可以再次调解，并应当在第一次调解后的七个工作日内完成。

第一百八十四条 调解达成协议的，在公安机关主持下制作调解协议书，双方当事人应当在调解协议书上签名，并履行调解协议。

调解协议书应当包括调解机关名称、主持人、双方当事人和其他在场人员的基本情况，案件发生时间、地点、人员、起因、经过、情节、结果等情况、协议内容、履行期限和方式等内容。

对调解达成协议的，应当保存案件证据材料，与其他文书材料和调解协议书一并归入案卷。

第一百八十五条 调解达成协议并履行的，公安机关不再处罚。对调解未达成协议或者达成协议后不履行的，应当对违反治安管理行为人依法予以处罚；对违法行为造成的损害赔偿纠纷，公安机关可以进行调解，调解不成的，应当告知当事人向人民法院提起民事诉讼。

调解案件的办案期限从调解未达成协议或者调解达成协议不履行之日起开始计算。

第一百八十六条 对符合本规定第一百七十八条规定的治安案件，当事人申请人民调解或者自行和解，达成协议并履行后，双方当事人书面申请并经公安机关认可的，公安机关不予治安管理处罚，但公安机关已依法作出处理决定的除外。

第十一章 涉案财物的管理和处理

第一百八十七条 对于依法扣押、扣留、查封、抽样取证、追缴、收缴的财物以及由公安机关负责保管的先行登记保存的财物，公安机关应当妥善保管，不得使用、挪用、调换或者损毁。造成损失的，应当承担赔偿责任。

涉案财物的保管费用由作出决定的公安机关承担。

第一百八十八条 县级以上公安机关应当指定一个内设部门作为涉案财物管理部门，负责对涉案财物实行统一管理，并设立或者指定专门保管场所，对涉案财物进行集中保管。涉案财物集中保管的范围，由地方公安机关根据本地区实际情况确定。

对价值较低、易于保管，或者需要作为证据继续使用，以及需要先行返还被侵害人的涉案财物，可以由办案部门设置专门的场所进行保管。办案部门应当指定不承担办案工作的民警负责本部门涉案财物的接收、保管、移交等管理工作；严禁由办案人员自行保管涉案财物。

对查封的场所、设施、财物，可以委托第三人保管，第三人不得损毁或者擅自转移、处置。因第三人的原因造成的损失，公安机关先行赔付后，有权向第三人追偿。

第一百八十九条 公安机关涉案财物管理部门和办案部门应当建立电子台账，对涉案财物逐一编号登记，载明案由、来源、保管状态、场所和去向。

第一百九十条 办案人民警察应当在依法提取涉案财物后的二十四小时内将财物移交涉案财物管理人员，并办理移交手续。对查封、冻结、先行登记保存的涉案财物，应当在采取措施后的二十四小时内，将法律文书复印件及涉案财物的情况送交涉案财物管理人员予以登记。

在异地或者在偏远、交通不便地区提取涉案财物的，办案人民警察应当在返回单位后的二十四小时内移交。

对情况紧急，需要在提取涉案财物后的二十四小时内进行鉴定、辨认、检验、检查等工作的，经办案部门负责人批准，可以在完成上述工作后的二十四小时内移交。

在提取涉案财物后的二十四小时内已将涉案财物处理完毕的，不再移交，但应当将处理涉案财物的相关手续附卷保存。

因询问、鉴定、辨认、检验、检查等办案需要，经办案部门负责人批准，办案人民警察可以调用涉案财物，并及时归还。

第一百九十一条 对容易腐烂变质及其他不易保管的物品、危险物品，经公安机关负责人批准，在拍照或者录像后依法变卖或者拍卖，变卖或者拍卖的价款暂予保存，待结案后按有关规定处理。

对易燃、易爆、毒害性、放射性等危险物品应当存放在符合危险物品存放条件的专门场所。

对属于被侵害人或者善意第三人合法占有的财物，应当在登记、拍照或者录像、估价后及时返还，并在案卷中注明返还的理由，将原物照片、清单和领取手续存卷备查。

对不宜入卷的物证，应当拍照入卷，原物在结案后按照有关规定处理。

第一百九十二条 有关违法行为查证属实后，对有证据证明权属明确且无争议的被侵害人合法财物及其孳息，凡返还不损害其他被侵害人或者利害关系人的利益，不影响案件正常办理的，应当在登记、拍照或者录像和估价后，及时发还被侵害人。办案人民警察应当在案卷材料中注明返还的理由，并将原物照片、清单和被侵害人的领取手续附卷。

第一百九十三条 在作出行政处理决定时，应当对涉案财物一并作出处理。

第一百九十四条 对在办理行政案件中查获的下列物品应当依法收缴：

（一）毒品、淫秽物品等违禁品；

（二）赌具和赌资；

（三）吸食、注射毒品的用具；

（四）伪造、变造的公文、证件、证明文件、票证、印章等；

（五）倒卖的车船票、文艺演出票、体育比赛入场券等有价票证；

（六）主要用于实施违法行为的本人所有的工具以及直接用于实施毒品违法行为的资金；

（七）法律、法规规定可以收缴的其他非法财物。

前款第六项所列的工具，除非有证据表明属于他人合法所有，可以直接认定为违法行为人本人所有。对明显无价值的，可以不作出收缴决定，但应当在证据保全文书中注明处理情况。

违法所得应当依法予以追缴或者没收。

多名违法行为人共同实施违法行为，违法所得或者非法财物无法分清所有人的，作为共同违法所得或者非法财物予以处理。

第一百九十五条 收缴由县级以上公安机关决定。但是，违禁品，管制器具，吸食、注射毒品的用具以及非法财物价值在五百元以下且当事人对财物价值无异议的，公安派出所可以收缴。

追缴由县级以上公安机关决定。但是，追缴的财物应当退还被侵害人的，公安派出所可以追缴。

第一百九十六条 对收缴和追缴的财物，经原决定机关负责人批准，按照下列规定分别处理：

（一）属于被侵害人或者善意第三人的合法财物，应当及时返还；

（二）没有被侵害人的，登记造册，按照规定上缴国库或者依法变卖、拍卖后，将所得款项上缴国库；

（三）违禁品、没有价值的物品，或者价值轻微，无法变卖、拍卖的物品，统一登记造册后销毁；

（四）对无法变卖或者拍卖的危险物品，由县级以上公安机关主管部门组织销毁或者交有关厂家回收。

第一百九十七条 对应当退还原主或者当事人的财物，通知原主或者当事人在六个月内来领取；原主不明确的，应当采取公告方式告知原主认领。在通知原主、当事人或者公告后六个月内，无人认领的，按无主财物处理，登记后上缴国库，或者依法变卖或者拍卖后，将所得款项上缴国库。遇有特殊情况的，可酌情延期处理，延长期限最长不超过三个月。

第十二章 执 行

第一节 一般规定

第一百九十八条 公安机关依法作出行政处理决定后，被处理人应当在行政处理决定的期限内予以履行。逾期不履行的，作出行政处理决定的公安机关可以依法强制执行或者申请人民法院强制执行。

第一百九十九条 被处理人对行政处理决定不服申请行政复议或者提起行政诉讼的，行政处理决定不停止执行，但法律另有规定的除外。

第二百条 公安机关在依法作出强制执行决定或者申请人民法院强制执行前，应当事先催告被处理人履行行政处理决定。催告以书面形式作出，并直接送达被处理人。被处理人拒绝接受或者无法直接送达被处理人的，依照本规定第五章的有关规定送达。

催告书应当载明下列事项：

（一）履行行政处理决定的期限和方式；

（二）涉及金钱给付的，应当有明确的金额和给付方式；

（三）被处理人依法享有的陈述权和申辩权。

第二百零一条 被处理人收到催告书后有权进行陈述和申辩。公安机关应当充分听取并记录、复核。被处理人提出的事实、理由或者证据成立的，公安机关应当采纳。

第二百零二条 经催告，被处理人无正当理由逾期仍不履行行政处理决定，法律规定由公安机关强制执行的，公安机关可以依法作出强制执行决定。

在催告期间，对有证据证明有转移或者隐匿财物迹象的，公安机关可以作出立即强制执行决定。

强制执行决定应当以书面形式作出,并载明下列事项:

(一)被处理人的姓名或者名称、地址;

(二)强制执行的理由和依据;

(三)强制执行的方式和时间;

(四)申请行政复议或者提起行政诉讼的途径和期限;

(五)作出决定的公安机关名称、印章和日期。

第二百零三条 依法作出要求被处理人履行排除妨碍、恢复原状等义务的行政处理决定,被处理人逾期不履行,经催告仍不履行,其后果已经或者将危害交通安全的,公安机关可以代履行,或者委托没有利害关系的第三人代履行。

代履行应当遵守下列规定:

(一)代履行前送达决定书,代履行决定书应当载明当事人的姓名或者名称、地址,代履行的理由和依据、方式和时间、标的、费用预算及代履行人;

(二)代履行三日前,催告当事人履行,当事人履行的,停止代履行;

(三)代履行时,作出决定的公安机关应当派员到场监督;

(四)代履行完毕,公安机关到场监督人员、代履行人和当事人或者见证人应当在执行文书上签名或者盖章。

代履行的费用由当事人承担。但是,法律另有规定的除外。

第二百零四条 需要立即清理道路的障碍物,当事人不能清除的,或者有其他紧急情况需要立即履行的,公安机关可以决定立即实施代履行。当事人不在场的,公安机关应当在事后立即通知当事人,并依法作出处理。

第二百零五条 实施行政强制执行,公安机关可以在不损害公共利益和他人合法权益的情况下,与当事人达成执行协议。执行协议可以约定分阶段履行;当事人采取补救措施的,可以减免加处的罚款。

执行协议应当履行。被处罚人不履行执行协议的,公安机关应当恢复强制执行。

第二百零六条 当事人在法定期限内不申请行政复议或者提起行政诉讼,又不履行行政处理决定的,法律没有规定公安机关强制执行的,作出行政处理决定的公安机关可以自期限届满之日起三个月内,向所在地有管辖权的人民法院申请强制执行。因情况紧急,为保障公共安全,公安机关可以申请人民法院立即执行。

强制执行的费用由被执行人承担。

第二百零七条 申请人民法院强制执行前,公安机关应当催告被处理人履行义务，催告书送达十日后被处理人仍未履行义务的，公安机关可以向人民法院申请强制执行。

第二百零八条 公安机关向人民法院申请强制执行，应当提供下列材料：

（一）强制执行申请书；

（二）行政处理决定书及作出决定的事实、理由和依据；

（三）当事人的意见及公安机关催告情况；

（四）申请强制执行标的情况；

（五）法律、法规规定的其他材料。

强制执行申请书应当由作出处理决定的公安机关负责人签名，加盖公安机关印章，并注明日期。

第二百零九条 公安机关对人民法院不予受理强制执行申请、不予强制执行的裁定有异议的，可以在十五日内向上一级人民法院申请复议。

第二百一十条 具有下列情形之一的，中止强制执行：

（一）当事人暂无履行能力的；

（二）第三人对执行标的主张权利，确有理由的；

（三）执行可能对他人或者公共利益造成难以弥补的重大损失的；

（四）其他需要中止执行的。

中止执行的情形消失后，公安机关应当恢复执行。对没有明显社会危害，当事人确无能力履行，中止执行满三年未恢复执行的，不再执行。

第二百一十一条 具有下列情形之一的，终结强制执行：

（一）公民死亡，无遗产可供执行，又无义务承受人的；

（二）法人或者其他组织终止，无财产可供执行，又无义务承受人的；

（三）执行标的灭失的；

（四）据以执行的行政处理决定被撤销的；

（五）其他需要终结执行的。

第二百一十二条 在执行中或者执行完毕后，据以执行的行政处理决定被撤销、变更，或者执行错误，应当恢复原状或者退还财物；不能恢复原状或者退还财物的，依法给予赔偿。

第二百一十三条 除依法应当销毁的物品外，公安机关依法没收或者收缴、追缴的违法所得和非法财物，必须按照国家有关规定处理或者上缴国库。

罚款、没收或者收缴的违法所得和非法财物拍卖或者变卖的款项和没收的保证金，必须全部上缴国库，不得以任何形式截留、私分或者变相私分。

第二节　罚款的执行

第二百一十四条　公安机关作出罚款决定，被处罚人应当自收到行政处罚决定书之日起十五日内，到指定的银行缴纳罚款。具有下列情形之一的，公安机关及其办案人民警察可以当场收缴罚款，法律另有规定的，从其规定：

（一）对违反治安管理行为人处五十元以下罚款和对违反交通管理的行人、乘车人和非机动车驾驶人处罚款，被处罚人没有异议的；

（二）对违反治安管理、交通管理以外的违法行为人当场处二十元以下罚款的；

（三）在边远、水上、交通不便地区、旅客列车上或者口岸，被处罚人向指定银行缴纳罚款确有困难，经被处罚人提出的；

（四）被处罚人在当地没有固定住所，不当场收缴事后难以执行的。

对具有前款第一项和第三项情形之一的，办案人民警察应当要求被处罚人签名确认。

第二百一十五条　公安机关及其人民警察当场收缴罚款的，应当出具省级或者国家财政部门统一制发的罚款收据。对不出具省级或者国家财政部门统一制发的罚款收据的，被处罚人有权拒绝缴纳罚款。

第二百一十六条　人民警察应当自收缴罚款之日起二日内，将当场收缴的罚款交至其所属公安机关；在水上当场收缴的罚款，应当自抵岸之日起二日内将当场收缴的罚款交至其所属公安机关；在旅客列车上当场收缴的罚款，应当自返回之日起二日内将当场收缴的罚款交至其所属公安机关。

公安机关应当自收到罚款之日起二日内将罚款缴付指定的银行。

第二百一十七条　被处罚人确有经济困难，经被处罚人申请和作出处罚决定的公安机关批准，可以暂缓或者分期缴纳罚款。

第二百一十八条　被处罚人未在本规定第二百一十四条规定的期限内缴纳罚款的，作出行政处罚决定的公安机关可以采取下列措施：

（一）将依法查封、扣押的被处罚人的财物拍卖或者变卖抵缴罚款。拍卖或者变卖的价款超过罚款数额的，余额部分应当及时退还被处罚人；

（二）不能采取第一项措施的，每日按罚款数额的百分之三加处罚款，加处罚款总额不得超出罚款数额。

拍卖财物，由公安机关委托拍卖机构依法办理。

第二百一十九条　依法加处罚款超过三十日，经催告被处罚人仍不履行的，作出行政处罚决定的公安机关可以按照本规定第二百零六条的规定向所在地有管辖权的人民法院申请强制执行。

第三节　行政拘留的执行

第二百二十条　对被决定行政拘留的人，由作出决定的公安机关送达拘留所执行。对抗拒执行的，可以使用约束性警械。

对被决定行政拘留的人，在异地被抓获或者具有其他有必要在异地拘留所执行情形的，经异地拘留所主管公安机关批准，可以在异地执行。

第二百二十一条　对同时被决定行政拘留和社区戒毒或者强制隔离戒毒的人员，应当先执行行政拘留，由拘留所给予必要的戒毒治疗，强制隔离戒毒期限连续计算。

拘留所不具备戒毒治疗条件的，行政拘留决定机关可以直接将被行政拘留人送公安机关管理的强制隔离戒毒所代为执行行政拘留，强制隔离戒毒期限连续计算。

第二百二十二条　被处罚人不服行政拘留处罚决定，申请行政复议或者提起行政诉讼的，可以向作出行政拘留决定的公安机关提出暂缓执行行政拘留的申请；口头提出申请的，公安机关人民警察应当予以记录，并由申请人签名或者捺指印。

被处罚人在行政拘留执行期间，提出暂缓执行行政拘留申请的，拘留所应当立即将申请转交作出行政拘留决定的公安机关。

第二百二十三条　公安机关应当在收到被处罚人提出暂缓执行行政拘留申请之时起二十四小时内作出决定。

公安机关认为暂缓执行行政拘留不致发生社会危险，且被处罚人或者其近亲属提出符合条件的担保人，或者按每日行政拘留二百元的标准交纳保证金的，应当作出暂缓执行行政拘留的决定。

对同一被处罚人，不得同时责令其提出保证人和交纳保证金。

被处罚人已送达拘留所执行的，公安机关应当立即将暂缓执行行政拘留决定送达拘留所，拘留所应当立即释放被处罚人。

第二百二十四条　被处罚人具有下列情形之一的，应当作出不暂缓执行行政拘留的决定，并告知申请人：

（一）暂缓执行行政拘留后可能逃跑的；

（二）有其他违法犯罪嫌疑，正在被调查或者侦查的；

（三）不宜暂缓执行行政拘留的其他情形。

第二百二十五条　行政拘留并处罚款的，罚款不因暂缓执行行政拘留而暂缓执行。

第二百二十六条 在暂缓执行行政拘留期间，被处罚人应当遵守下列规定：

（一）未经决定机关批准不得离开所居住的市、县；

（二）住址、工作单位和联系方式发生变动的，在二十四小时以内向决定机关报告；

（三）在行政复议和行政诉讼中不得干扰证人作证、伪造证据或者串供；

（四）不得逃避、拒绝或者阻碍处罚的执行。

在暂缓执行行政拘留期间，公安机关不得妨碍被处罚人依法行使行政复议和行政诉讼权利。

第二百二十七条 暂缓执行行政拘留的担保人应当符合下列条件：

（一）与本案无牵连；

（二）享有政治权利，人身自由未受到限制或者剥夺；

（三）在当地有常住户口和固定住所；

（四）有能力履行担保义务。

第二百二十八条 公安机关经过审查认为暂缓执行行政拘留的担保人符合条件的，由担保人出具保证书，并到公安机关将被担保人领回。

第二百二十九条 暂缓执行行政拘留的担保人应当履行下列义务：

（一）保证被担保人遵守本规定第二百二十六条的规定；

（二）发现被担保人伪造证据、串供或者逃跑的，及时向公安机关报告。

暂缓执行行政拘留的担保人不履行担保义务，致使被担保人逃避行政拘留处罚执行的，公安机关可以对担保人处以三千元以下罚款，并对被担保人恢复执行行政拘留。

暂缓执行行政拘留的担保人履行了担保义务，但被担保人仍逃避行政拘留处罚执行的，或者被处罚人逃跑后，担保人积极帮助公安机关抓获被处罚人的，可以从轻或者不予行政处罚。

第二百三十条 暂缓执行行政拘留的担保人在暂缓执行行政拘留期间，不愿继续担保或者丧失担保条件的，行政拘留的决定机关应当责令被处罚人重新提出担保人或者交纳保证金。不提出担保人又不交纳保证金的，行政拘留的决定机关应当将被处罚人送拘留所执行。

第二百三十一条 保证金应当由银行代收。在银行非营业时间，公安机关可以先行收取，并在收到保证金后的三日内存入指定的银行账户。

公安机关应当指定办案部门以外的法制、装备财务等部门负责管理保证金。严禁截留、坐支、挪用或者以其他任何形式侵吞保证金。

第二百三十二条 行政拘留处罚被撤销或者开始执行时，公安机关应当将保证金退还交纳人。

被决定行政拘留的人逃避行政拘留处罚执行的，由决定行政拘留的公安机关作出没收或者部分没收保证金的决定，行政拘留的决定机关应当将被处罚人送拘留所执行。

第二百三十三条 被处罚人对公安机关没收保证金的决定不服的，可以依法申请行政复议或者提起行政诉讼。

第四节 其他处理决定的执行

第二百三十四条 作出吊销公安机关发放的许可证或者执照处罚的，应当在被吊销的许可证或者执照上加盖吊销印章后收缴。被处罚人拒不缴销证件的，公安机关可以公告宣布作废。吊销许可证或者执照的机关不是发证机关的，作出决定的机关应当在处罚决定生效后及时通知发证机关。

第二百三十五条 作出取缔决定的，可以采取在经营场所张贴公告等方式予以公告，责令被取缔者立即停止经营活动；有违法所得的，依法予以没收或者追缴。拒不停止经营活动的，公安机关可以依法没收或者收缴其专门用于从事非法经营活动的工具、设备。已经取得营业执照的，公安机关应当通知工商行政管理部门依法撤销其营业执照。

第二百三十六条 对拒不执行公安机关依法作出的责令停产停业决定的，公安机关可以依法强制执行或者申请人民法院强制执行。

第二百三十七条 对被决定强制隔离戒毒、收容教养的人员，由作出决定的公安机关送强制隔离戒毒场所、收容教养场所执行。

对被决定社区戒毒的人员，公安机关应当责令其到户籍所在地接受社区戒毒，在户籍所在地以外的现居住地有固定住所的，可以责令其在现居住地接受社区戒毒。

第十三章 涉外行政案件的办理

第二百三十八条 办理涉外行政案件，应当维护国家主权和利益，坚持平等互利原则。

第二百三十九条 对外国人国籍的确认，以其入境时有效证件上所表明的国籍为准；国籍有疑问或者国籍不明的，由公安机关出入境管理部门协助查明。

对无法查明国籍、身份不明的外国人，按照其自报的国籍或者无国籍人对待。

第二百四十条 违法行为人为享有外交特权和豁免权的外国人的，办案公安机关应当将其身份、证件及违法行为等基本情况记录在案，保存有关证据，并尽快将有关情况层报省级公安机关，由省级公安机关商请同级人民政府外事部门通过外交途径处理。

对享有外交特权和豁免权的外国人，不得采取限制人身自由和查封、扣押的强制措施。

第二百四十一条 办理涉外行政案件，应当使用中华人民共和国通用的语言文字。对不通晓我国语言文字的，公安机关应当为其提供翻译；当事人通晓我国语言文字，不需要他人翻译的，应当出具书面声明。

经县级以上公安机关负责人批准，外国籍当事人可以自己聘请翻译，翻译费由其个人承担。

第二百四十二条 外国人具有下列情形之一，经当场盘问或者继续盘问后不能排除嫌疑，需要作进一步调查的，经县级以上公安机关或者出入境边防检查机关负责人批准，可以拘留审查：

（一）有非法出境入境嫌疑的；

（二）有协助他人非法出境入境嫌疑的；

（三）有非法居留、非法就业嫌疑的；

（四）有危害国家安全和利益，破坏社会公共秩序或者从事其他违法犯罪活动嫌疑的。

实施拘留审查，应当出示拘留审查决定书，并在二十四小时内进行询问。

拘留审查的期限不得超过三十日，案情复杂的，经上一级公安机关或者出入境边防检查机关批准可以延长至六十日。对国籍、身份不明的，拘留审查期限自查清其国籍、身份之日起计算。

第二百四十三条 具有下列情形之一的，应当解除拘留审查：

（一）被决定遣送出境、限期出境或者驱逐出境的；

（二）不应当拘留审查的；

（三）被采取限制活动范围措施的；

（四）案件移交其他部门处理的；

（五）其他应当解除拘留审查的。

第二百四十四条 外国人具有下列情形之一的，不适用拘留审查，经县级以上公安机关或者出入境边防检查机关负责人批准，可以限制其活动范围：

（一）患有严重疾病的；

（二）怀孕或者哺乳自己婴儿的；

（三）未满十六周岁或者已满七十周岁的；

（四）不宜适用拘留审查的其他情形。

被限制活动范围的外国人，应当按照要求接受审查，未经公安机关批准，不得离开限定的区域。限制活动范围的期限不得超过六十日。对国籍、身份不明的，限制活动范围期限自查清其国籍、身份之日起计算。

第二百四十五条 被限制活动范围的外国人应当遵守下列规定：

（一）未经决定机关批准，不得变更生活居所，超出指定的活动区域；

（二）在传唤的时候及时到案；

（三）不得以任何形式干扰证人作证；

（四）不得毁灭、伪造证据或者串供。

第二百四十六条 外国人具有下列情形之一的，经县级以上公安机关或者出入境边防检查机关负责人批准，可以遣送出境：

（一）被处限期出境，未在规定期限内离境的；

（二）有不准入境情形的；

（三）非法居留、非法就业的；

（四）违反法律、行政法规需要遣送出境的。

其他境外人员具有前款所列情形之一的，可以依法遣送出境。

被遣送出境的人员，自被遣送出境之日起一至五年内不准入境。

第二百四十七条 被遣送出境的外国人可以被遣送至下列国家或者地区：

（一）国籍国；

（二）入境前的居住国或者地区；

（三）出生地国或者地区；

（四）入境前的出境口岸的所属国或者地区；

（五）其他允许被遣送出境的外国人入境的国家或者地区。

第二百四十八条 具有下列情形之一的外国人，应当羁押在拘留所或者遣返场所：

（一）被拘留审查的；

（二）被决定遣送出境或者驱逐出境但因天气、交通运输工具班期、当事人健康状况等客观原因或者国籍、身份不明，不能立即执行的。

第二百四十九条 外国人对继续盘问、拘留审查、限制活动范围、遣送出境措施不服的，可以依法申请行政复议，该行政复议决定为最终决定。

其他境外人员对遣送出境措施不服，申请行政复议的，适用前款规定。

第二百五十条 外国人具有下列情形之一的,经县级以上公安机关或者出入境边防检查机关决定,可以限期出境:

(一)违反治安管理的;

(二)从事与停留居留事由不相符的活动的;

(三)违反中国法律、法规规定,不适宜在中国境内继续停留居留的。

对外国人决定限期出境的,应当规定外国人离境的期限,注销其有效签证或者停留居留证件。限期出境的期限不得超过三十日。

第二百五十一条 外国人违反治安管理或者出境入境管理,情节严重,尚不构成犯罪的,承办的公安机关可以层报公安部处以驱逐出境。公安部作出的驱逐出境决定为最终决定,由承办机关宣布并执行。

被驱逐出境的外国人,自被驱逐出境之日起十年内不准入境。

第二百五十二条 对外国人处以罚款或者行政拘留并处限期出境或者驱逐出境的,应当于罚款或者行政拘留执行完毕后执行限期出境或者驱逐出境。

第二百五十三条 办理涉外行政案件,应当按照国家有关办理涉外案件的规定,严格执行请示报告、内部通报、对外通知等各项制度。

第二百五十四条 对外国人作出行政拘留、拘留审查或者其他限制人身自由以及限制活动范围的决定后,决定机关应当在四十八小时内将外国人的姓名、性别、入境时间、护照或者其他身份证件号码,案件发生的时间、地点及有关情况,违法的主要事实,已采取的措施及其法律依据等情况报告省级公安机关;省级公安机关应当在规定期限内,将有关情况通知该外国人所属国家的驻华使馆、领馆,并通报同级人民政府外事部门。当事人要求不通知使馆、领馆,且我国与当事人国籍国未签署双边协议规定必须通知的,可以不通知,但应当由其本人提出书面请求。

第二百五十五条 外国人在被行政拘留、拘留审查或者其他限制人身自由以及限制活动范围期间死亡的,有关省级公安机关应当通知该外国人所属国家驻华使馆、领馆,同时报告公安部并通报同级人民政府外事部门。

第二百五十六条 外国人在被行政拘留、拘留审查或者其他限制人身自由以及限制活动范围期间,其所属国家驻华外交、领事官员要求探视的,决定机关应当及时安排。该外国人拒绝其所属国家驻华外交、领事官员探视的,公安机关可以不予安排,但应当由其本人出具书面声明。

第二百五十七条 办理涉外行政案件,本章未作规定的,适用其他各章的有关规定。

第十四章 案件终结

第二百五十八条 行政案件具有下列情形之一的,应当予以结案:

(一)作出不予行政处罚决定的;

(二)按照本规定第十章的规定达成调解、和解协议并已履行的;

(三)作出行政处罚等处理决定,且已执行的;

(四)违法行为涉嫌构成犯罪,转为刑事案件办理的;

(五)作出处理决定后,因执行对象灭失、死亡等客观原因导致无法执行或者无需执行的。

第二百五十九条 经过调查,发现行政案件具有下列情形之一的,经公安派出所、县级公安机关办案部门或者出入境边防检查机关以上负责人批准,终止调查:

(一)没有违法事实的;

(二)违法行为已过追究时效的;

(三)违法嫌疑人死亡的;

(四)其他需要终止调查的情形。

终止调查时,违法嫌疑人已被采取行政强制措施的,应当立即解除。

第二百六十条 对在办理行政案件过程中形成的文书材料,应当按照一案一卷原则建立案卷,并按照有关规定在结案或者终止案件调查后将案卷移交档案部门保管或者自行保管。

第二百六十一条 行政案件的案卷应当包括下列内容:

(一)受案登记表或者其他发现案件的记录;

(二)证据材料;

(三)决定文书;

(四)在办理案件中形成的其他法律文书。

第二百六十二条 行政案件的法律文书及定性依据材料应当齐全完整,不得损毁、伪造。

第十五章 附 则

第二百六十三条 省级公安机关应当建立并不断完善统一的执法办案信息系统。

办案部门应当按照有关规定将行政案件的受理、调查取证、采取强制措施、处理等情况以及相关文书材料录入执法办案信息系统，并进行网上审核审批。

公安机关可以使用电子签名、电子指纹捺印技术制作电子笔录等材料，可以使用电子印章制作法律文书。对案件当事人进行电子签名、电子指纹捺印的过程，公安机关应当同步录音录像。

第二百六十四条　执行本规定所需要的法律文书式样，由公安部制定。公安部没有制定式样，执法工作中需要的其他法律文书，省级公安机关可以制定式样。

第二百六十五条　本规定所称"以上"、"以下"、"内"皆包括本数或者本级。

第二百六十六条　本规定自2013年1月1日起施行，依照《中华人民共和国出境入境管理法》新设定的制度自2013年7月1日起施行。2006年8月24日发布的《公安机关办理行政案件程序规定》同时废止。

公安部其他规章对办理行政案件程序有特别规定的，按照特别规定办理；没有特别规定的，按照本规定办理。

工业通信业行业标准制定管理办法

（2020年8月12日工业和信息化部令第55号公布　自2020年10月1日起施行　国司备字［2020002412］）

第一章　总　　则

第一条　为了规范工业通信业行业标准制定程序，提高标准制定质量，根据《中华人民共和国标准化法》等法律法规，制定本办法。

第二条　工业通信业行业标准（以下简称行业标准）的立项、起草、技术审查、批准、发布、复审等制定活动，适用本办法。

第三条　制定行业标准，应当遵循公平公正、开放透明、充分协商原则，有利于科学合理利用资源，推广科学技术成果，保证标准的科学性、规范性、时效性，做到技术上先进、经济上合理。

第四条　制定行业标准，应当重点围绕重要产品、工程技术、服务和行业管理标准。涉及融合发展的新兴技术领域的，支持联合制定行业标准。

第五条　工业和信息化部负责行业标准制定的管理工作。

省、自治区、直辖市工业和信息化主管部门协助工业和信息化部做好行业标准制定管理相关工作。

第六条 标准化技术委员会、标准化专家组等单位和组织(以下统称标准化技术组织)按照本办法规定,负责所属领域行业标准起草、技术审查、复审、修订等具体工作。

第七条 有关行业协会(联合会)和标准化专业机构等(以下统称初审机构)按照本办法规定,承担行业标准制定相关工作。

第二章 立 项

第八条 政府部门、社会团体、企业事业组织以及公民可以向工业和信息化部提出行业标准制定或者修订的立项建议。

提出立项建议,应当书面说明制定或者修订行业标准的必要性、可行性、适用范围等内容。

第九条 工业和信息化部组织有关标准化技术组织对立项建议进行论证评估。

标准化技术组织应当围绕有关政府部门、企业、社会团体、消费者等方面的实际需求进行研究,对标准制定或者修订的必要性、可行性进行论证评估,形成评估意见报送对应初审机构,经初审机构初审后报送工业和信息化部;没有对应初审机构的,直接报送工业和信息化部。

工业和信息化部可以根据行业管理和产业发展需要提出行业标准制定或者修订项目。

第十条 工业和信息化部对立项建议、评估意见和初审意见进行研究,制定行业标准制定、修订计划草案,向社会公开征求意见。

第十一条 工业和信息化部对社会公众意见进行汇总、协调和处理。对没有不同意见或者相关意见已处理完毕的立项建议,工业和信息化部组织专家进行评审,根据评审意见制定并公布行业标准制定、修订计划。

行业标准制定、修订计划应当明确项目名称、主要起草单位、完成时限等内容。行业标准制定周期一般不超过 24 个月,修订周期一般不超过 18 个月。

第十二条 标准化技术组织在行业标准制定、修订计划执行中需要对项目作合并、撤销等重大调整的,应当向对应初审机构提出,经初审机构初审后报送工业和信息化部审批;没有对应初审机构的,直接报送工业和信息化部审批。

第三章 起草和技术审查

第十三条 标准化技术组织负责行业标准起草的组织工作，成立标准起草工作组具体负责起草工作。

标准起草工作组应当广泛征求有关方面意见，组织对标准相关事项进行调查分析、实验、论证，形成行业标准征求意见稿和编制说明。

第十四条 行业标准征求意见稿和编制说明由标准化技术组织向社会公开征求意见。

标准起草工作组应当对社会公众意见进行汇总和研究，填写行业标准征求意见汇总处理表，形成行业标准送审稿，报送标准化技术组织进行技术审查。

第十五条 标准化技术组织对行业标准送审稿进行技术审查，可以采用会议审查或者函审形式。对经济技术意义重大、涉及面广、分歧意见多的行业标准，应当会议审查。

会议审查的，标准化技术组织应当形成会议纪要，内容包括审查结论和参加会议人员情况等。函审的，标准化技术组织应当组织填写行业标准送审稿函审单，形成函审结论。

第十六条 行业标准送审稿由标准化技术委员会进行技术审查的，参加投票的委员不得少于委员总数的3/4。

参加投票委员2/3以上赞成且反对意见不超过1/4的，方为技术审查通过。

第十七条 行业标准送审稿由标准化技术委员会以外的标准化技术组织进行技术审查的，一般应当组织生产者、经营者、使用者、消费者、公共利益方等相关方面的专家进行审查。

专家人数一般不少于15人，起草人所在单位成员应当回避。参加投票专家2/3以上赞成且反对意见不超过1/4的，方为技术审查通过。

第十八条 行业标准送审稿通过技术审查的，标准起草工作组应当根据审查结论进行完善，形成行业标准报批稿和编制说明等报批材料；未通过技术审查的，标准起草工作组应当根据审查结论修改后，再次报送标准化技术组织进行技术审查。

行业标准涉及专利问题的，根据国家有关规定执行。报批材料应当就行业标准是否涉及专利以及相应处理意见作出说明。

第四章 批准和发布

第十九条 标准化技术组织应当将行业标准报批材料报送对应初审机构,经初审机构初审后报送工业和信息化部;没有对应初审机构的,直接报送工业和信息化部。

第二十条 工业和信息化部对行业标准报批材料进行审查,审查通过后向社会公开征求意见。

第二十一条 工业和信息化部对社会公众意见进行汇总、协调和处理,对没有不同意见或者相关意见已处理完毕的行业标准报批稿予以批准,编号并公告发布。

第二十二条 工业和信息化部依法组织行业标准的出版和备案,推动行业标准文本向社会免费公开。

第五章 复审和修订

第二十三条 工业和信息化部根据经济社会发展和技术进步需要,制定并公布行业标准复审计划。

第二十四条 标准化技术组织应当根据复审计划对行业标准进行复审,提出复审结论建议,形成复审材料报送对应初审机构,经初审机构初审后报送工业和信息化部;没有对应初审机构的,直接报送工业和信息化部。

行业标准复审结论建议分为继续有效、修订和废止三种。复审结论建议为废止的,应当对废止的理由重点说明。

第二十五条 工业和信息化部对行业标准复审材料进行审查,审查通过后向社会公开征求意见。

工业和信息化部对社会公众意见进行汇总、协调和处理。没有不同意见或者相关意见已处理完毕的,由工业和信息化部公告发布复审结论。

第二十六条 复审结论为继续有效的行业标准再次出版时,应当在封面上标明复审信息。

对复审结论为修订的行业标准,相关标准化技术组织应当及时组织修订。进行少量修改能够符合当前科技水平、适应产业发展需求、满足行业管理需要的,可采用修改单方式修改。

第六章　附　　则

第二十七条　本办法第十条、第十四条第一款、第二十条、第二十五条第一款规定的向社会公开征求意见的期限，一般不少于30日。

第二十八条　本办法规定的材料式样和内容，由工业和信息化部统一公布和调整。

第二十九条　本办法自2020年10月1日起施行。

外商投资企业投诉工作办法

（2020年8月25日商务部令2020年第3号公布　自2020年10月1日起施行　国司备字［2020002473］）

第一章　总　　则

第一条　为及时有效处理外商投资企业投诉，保护外商投资合法权益，持续优化外商投资环境，根据《中华人民共和国外商投资法》和《中华人民共和国外商投资法实施条例》，制定本办法。

第二条　本办法所称外商投资企业投诉，是指：

（一）外商投资企业、外国投资者（以下统称投诉人）认为行政机关（包括法律、法规授权的具有管理公共事务职能的组织）及其工作人员（以下统称被投诉人）的行政行为侵犯其合法权益，向投诉工作机构申请协调解决的行为；

（二）投诉人向投诉工作机构反映投资环境方面存在的问题，建议完善有关政策措施的行为。

前款所称投诉工作机构，是指商务部和县级以上地方人民政府指定的负责受理外商投资企业投诉的部门或者机构。

本办法所称外商投资企业投诉，不包括外商投资企业、外国投资者申请协调解决与其他自然人、法人或者其他组织之间民商事纠纷的行为。

第三条　投诉工作机构应当坚持公平公正合法、分级负责原则，及时处理投诉人反映的问题，协调完善相关政策措施。

第四条　投诉人应当如实反映投诉事实，提供证据，积极协助投诉工作机构开展投诉处理工作。

第五条 商务部会同国务院有关部门建立外商投资企业投诉工作部际联席会议制度(以下简称联席会议),协调、推动中央层面的外商投资企业投诉工作,指导和监督地方的外商投资企业投诉工作。联席会议办公室设在商务部外国投资管理司,承担联席会议的日常工作,指导和监督全国外商投资企业投诉中心的工作。

第六条 商务部负责处理下列投诉事项:

(一)涉及国务院有关部门,省、自治区、直辖市人民政府及其工作人员行政行为的;

(二)建议国务院有关部门,省、自治区、直辖市人民政府完善相关政策措施的;

(三)在全国范围内或者国际上有重大影响,商务部认为可以由其处理的。

商务部设立全国外商投资企业投诉中心(以下简称全国外资投诉中心,暂设在商务部投资促进事务局),负责具体处理前款规定的投诉事项。

全国外资投诉中心组织与外商投资有关的政策法规宣传,开展外商投资企业投诉工作培训,推广投诉事项处理经验,提出相关政策建议,督促地方做好外商投资企业投诉工作,积极预防投诉事项的发生。

第七条 县级以上地方人民政府应当指定部门或者机构(以下简称地方投诉工作机构)负责投诉工作。地方投诉工作机构应当完善投诉工作规则、健全投诉方式、明确投诉事项受理范围和投诉处理时限。

地方投诉工作机构受理投诉人对本地区行政机关及其工作人员行政行为和建议完善本地区相关政策措施的投诉事项。

第八条 投诉人依照本办法规定申请协调解决其与行政机关之间争议的,不影响其在法定时限内提起行政复议、行政诉讼等程序的权利。

第九条 《中华人民共和国外商投资法》第二十七条规定的商会、协会可以参照本办法,向投诉工作机构反映会员提出的投资环境方面存在的问题,并提交具体的政策措施建议。

第二章 投诉的提出与受理

第十条 投诉人提出投诉事项,应当提交书面投诉材料。投诉材料可以现场提交,也可以通过信函、传真、电子邮件、在线申请等方式提交。

各级投诉工作机构应当公布其地址、电话和传真号码、电子邮箱、网站等信息,便利投诉人提出投诉事项。

第十一条 属于本办法第二条第一款第(一)项规定的投诉的,投诉材料应当包括下列内容:

(一)投诉人的姓名或者名称、通讯地址、邮编、有关联系人和联系方式,主体资格证明材料,提出投诉的日期;

(二)被投诉人的姓名或者名称、通讯地址、邮编、有关联系人和联系方式;

(三)明确的投诉事项和投诉请求;

(四)有关事实、证据和理由,如有相关法律依据可以一并提供;

(五)是否存在本办法第十四条第(七)、(八)、(九)项所列情形的说明。

属于本办法第二条第一款第(二)项规定的投诉的,投诉材料应当包括前款第(一)项规定的信息、投资环境方面存在的相关问题以及具体政策措施建议。

投诉材料应当用中文书写。有关证据和材料原件以外文书写的,应当提交准确、完整的中文翻译件。

第十二条 投诉人可以委托他人进行投诉。投诉人委托他人进行投诉的,除本办法第十一条规定的材料以外,还应当向投诉工作机构提交投诉人的身份证明、出具的授权委托书和受委托人的身份证明。授权委托书应当载明委托事项、权限和期限。

第十三条 投诉材料不齐全的,投诉工作机构应当在收到投诉材料后7个工作日内一次性书面通知投诉人在15个工作日内补正。补正通知应当载明需要补正的事项和期限。

第十四条 投诉具有以下情形的,投诉工作机构不予受理:

(一)投诉主体不属于外商投资企业、外国投资者的;

(二)申请协调解决与其他自然人、法人或者其他组织之间民商事纠纷,或者不属于本办法规定的外商投资企业投诉事项范围的;

(三)不属于本投诉工作机构的投诉事项处理范围的;

(四)经投诉工作机构依据本办法第十三条的规定通知补正后,投诉材料仍不符合本办法第十一条要求的;

(五)投诉人伪造、变造证据或者明显缺乏事实依据的;

(六)没有新的证据或者法律依据,向同一投诉工作机构重复投诉的;

(七)同一投诉事项已经由上级投诉工作机构受理或者处理终结的;

(八)同一投诉事项已经由信访等部门受理或者处理终结的;

(九)同一投诉事项已经进入或者完成行政复议、行政诉讼等程序的。

第十五条 投诉工作机构接到完整齐备的投诉材料,应当在7个工作日内作出是否受理的决定。

符合投诉受理条件的,应当予以受理并向投诉人发出投诉受理通知书。

不符合投诉受理条件的,投诉工作机构应当于7个工作日内向投诉人发出不予受理通知书并说明不予受理的理由。属于本办法第十四条第一款第(三)项情形的,投诉工作机构可以告知投诉人向有关投诉工作机构提出投诉。

第三章 投诉处理

第十六条 投诉工作机构在受理投诉后,应当与投诉人和被投诉人进行充分沟通,了解情况,依法协调处理,推动投诉事项的妥善解决。

第十七条 投诉工作机构进行投诉处理时,可以要求投诉人进一步说明情况、提供材料或者提供其他必要的协助,投诉人应当予以协助;投诉工作机构可以向被投诉人了解情况,被投诉人应当予以配合。

根据投诉事项具体情况,投诉工作机构可以组织召开会议,邀请投诉人和被投诉人共同参加,陈述意见,探讨投诉事项的解决方案。投诉工作机构根据投诉处理工作需要,可以就专业问题听取有关专家意见。

第十八条 根据投诉事项不同情况,投诉工作机构可以采取下列方式进行处理:

(一)推动投诉人和被投诉人达成谅解(包括达成和解协议);

(二)与被投诉人进行协调;

(三)向县级以上人民政府及其有关部门提交完善相关政策措施的建议;

(四)投诉工作机构认为适当的其他处理方式。

投诉人和被投诉人签署和解协议的,应当写明达成和解的事项和结果。依法订立的和解协议对投诉人和被投诉人具有约束力。被投诉人不履行生效和解协议的,依据《中华人民共和国外商投资法实施条例》第四十一条的规定处理。

第十九条 投诉工作机构应当在受理投诉之日起60个工作日内办结受理的投诉事项。涉及部门多、情况复杂的投诉事项,可以适当延长处理期限。

第二十条 有下列情况之一的,投诉处理终结:

(一)投诉工作机构依据本办法第十八条进行协调处理,投诉人同意终结的;

(二)投诉事项与事实不符的,或者投诉人拒绝提供材料导致无法查明有关事实的;

（三）投诉人的有关诉求没有法律依据的；

（四）投诉人书面撤回投诉的；

（五）投诉人不再符合投诉主体资格的；

（六）经投诉工作机构联系，投诉人连续30日无正当理由不参加投诉处理工作的。

投诉处理期间，出现本办法第十四条第（七）、（八）、（九）项所列情形的，视同投诉人书面撤回投诉。

投诉处理终结后，投诉工作机构应当在3个工作日内将投诉处理结果书面通知投诉人。

第二十一条 投诉事项自受理之日起一年未能依据本办法第二十条处理终结的，投诉工作机构应当及时向本级人民政府报告有关情况，提出有关工作建议。

第二十二条 投诉人对地方投诉工作机构作出的不予受理决定或者投诉处理结果有异议的，可以就原投诉事项逐级向上级投诉工作机构提起投诉。上级投诉工作机构可以根据本机构投诉工作规则决定是否受理原投诉事项。

第二十三条 投诉工作机构应当建立健全内部管理制度，依法采取有效措施保护投诉处理过程中知悉的投诉人的商业秘密、保密商务信息和个人隐私。

第四章 投诉工作管理制度

第二十四条 投诉工作机构应当建立投诉档案管理制度，及时、全面、准确记录有关投诉事项的受理和处理情况，按年度进行归档。

第二十五条 地方投诉工作机构应当每两个月向上一级投诉工作机构上报投诉工作情况，包括收到投诉数量、处理进展情况、已处理完结投诉事项的详细情况和有关政策建议等。

省、自治区、直辖市投诉工作机构应当在单数月前7个工作日内向全国外资投诉中心上报前两个月本地区投诉工作情况，由全国外资投诉中心汇总后提交联席会议办公室。

第二十六条 地方投诉工作机构在处理投诉过程中，发现有关地方或者部门工作中存在普遍性问题，或者有关规范性文件存在违反法律规定或者明显不当的情形的，可以向全国外资投诉中心反映并提出完善政策措施建议，由全国外资投诉中心汇总后提交联席会议办公室。

第二十七条 全国外资投诉中心督促各省、自治区、直辖市投诉工作，建立定期督查制度，向各省、自治区、直辖市人民政府通报投诉工作情况，并视情向社会公示。

第二十八条 全国外资投诉中心应当按年度向联席会议办公室报送外商投资企业权益保护建议书，总结外商投资企业、外国投资者、商会、协会、有关地方和部门反映的典型案例、重大问题、政策措施建议，提出加强投资保护、改善投资环境的相关建议。

第五章 附 则

第二十九条 投诉工作机构及其工作人员在处理外商投资企业投诉过程中滥用职权、玩忽职守、徇私舞弊的，或者泄露、非法向他人提供投诉处理过程中知悉的商业秘密、保密商务信息和个人隐私的，依据《中华人民共和国外商投资法》第三十九条的规定处理。

第三十条 投诉人通过外商投资投诉工作机制反映或者申请协调解决问题，任何单位和个人不得压制或者打击报复。

第三十一条 香港特别行政区、澳门特别行政区、台湾地区投资者以及定居在国外的中国公民所投资企业投诉工作，参照本办法办理。

第三十二条 本办法由商务部负责解释。

第三十三条 本办法自2020年10月1日起施行。2006年9月1日商务部第2号令公布的《商务部外商投资企业投诉工作暂行办法》同时废止。

农药包装废弃物回收处理管理办法

（2020年8月27日农业农村部、生态环境部令2020年第6号公布 自2020年10月1日起施行 国司备字[2020002434]）

第一章 总 则

第一条 为了防治农药包装废弃物污染，保障公众健康，保护生态环境，根据《中华人民共和国土壤污染防治法》《中华人民共和国固体废物污染环境防治法》《农药管理条例》等法律、行政法规，制定本办法。

第二条 本办法适用于农业生产过程中农药包装废弃物的回收处理活动及其监督管理。

第三条 本办法所称农药包装废弃物，是指农药使用后被废弃的与农药直接接触或含有农药残余物的包装物，包括瓶、罐、桶、袋等。

第四条 地方各级人民政府依照《中华人民共和国土壤污染防治法》的规定，组织、协调、督促相关部门依法履行农药包装废弃物回收处理监督管理职责，建立健全回收处理体系，统筹推进农药包装废弃物回收处理等设施建设。

第五条 县级以上地方人民政府农业农村主管部门负责本行政区域内农药生产者、经营者、使用者履行农药包装废弃物回收处理义务的监督管理。

县级以上地方人民政府生态环境主管部门负责本行政区域内农药包装废弃物回收处理活动环境污染防治的监督管理。

第六条 农药生产者（含向中国出口农药的企业）、经营者和使用者应当积极履行农药包装废弃物回收处理义务，及时回收农药包装废弃物并进行处理。

第七条 国家鼓励和支持行业协会在农药包装废弃物回收处理中发挥组织协调、技术指导、提供服务等作用，鼓励和扶持专业化服务机构开展农药包装废弃物回收处理。

第八条 县级以上地方人民政府农业农村和生态环境主管部门应当采取多种形式，开展农药包装废弃物回收处理的宣传和教育，指导农药生产者、经营者和专业化服务机构开展农药包装废弃物的回收处理。

鼓励农药生产者、经营者和社会组织开展农药包装废弃物回收处理的宣传和培训。

第二章 农药包装废弃物回收

第九条 县级以上地方人民政府农业农村主管部门应当调查监测本行政区域内农药包装废弃物产生情况，指导建立农药包装废弃物回收体系，合理布设县、乡、村农药包装废弃物回收站（点），明确管理责任。

第十条 农药生产者、经营者应当按照“谁生产、经营，谁回收”的原则，履行相应的农药包装废弃物回收义务。农药生产者、经营者可以协商确定农药包装废弃物回收义务的具体履行方式。

农药经营者应当在其经营场所设立农药包装废弃物回收装置，不得拒收其销售农药的包装废弃物。

农药生产者、经营者应当采取有效措施，引导农药使用者及时交回农药包装废弃物。

第十一条 农药使用者应当及时收集农药包装废弃物并交回农药经营者或农药包装废弃物回收站(点),不得随意丢弃。

农药使用者在施用过程中,配药时应当通过清洗等方式充分利用包装物中的农药,减少残留农药。

鼓励有条件的地方,探索建立检查员等农药包装废弃物清洗审验机制。

第十二条 农药经营者和农药包装废弃物回收站(点)应当建立农药包装废弃物回收台账,记录农药包装废弃物的数量和去向信息。回收台账应当保存两年以上。

第十三条 农药生产者应当改进农药包装,便于清洗和回收。

国家鼓励农药生产者使用易资源化利用和易处置包装物、水溶性高分子包装物或者在环境中可降解的包装物,逐步淘汰铝箔包装物。鼓励使用便于回收的大容量包装物。

第三章　农药包装废弃物处理

第十四条 农药经营者和农药包装废弃物回收站(点)应当加强相关设施设备、场所的管理和维护,对收集的农药包装废弃物进行妥善贮存,不得擅自倾倒、堆放、遗撒农药包装废弃物。

第十五条 运输农药包装废弃物应当采取防止污染环境的措施,不得丢弃、遗撒农药包装废弃物,运输工具应当满足防雨、防渗漏、防遗撒要求。

第十六条 国家鼓励和支持对农药包装废弃物进行资源化利用;资源化利用以外的,应当依法依规进行填埋、焚烧等无害化处置。

资源化利用按照“风险可控、定点定向、全程追溯”的原则,由省级人民政府农业农村主管部门会同生态环境主管部门结合本地实际需要确定资源化利用单位,并向社会公布。资源化利用不得用于制造餐饮用具、儿童玩具等产品,防止危害人体健康。资源化利用单位不得倒卖农药包装废弃物。

县级以上地方人民政府农业农村主管部门、生态环境主管部门指导资源化利用单位利用处置回收的农药包装废弃物。

第十七条 农药包装废弃物处理费用由相应的农药生产者和经营者承担;农药生产者、经营者不明确的,处理费用由所在地的县级人民政府财政列支。

鼓励地方有关部门加大资金投入,给予补贴、优惠措施等,支持农药包装废弃物回收、贮存、运输、处置和资源化利用活动。

第四章　法律责任

第十八条　县级以上人民政府农业农村主管部门或生态环境主管部门未按规定履行职责的，对直接负责的主管人员和其他直接责任人依法给予处分；构成犯罪的，依法追究刑事责任。

第十九条　农药生产者、经营者、使用者未按规定履行农药包装废弃物回收处理义务的，由地方人民政府农业农村主管部门按照《中华人民共和国土壤污染防治法》第八十八条规定予以处罚。

第二十条　农药包装废弃物回收处理过程中，造成环境污染的，由地方人民政府生态环境主管部门按照《中华人民共和国固体废物污染环境防治法》等法律的有关规定予以处罚。

第二十一条　农药经营者和农药包装废弃物回收站（点）未按规定建立农药包装废弃物回收台账的，由地方人民政府农业农村主管部门责令改正；拒不改正或者情节严重的，可处二千元以上二万元以下罚款。

第五章　附　　则

第二十二条　本办法所称的专业化服务机构，指从事农药包装废弃物回收处理等经营活动的机构。

第二十三条　本办法自2020年10月1日起施行。

养老机构管理办法

（2020年9月1日民政部令第66号公布　自2020年11月1日起施行　国司备字[2020002483]）

第一章　总　　则

第一条　为了规范对养老机构的管理，促进养老服务健康发展，根据《中华人民共和国老年人权益保障法》和有关法律、行政法规，制定本办法。

第二条　本办法所称养老机构是指依法办理登记，为老年人提供全日集中住宿和照料护理服务，床位数在10张以上的机构。

养老机构包括营利性养老机构和非营利性养老机构。

第三条 县级以上人民政府民政部门负责养老机构的指导、监督和管理。其他有关部门依照职责分工对养老机构实施监督。

第四条 养老机构应当按照建筑、消防、食品安全、医疗卫生、特种设备等法律、法规和强制性标准开展服务活动。

养老机构及其工作人员应当依法保障收住老年人的人身权、财产权等合法权益。

第五条 入住养老机构的老年人及其代理人应当遵守养老机构的规章制度，维护养老机构正常服务秩序。

第六条 政府投资兴办的养老机构在满足特困人员集中供养需求的前提下，优先保障经济困难的孤寡、失能、高龄、计划生育特殊家庭等老年人的服务需求。

政府投资兴办的养老机构，可以采取委托管理、租赁经营等方式，交由社会力量运营管理。

第七条 民政部门应当会同有关部门采取措施，鼓励、支持企业事业单位、社会组织或者个人兴办、运营养老机构。

鼓励自然人、法人或者其他组织依法为养老机构提供捐赠和志愿服务。

第八条 鼓励养老机构加入养老服务行业组织，加强行业自律和诚信建设，促进行业规范有序发展。

第二章 备案办理

第九条 设立营利性养老机构，应当在市场监督管理部门办理登记。设立非营利性养老机构，应当依法办理相应的登记。

养老机构登记后即可开展服务活动。

第十条 营利性养老机构办理备案，应当在收住老年人后10个工作日以内向服务场所所在地的县级人民政府民政部门提出。非营利性养老机构办理备案，应当在收住老年人后10个工作日以内向登记管理机关同级的人民政府民政部门提出。

第十一条 养老机构办理备案，应当向民政部门提交备案申请书、养老机构登记证书、符合本办法第四条要求的承诺书等材料，并对真实性负责。

备案申请书应当包括下列内容：

（一）养老机构基本情况，包括名称、住所、法定代表人或者主要负责人信息等；

（二）服务场所权属；

（三）养老床位数量；

（四）服务设施面积；

（五）联系人和联系方式。

民政部门应当加强信息化建设，逐步实现网上备案。

第十二条 民政部门收到养老机构备案材料后，对材料齐全的，应当出具备案回执；材料不齐全的，应当指导养老机构补正。

第十三条 已经备案的养老机构变更名称、法定代表人或者主要负责人等登记事项，或者变更服务场所权属、养老床位数量、服务设施面积等事项的，应当及时向原备案民政部门办理变更备案。

养老机构在原备案机关辖区内变更服务场所的，应当及时向原备案民政部门办理变更备案。营利性养老机构跨原备案机关辖区变更服务场所的，应当及时向变更后的服务场所所在地县级人民政府民政部门办理备案。

第十四条 民政部门应当通过政府网站、政务新媒体、办事大厅公示栏、服务窗口等途径向社会公开备案事项及流程、材料清单等信息。

民政部门应当依托全国一体化在线政务服务平台，推进登记管理机关、备案机关信息系统互联互通、数据共享。

第三章 服务规范

第十五条 养老机构应当建立入院评估制度，对老年人的身心状况进行评估，并根据评估结果确定照料护理等级。

老年人身心状况发生变化，需要变更照料护理等级的，养老机构应当重新进行评估。

养老机构确定或者变更老年人照料护理等级，应当经老年人或者其代理人同意。

第十六条 养老机构应当与老年人或者其代理人签订服务协议，明确当事人的权利和义务。

服务协议一般包括下列条款：

（一）养老机构的名称、住所、法定代表人或者主要负责人、联系方式；

（二）老年人或者其代理人和紧急联系人的姓名、住址、身份证明、联系方式；

（三）照料护理等级和服务内容、服务方式；

（四）收费标准和费用支付方式；

（五）服务期限和场所；

（六）协议变更、解除与终止的条件；

（七）暂停或者终止服务时老年人安置方式；

（八）违约责任和争议解决方式；

（九）当事人协商一致的其他内容。

第十七条 养老机构按照服务协议为老年人提供生活照料、康复护理、精神慰藉、文化娱乐等服务。

第十八条 养老机构应当为老年人提供饮食、起居、清洁、卫生等生活照料服务。

养老机构应当提供符合老年人住宿条件的居住用房，并配备适合老年人安全保护要求的设施、设备及用具，定期对老年人的活动场所和物品进行消毒和清洗。

养老机构提供的饮食应当符合食品安全要求、适宜老年人食用、有利于老年人营养平衡、符合民族风俗习惯。

第十九条 养老机构应当为老年人建立健康档案，开展日常保健知识宣传，做好疾病预防工作。养老机构在老年人突发危重疾病时，应当及时转送医疗机构救治并通知其紧急联系人。

养老机构可以通过设立医疗机构或者采取与周边医疗机构合作的方式，为老年人提供医疗服务。养老机构设立医疗机构的，应当按照医疗机构管理相关法律法规进行管理。

第二十条 养老机构发现老年人为传染病病人或者疑似传染病病人的，应当及时向附近的疾病预防控制机构或者医疗机构报告，配合实施卫生处理、隔离等预防控制措施。

养老机构发现老年人为疑似精神障碍患者的，应当依照精神卫生相关法律法规的规定处理。

第二十一条 养老机构应当根据需要为老年人提供情绪疏导、心理咨询、危机干预等精神慰藉服务。

第二十二条 养老机构应当开展适合老年人的文化、教育、体育、娱乐活动，丰富老年人的精神文化生活。

养老机构开展文化、教育、体育、娱乐活动时，应当为老年人提供必要的安全防护措施。

第二十三条 养老机构应当为老年人家庭成员看望或者问候老年人提供便利，为老年人联系家庭成员提供帮助。

第二十四条 鼓励养老机构运营社区养老服务设施，或者上门为居家老年人提供助餐、助浴、助洁等服务。

第四章 运营管理

第二十五条 养老机构应当按照国家有关规定建立健全安全、消防、食品、卫生、财务、档案管理等规章制度,制定服务标准和工作流程,并予以公开。

第二十六条 养老机构应当配备与服务和运营相适应的工作人员,并依法与其签订聘用合同或者劳动合同,定期开展职业道德教育和业务培训。

养老机构中从事医疗、康复、消防等服务的人员,应当具备相应的职业资格。

养老机构应当加强对养老护理人员的职业技能培训,建立健全体现职业技能等级等因素的薪酬制度。

第二十七条 养老机构应当依照其登记类型、经营性质、运营方式、设施设备条件、管理水平、服务质量、照料护理等级等因素合理确定服务项目的收费标准,并遵守国家和地方政府价格管理有关规定。

养老机构应当在醒目位置公示各类服务项目收费标准和收费依据,接受社会监督。

第二十八条 养老机构应当实行 24 小时值班,做好老年人安全保障工作。

养老机构应当在各出入口、接待大厅、值班室、楼道、食堂等公共场所安装视频监控设施,并妥善保管视频监控记录。

第二十九条 养老机构内设食堂的,应当取得市场监督管理部门颁发的食品经营许可证,严格遵守相关法律、法规和食品安全标准,执行原料控制、餐具饮具清洗消毒、食品留样等制度,并依法开展食堂食品安全自查。

养老机构从供餐单位订餐的,应当从取得食品生产经营许可的供餐单位订购,并按照要求对订购的食品进行查验。

第三十条 养老机构应当依法履行消防安全职责,健全消防安全管理制度,实行消防工作责任制,配置消防设施、器材并定期检测、维修,开展日常防火巡查、检查,定期组织灭火和应急疏散消防安全培训。

养老机构的法定代表人或者主要负责人对本单位消防安全工作全面负责,属于消防安全重点单位的养老机构应当确定消防安全管理人,负责组织实施本单位消防安全管理工作,并报告当地消防救援机构。

第三十一条 养老机构应当依法制定自然灾害、事故灾难、公共卫生事件、社会安全事件等突发事件应急预案,在场所内配备报警装置和必要的应急救援设备、设施,定期开展突发事件应急演练。

突发事件发生后,养老机构应当立即启动应急预案,采取防止危害扩大的必要处置措施,同时根据突发事件应对管理职责分工向有关部门和民政部门报告。

第三十二条 养老机构应当建立老年人信息档案,收集和妥善保管服务协议等相关资料。档案的保管期限不少于服务协议期满后五年。

养老机构及其工作人员应当保护老年人的个人信息和隐私。

第三十三条 养老机构应当按照国家有关规定接受、使用捐赠、资助。

鼓励养老机构为社会工作者、志愿者在机构内开展服务提供便利。

第三十四条 鼓励养老机构投保责任保险,降低机构运营风险。

第三十五条 养老机构因变更或者终止等原因暂停、终止服务的,应当在合理期限内提前书面通知老年人或者其代理人,并书面告知民政部门。

老年人需要安置的,养老机构应当根据服务协议约定与老年人或者其代理人协商确定安置事宜。民政部门应当为养老机构妥善安置老年人提供帮助。

养老机构终止服务后,应当依法清算并办理注销登记。

第五章 监督检查

第三十六条 民政部门应当加强对养老机构服务和运营的监督检查,发现违反本办法规定的,及时依法予以处理并向社会公布。

民政部门在监督检查中发现养老机构存在应当由其他部门查处的违法违规行为的,及时通报有关部门处理。

第三十七条 民政部门依法履行监督检查职责,可以采取以下措施:

(一)向养老机构和个人了解情况;

(二)进入涉嫌违法的养老机构进行现场检查;

(三)查阅或者复制有关合同、票据、账簿及其他有关资料;

(四)发现养老机构存在可能危及人身健康和生命财产安全风险的,责令限期改正,逾期不改正的,责令停业整顿。

民政部门实施监督检查时,监督检查人员不得少于2人,应当出示执法证件。

对民政部门依法进行的监督检查,养老机构应当配合,如实提供相关资料和信息,不得隐瞒、拒绝、阻碍。

第三十八条 对已经备案的养老机构,备案民政部门应当自备案之日起

20 个工作日以内进行现场检查，并核实备案信息；对未备案的养老机构，服务场所所在地的县级人民政府民政部门应当自发现其收住老年人之日起 20 个工作日以内进行现场检查，并督促及时备案。

民政部门应当每年对养老机构服务安全和质量进行不少于一次的现场检查。

第三十九条 民政部门应当采取随机抽取检查对象、随机选派检查人员的方式对养老机构实施监督检查。抽查情况及查处结果应当及时向社会公布。

民政部门应当结合养老机构的服务规模、信用记录、风险程度等情况，确定抽查比例和频次。对违法失信、风险高的养老机构，适当提高抽查比例和频次，依法依规实施严管和惩戒。

第四十条 民政部门应当加强对养老机构非法集资的防范、监测和预警工作，发现养老机构涉嫌非法集资的，按照有关规定及时移交相关部门。

第四十一条 民政部门应当充分利用信息技术手段，加强对养老机构的监督检查，提高监管能力和水平。

第四十二条 民政部门应当定期开展养老服务行业统计工作，养老机构应当及时准确报送相关信息。

第四十三条 养老机构应当听取老年人或者其代理人的意见和建议，发挥其对养老机构服务和运营的监督促进作用。

第四十四条 民政部门应当畅通对养老机构的举报投诉渠道，依法及时处理有关举报投诉。

第四十五条 民政部门发现个人或者组织未经登记以养老机构名义开展活动的，应当书面通报相关登记管理机关，并配合做好查处工作。

第六章 法律责任

第四十六条 养老机构有下列行为之一的，由民政部门责令改正，给予警告；情节严重的，处以 3 万元以下的罚款：

（一）未建立入院评估制度或者未按照规定开展评估活动的；

（二）未与老年人或者其代理人签订服务协议，或者未按照协议约定提供服务的；

（三）未按照有关强制性国家标准提供服务的；

（四）工作人员的资格不符合规定的；

（五）利用养老机构的房屋、场地、设施开展与养老服务宗旨无关的活动的；

（六）未依照本办法规定预防和处置突发事件的；

（七）歧视、侮辱、虐待老年人以及其他侵害老年人人身和财产权益行为的；

（八）向负责监督检查的民政部门隐瞒有关情况、提供虚假材料或者拒绝提供反映其活动情况真实材料的；

（九）法律、法规、规章规定的其他违法行为。

养老机构及其工作人员违反本办法有关规定，构成违反治安管理行为的，依法给予治安管理处罚；构成犯罪的，依法追究刑事责任。

第四十七条 民政部门及其工作人员在监督管理工作中滥用职权、玩忽职守、徇私舞弊的，对直接负责的主管人员和其他责任人员依法依规给予处分；构成犯罪的，依法追究刑事责任。

第七章 附 则

第四十八条 国家对农村五保供养服务机构的管理有特别规定的，依照其规定办理。

第四十九条 本办法自2020年11月1日起施行。2013年6月28日民政部发布的《养老机构管理办法》同时废止。

金融控股公司监督管理试行办法

（2020年9月11日中国人民银行令〔2020〕第4号公布 自2020年11月1日起施行 国司备字［2020002476］）

第一章 总 则

第一条 为规范金融控股公司行为，加强对非金融企业等设立金融控股公司的监督管理，防范系统性金融风险，根据《中华人民共和国中国人民银行法》、《中华人民共和国公司法》、《中华人民共和国商业银行法》、《中华人民共和国证券法》、《中华人民共和国证券投资基金法》、《中华人民共和国保险法》、《中华人民共和国银行业监督管理法》、《中华人民共和国信托法》等法律、行政法规以及《国务院关于实施金融控股公司准入管理的决定》（国发〔2020〕12号），制定本办法。

第二条 本办法所称金融控股公司是指依法设立,控股或实际控制两个或两个以上不同类型金融机构,自身仅开展股权投资管理、不直接从事商业性经营活动的有限责任公司或股份有限公司。

本办法适用于控股股东或实际控制人为境内非金融企业、自然人以及经认可的法人的金融控股公司。金融机构跨业投资控股形成的金融集团参照本办法确定监管政策标准,具体规则另行制定。

本办法所称金融机构包括以下类型:

(一)商业银行(不含村镇银行)、金融租赁公司。

(二)信托公司。

(三)金融资产管理公司。

(四)证券公司、公募基金管理公司、期货公司。

(五)人身保险公司、财产保险公司、再保险公司、保险资产管理公司。

(六)国务院金融管理部门认定的其他机构。

本办法所称金融控股公司所控股金融机构是指金融控股公司控股或实际控制的境内外金融机构。本办法将控股或实际控制统称为实质控制。金融控股集团是指金融控股公司及其所控股机构共同构成的企业法人联合体。

第三条 投资方直接或间接取得被投资方过半数有表决权股份的,即对被投资方形成实质控制。计算表决权时应当综合考虑投资方直接或间接持有的可转换工具、可执行认股权证、可执行期权等潜在表决权。

投资方未直接或间接取得被投资方过半数有表决权的股份,有以下情形之一的,视同投资方对被投资方形成实质控制:

(一)投资方通过与其他投资方签订协议或其他安排,实质拥有被投资方过半数表决权。

(二)按照法律规定或协议约定,投资方具有实际支配被投资方公司行为的权力。

(三)投资方有权任免被投资方董事会或其他类似权力机构的过半数成员。

(四)投资方在被投资方董事会或其他类似权力机构具有过半数表决权。

(五)其他属于实质控制的情形,包括按照《企业会计准则第33号——合并财务报表》构成控制的情形。

两个或两个以上投资方均有资格单独主导被投资方不同方面的决策、经营和管理等活动时,能够主导对被投资方回报产生最重大影响的活动的一方,视为对被投资方形成实质控制。

投资方在申请设立金融控股公司时,应当书面逐层说明其股权结构,直至最终的实际控制人、受益所有人,以及与其他股东的关联关系或一致行动人关系。

第四条 中国人民银行依法对金融控股公司实施监管,审查批准金融控股公司的设立、变更、终止以及业务范围。

国务院金融管理部门依法按照金融监管职责分工对金融控股公司所控股金融机构实施监管。

财政部负责制定金融控股公司财务制度并组织实施。

建立金融控股公司监管跨部门联合机制。中国人民银行与国务院银行保险监督管理机构、国务院证券监督管理机构、国家外汇管理部门加强对金融控股公司及其所控股金融机构的监管合作和信息共享。中国人民银行、国务院银行保险监督管理机构、国务院证券监督管理机构、国家外汇管理部门与发展改革部门、财政部门、国有资产管理部门等加强金融控股公司的信息数据共享。

第五条 中国人民银行会同相关部门按照实质重于形式原则,对金融控股集团的资本、行为及风险进行全面、持续、穿透监管,防范金融风险跨行业、跨市场传递。

第二章 设立和许可

第六条 非金融企业、自然人及经认可的法人实质控制两个或两个以上不同类型金融机构,并具有以下情形之一的,应当设立金融控股公司:

(一)实质控制的金融机构中含商业银行,金融机构的总资产规模不少于5000亿元的,或金融机构总资产规模少于5000亿元,但商业银行以外其他类型的金融机构总资产规模不少于1000亿元或受托管理资产的总规模不少于5000亿元。

(二)实质控制的金融机构不含商业银行,金融机构的总资产规模不少于1000亿元或受托管理资产的总规模不少于5000亿元。

(三)实质控制的金融机构总资产规模或受托管理资产的总规模未达到第一项、第二项规定的标准,但中国人民银行按照宏观审慎监管要求,认为需要设立金融控股公司的。

符合前款规定条件的企业集团,如果企业集团内的金融资产占集团并表总资产的比重达到或超过85%的,可申请专门设立金融控股公司,由金融控股公司及其所控股机构共同构成金融控股集团;也可按照本办法规定的设立金融控股公司的同等条件,由企业集团母公司直接申请成为金融控股公司,企业集团整体被认定为金融控股集团，金融资产占集团并表总资产的比重应当持续达到或超过85%。

第七条 申请设立金融控股公司的，除应当具备《中华人民共和国公司法》规定的条件外，还应当具备以下条件：

（一）实缴注册资本额不低于50亿元人民币，且不低于直接所控股金融机构注册资本总和的50%。

（二）拟设金融控股公司的股东、实际控制人符合相关法律、行政法规、国务院决定和本办法规定。

（三）有符合任职条件的董事、监事和高级管理人员。

（四）有健全的组织机构和有效的风险管理、内部控制制度。

（五）有能力为所控股金融机构持续补充资本。

设立金融控股公司，还应当符合其他审慎性条件。

第八条 非金融企业、自然人持有金融控股公司股权不足5%且对金融控股公司经营管理无重大影响的，应当符合以下条件：

（一）非金融企业应当依法设立，股权结构清晰，公司治理完善。

（二）非金融企业和自然人最近三年无重大违法违规记录或重大不良信用记录；没有因涉嫌重大违法违规正在被调查或处于整改期间；不存在对所投资企业经营失败负有重大责任未逾三年的情形；不存在因故意犯罪被判处刑罚、刑罚执行完毕未逾五年的情形。

（三）非金融企业不存在长期未实际开展业务、停业、破产清算、治理结构缺失、内部控制失效等影响履行股东权利和义务的情形；不存在可能严重影响持续经营的担保、诉讼、仲裁或其他重大事项。

通过证券交易所、全国中小企业股份转让系统交易取得金融控股公司5%以下股份的股东，不适用本条前述规定。

金融产品可以持有上市金融控股公司股份，但单一投资人、发行人或管理人及其实际控制人、关联方、一致行动人控制的金融产品持有同一金融控股公司股份合计不得超过该金融控股公司股份总额的5%。

第九条 非金融企业、自然人申请设立或投资入股成为金融控股公司主要股东、控股股东或实际控制人的，应当在符合本办法第八条规定的同时，还符合以下条件：

（一）非金融企业和自然人应当具有良好的信用记录和社会声誉。

（二）非金融企业应当核心主业突出，资本实力雄厚，投资金融机构动机纯正，已制定合理的投资金融业的商业计划，不盲目向金融业扩张，不影响主营业务发展。

(三)非金融企业应当公司治理规范,股权结构和组织架构清晰,股东、受益所有人结构透明,管理能力达标,具有有效的风险管理和内部控制机制。

(四)非金融企业应当财务状况良好。成为主要股东的,应当最近两个会计年度连续盈利。成为控股股东或实际控制人的,应当最近三个会计年度连续盈利,年终分配后净资产达到总资产的40%(母公司财务报表口径),权益性投资余额不超过净资产的40%(合并财务报表口径)。

(五)持有金融控股公司5%以上股份的自然人,应当具有履行金融机构股东权利和义务所需的知识、经验和能力。

金融控股公司主要股东、控股股东和实际控制人不得以发行、管理或通过其他手段控制的金融产品持有该金融控股公司股份。

金融控股公司股东或实际控制人为经认可的法人的,应具备的条件另行规定。

第十条 非金融企业、自然人及经认可的法人存在下列情形之一的,不得成为金融控股公司的主要股东、控股股东或实际控制人:

(一)股权存在权属纠纷。

(二)曾经委托他人或接受他人委托持有金融控股公司或金融机构股权。

(三)曾经虚假投资、循环注资金融机构,或在投资金融控股公司或金融机构时,有提供虚假承诺或虚假材料行为。

(四)曾经投资金融控股公司或金融机构,对金融控股公司或金融机构经营失败或重大违规行为负有重大责任。

(五)曾经投资金融控股公司或金融机构,拒不配合中国人民银行或国务院银行保险监督管理机构、国务院证券监督管理机构、国家外汇管理部门监管。

第十一条 金融控股公司的控股股东或实际控制人不得存在以下情形:

(一)通过特定目的载体或委托他人持股等方式规避金融控股公司监管。

(二)关联方众多,股权关系复杂、不透明或存在权属纠纷,恶意开展关联交易,恶意使用关联关系。

(三)滥用市场垄断地位或技术优势开展不正当竞争。

(四)操纵市场、扰乱金融秩序。

(五)五年内转让所持有的金融控股公司股份。

(六)其他可能对金融控股公司经营管理产生重大不利影响的情形。

第十二条 金融控股公司股东应当以合法自有资金投资金融控股公司,确保投资控股金融控股公司资金来源真实、可靠。

金融控股公司股东不得以委托资金、债务资金等非自有资金以及投资基金等方式投资金融控股公司,不得委托他人或接受他人委托持有金融控股公司的股权,法律、行政法规另有规定的除外。

金融控股公司应当以合法自有资金投资控股金融机构,不得对金融机构进行虚假注资、循环注资,不得抽逃金融机构资金。

中国人民银行对金融控股公司的资本合规性实施穿透管理,向上核查投资控股金融控股公司的资金来源,向下会同其他国务院金融管理部门核查金融控股公司投资控股金融机构的资金来源。

第十三条 设立金融控股公司,应当经中国人民银行批准,依照金融机构管理。

本办法实施前已具备第六条情形的机构,拟申请成为金融控股公司的,应当在本办法实施之日起 12 个月内向中国人民银行提出申请。

本办法实施后,拟控股或实际控制两个或两个以上不同类型金融机构,并具有本办法第六条规定设立金融控股公司情形的,应当向中国人民银行申请。

申请设立金融控股公司应当提交以下文件、资料:

(一)章程草案。

(二)拟任职的董事、高级管理人员的资格证明。

(三)法定验资机构出具的验资证明。

(四)股东名册及其出资额、股份。

(五)持有注册资本 5% 以上的股东的资信证明和有关资料。

(六)经营方针和计划。

(七)经营场所、安全防范措施和与业务有关的其他设施的资料。

(八)其他需专门说明的事项及申请材料真实性声明。

中国人民银行应当自受理申请之日起六个月内作出批准或不予批准的书面决定;决定不批准的,应当说明理由。

设立许可的实施细则由中国人民银行另行制定。

中国人民银行批准后,应当颁发金融控股公司许可证,并由金融控股公司凭该许可证向市场监督管理部门办理登记,领取营业执照。未经中国人民银行批准,不得注册登记为金融控股公司。

金融控股公司名称应包含“金融控股”字样,未取得金融控股公司许可证的,不得从事本办法第六条所规定的金融控股公司业务,不得在名称中使用“金融控股”、“金融集团”等字样。

第十四条 申请设立金融控股公司或企业集团母公司申请作为金融控股公司时,发起人或控股股东应当就以下内容出具说明或承诺函:

(一)投资设立金融控股公司的目的。

(二)金融控股公司的真实资本来源,金融控股公司投资控股金融机构的真实资金来源。

（三）金融控股公司的组织架构和管理模式。

（四）金融控股公司的控股股东、实际控制人、受益所有人、一致行动人以及关联方。

（五）在金融控股公司设立之时，金融控股公司的股东之间无关联关系。

（六）金融控股公司与关联方之间、关联方相互之间不进行不当关联交易。

（七）必要时向金融控股公司补充资本。

（八）必要时金融控股公司向所控股金融机构及时补充资本金。

（九）承诺遵守本办法规定。

以上事项发生变化的，应当重新出具说明或承诺函。

第十五条 金融控股公司有下列事项之一的，应当经中国人民银行批准：

（一）变更名称、住所、注册资本。

（二）修改公司章程。

（三）变更持有5%以上股权的主要股东、实际控制人。

（四）投资控股其他金融机构。

（五）增加或减少对所控股金融机构持股或出资比例，导致金融控股公司实际控制权益变更或丧失的。

（六）金融控股公司分立、合并、终止或解散。

中国人民银行自受理上述事项申请之日起三个月内作出批准或不予批准的决定。

金融控股公司依法终止其业务活动，应当注销其金融控股公司许可证。

第十六条 金融控股公司除对所控股的金融机构进行股权管理外，还可以经中国人民银行批准，对所控股的金融机构进行流动性支持。金融控股公司应当严格规范该资金使用，并不得为其主要股东、控股股东和实际控制人提供融资支持。

金融控股公司开展跨境投融资活动，应当遵守国家有关跨境投融资及外汇管理规定。

第十七条 金融控股公司可以投资经国务院金融管理部门认定与金融业务相关的机构，但投资总额账面价值原则上不得超过金融控股公司净资产的15%。国家另有规定的除外。

第三章 公司治理与协同效应

第十八条 金融控股公司应当具有简明、清晰、可穿透的股权结构，实际控制人和最终受益人可识别,法人层级合理,与自身资本规模、经营管理能力和风险管控水平相适应。本办法实施前,已经存在的、股权结构不符合本条要求的企业集团,应当在国务院金融管理部门认可的期限内,降低组织架构复杂程度,简化法人层级。本办法实施后,新增的金融控股公司,金融控股公司和所控股金融机构法人层级原则上不得超过三级。金融控股公司股权结构或法人层级发生变化时,应当向中国人民银行说明情况,对属于应当申请批准的事项,应当依法履行审批程序。

金融控股公司所控股金融机构不得反向持有母公司股权。金融控股公司所控股金融机构之间不得交叉持股。金融控股公司所控股金融机构不得再成为其他类型金融机构的主要股东,但金融机构控股与其自身相同类型的或属业务延伸的金融机构,并经国务院金融管理部门认可的除外。本办法实施前,金融控股公司所控股金融机构已经成为其他类型金融机构的主要股东的,鼓励其将股权转让至金融控股公司。企业集团整体被认定为金融控股集团的,集团内的金融机构与非金融机构之间不得交叉持股。国家另有规定的除外。

在本办法实施前已经存在的企业集团,股权结构不符合本条第一款、第二款要求的,应当在提出申请设立金融控股公司时,向中国人民银行提交持股整改计划,明确所涉及的股份和整改时间进度安排,经中国人民银行会同国务院银行保险监督管理机构、国务院证券监督管理机构认可后实施,持股整改计划完成后由国务院金融管理部门予以认定。

实施经中国人民银行会同国务院银行保险监督管理机构、国务院证券监督管理机构认可的持股整改计划时,企业集团内部的股权整合、划转、转让涉及的资产评估增值等,符合税收政策规定的,可以享受相应的税收优惠政策;因改制接收相关股权环节,涉及证券登记结算机构变更登记的,免收过户费;涉及金融控股公司成为金融机构股东需要重新进行股东资格核准的,国务院金融管理部门应当适用与金融控股公司相适应的股东资格条件,对于新设的金融控股公司,按监管程序豁免连续盈利要求。

第十九条 同一投资人及其关联方、一致行动人,作为主要股东参股金融控股公司的数量不得超过两家,作为控股股东和实际控制人控股金融控股公司的数量不得超过一家。

根据国务院授权持有金融控股公司股权的投资主体,以及经中国人民银行认可参与金融控股公司风险处置的投资主体,不受本条前款规定限制。

第二十条 金融控股公司应当完善公司治理结构,依法参与所控股机构的法人治理,促进所控股机构安全稳健运行。

金融控股公司不得滥用实质控制权,干预所控股机构的正常独立自主经营，损害所控股机构以及其相关利益人的合法权益。金融控股公司滥用实质控制权或采取不正当干预行为导致所控股机构发生损失的，应当对该损失承担责任。

第二十一条 金融控股公司的董事、监事和高级管理人员的任职条件由中国人民银行规定。金融控股公司变更董事、监事和高级管理人员，应当符合任职条件，并向中国人民银行备案。

金融控股公司的高级管理人员原则上可以兼任所控股机构的董事或监事，但不能兼任所控股机构的高级管理人员。所控股机构的高级管理人员不得相互兼任。

第二十二条 金融控股公司与其所控股机构之间、其所控股机构之间在开展业务协同，共享客户信息、销售团队、信息技术系统、运营后台、营业场所等资源时，不得损害客户权益，应当依法明确风险承担主体，防止风险责任不清、交叉传染及利益冲突。

第二十三条 金融控股公司及其所控股机构在集团内部共享客户信息时，应当确保依法合规、风险可控并经客户书面授权或同意，防止客户信息被不当使用。

金融控股公司所控股机构在提供综合化金融服务时，应当尊重客户知情权和选择权。

第四章 并表管理与风险管理

第二十四条 金融控股公司应当对纳入并表管理范围内所控股机构的公司治理、资本和杠杆率等进行全面持续管控，有效识别、计量、监测和控制金融控股集团的总体风险状况。企业集团整体被认定为金融控股集团的，应当对集团内从事金融活动的机构实行并表管理。

第二十五条 不属于金融控股公司所控股机构，但具有以下情形的，应当纳入并表管理范围：

（一）具有业务同质性的各类被投资机构，其资产规模占金融控股公司并表资产规模的比例较小，但加总的业务和风险足以对金融控股公司的财务状况及风险水平造成重大影响的。

（二）被投资机构所产生的风险和损失足以对金融控股公司造成重大影响的，包括但不限于流动性风险、法律合规风险、声誉风险等。

（三）通过境内外所控股机构、空壳公司及其他复杂股权设计成立的、有证据表明金融控股公司实质控制或对该机构的经营管理存在重大影响的其他被投资机构。

属于金融控股公司所控股机构，但其股权被金融控股公司短期持有，不会对金融控股公司产生重大风险影响的，包括准备在一个会计年度之内出售或清盘、权益性资本在50%以上的，经中国人民银行认可后，可以不纳入金融控股公司并表管理范围。

以企业会计准则和资本监管规定等为基础进行并表管理，具体规则由中国人民银行会同相关部门另行制定。

第二十六条 金融控股公司、所控股金融机构以及集团整体的资本应当与资产规模和风险水平相适应，资本充足水平应当以并表管理为基础计算，持续符合中国人民银行和国务院银行保险监督管理机构、国务院证券监督管理机构规定。具体办法由中国人民银行另行制定。

第二十七条 金融控股公司应当建立资本补充机制，当所控股金融机构资本不足时，金融控股公司应当及时补充资本。

金融控股公司可以依法发行合格资本工具，保持金融控股集团整体资本充足。

第二十八条 金融控股公司应当严格控制债务风险，保持债务规模和期限结构合理适当。

金融控股公司应当加强资产负债管理，严格管理资产抵押、质押等行为，定期对资产进行评估，逐步实现动态评价，并按照企业会计准则相关规定计提减值准备。

第二十九条 金融控股公司应当建立与金融控股集团组织架构、业务规模、复杂程度和声誉影响相适应的全面风险管理体系。

全面风险管理体系应当覆盖金融控股公司所控股的、由地方政府依法批设或监管的从事金融活动的机构。

金融控股公司应当建立健全声誉风险监测、评估和应急处置机制，加强品牌等方面的管理，降低声誉风险事件对集团整体稳健性的负面影响。

第三十条 金融控股公司应当要求所控股金融机构限期建立全面风险管理体系，督促所控股金融机构采取定性和定量相结合的方法，识别、计量、评估、监测、报告、控制或缓释所控股金融机构所承担的各类风险。

各类风险包括信用风险、市场风险、流动性风险、操作风险、声誉风险、战略风险、信息科技风险以及其他风险。

第三十一条 金融控股公司应当建立与服务实体经济相适应的金融控股集团风险偏好体系，明确集团在实现其战略目标过程中愿意并能够承担的风险水平，确定风险管理目标，确定集团对各类风险的风险容忍度和风险限额。

金融控股公司应当将风险管理要求嵌入集团经营管理流程和信息科技系统中，依据所控股金融机构发展战略和风险偏好，将各类风险指标和风险限额分配到所控股金融机构，建立超限额处置机制，及时监控风险管理制度执行情况。

第三十二条 金融控股公司应当在并表基础上管理集团风险集中与大额风险暴露。金融控股公司应当建立大额风险暴露的管理政策和内控制度，实时监控大额风险暴露，建立大额风险暴露的预警报告制度，以及与风险限额相匹配的风险分散措施等。

集团风险集中与大额风险暴露是指集团并表后的资产组合对单个交易对手或一组有关联的交易对手、行业或地理区域、特定类别的产品等超过集团资本一定比例的风险集中暴露。

第三十三条 金融控股公司应当统筹协调集团对同一企业（含企业集团）授信工作，提升集团信用风险防控水平。

金融控股公司应当主动掌握集团对同一企业融资情况，对融资余额较大的企业，金融控股公司应当牵头建立集团内信息共享和联合授信机制，主要包括协调所控股机构共同收集汇总企业信息，识别隐性关联企业和实际控制人，联合设置企业融资风险预警线等。

金融控股公司应当要求所控股金融机构定期上报从其他金融机构获得的授信额度和使用情况。

第三十四条 金融控股公司应当建立健全集团整体的风险隔离机制，包括金融控股公司与其所控股机构之间、其所控股机构之间的风险隔离制度，强化法人、人事、信息、财务和关联交易等“防火墙”，对集团内部的交叉任职、业务往来、信息共享，以及共用销售团队、信息技术系统、运营后台、营业设施和营业场所等行为进行合理隔离，有效防控风险，保护客户合法权益。

第三十五条 金融控股公司与其所控股金融机构之间、所控股金融机构之间以及所控股金融机构与集团内其他机构之间的集团内部交易，应当遵守法律、行政法规和中国人民银行、国务院银行保险监督管理机构、国务院证券监督管理机构的相关规定，并按照企业会计准则进行会计处理。其中的“关联方”、“关联方交易”等概念，以法律、行政法规和财政部有关财务、会计规定为准。

金融控股公司与其所控股金融机构之外的其他关联方之间发生的关联交易应当遵循市场原则，不得违背公平竞争和反垄断规则。

金融控股公司应当加强关联交易管理。金融控股公司与其所控股金融机构、其他关联方不得通过各种手段隐匿关联交易和资金真实去向，不得通过关联交易开展不正当利益输送、损害投资者或客户的消费权益、规避监管规定或违规操作。

金融控股公司股东应当遵守法律、行政法规和中国人民银行的相关规定，不得与金融控股公司进行不当的关联交易，不得利用其对金融控股公司经营管理的影响力获取不正当利益。

第三十六条 金融控股公司及其所控股机构不得进行以下关联交易：

（一）利用其实质控制权损害其他股东和客户的合法权益。

（二）通过内部交易进行监管套利。

（三）通过第三方间接进行内部交易，损害金融控股公司稳健性。

（四）金融控股公司所控股金融机构（财务公司除外）向金融控股公司提供融资，或向金融控股公司的股东、其他非金融机构关联方提供无担保融资等。

（五）金融控股公司所控股金融机构（财务公司除外）向金融控股公司其他关联方提供的融资或担保，超过提供融资或担保的所控股金融机构资本净额的10%，或超过接受融资或担保的金融控股公司关联方资本净额的20%，国务院银行保险监督管理机构、国务院证券监督管理机构另有规定的除外。

（六）金融控股公司所控股金融机构（财务公司除外）和所控股非金融机构接受金融控股公司的股权作为质押标的。

（七）金融控股公司对金融控股集团外的担保余额超过金融控股公司净资产的10%。

（八）中国人民银行禁止的其他行为。

第三十七条 金融控股公司应当按照法律、行政法规和中国人民银行要求，遵循真实、准确、完整的原则，及时进行信息披露。对信息披露中的虚假记载、误导性陈述及重大遗漏等依法承担责任。

第五章 监督管理

第三十八条 中国人民银行会同相关部门依照法律、行政法规、国务院决定及本办法，制定对金融控股公司及其业务活动实施监督管理的实施细则。

第三十九条 中国人民银行依照法律、行政法规、国务院决定及本办法，对金融控股公司实施并表监管，在并表基础上，通过报告制度、现场检查、监管谈话、风险评估和预警等方式，监控、评估、防范和化解金融控股公司整体层面的资本充足、关联交易、流动性、声誉等风险，维护金融体系整体稳定。金融控股公司符合系统重要性金融机构认定标准的，应当遵守关于系统重要性金融机构的监管规定。

第四十条 中国人民银行对金融控股公司主要股东和控股股东进行审查,对其真实股权结构和实际控制人实施穿透监管。

第四十一条 中国人民银行对金融控股公司主要股东和控股股东的入股资金进行穿透监管,严格审查入股资金来源、性质与流向。

第四十二条 中国人民银行根据履行职责的需要,建立统一的金融控股公司监管信息平台和统计制度,有权要求金融控股公司按照规定报送资产负债表、利润表和其他财务会计、统计报表、经营管理资料以及注册会计师出具的审计报告。具体报送要求由中国人民银行另行规定。

中国人民银行与相关部门之间建立信息共享机制,中国人民银行提供金融控股公司相关监管信息,其他部门提供本领域内的关于金融控股公司的信息。各方应确保信息用于履职需要,遵循保密要求。中国人民银行可以请国务院银行保险监督管理机构、国务院证券监督管理机构提供金融控股公司所控股机构的风险状况、检查报告和监管评级等监督管理信息,所获信息不能满足对金融控股公司监管需要的,中国人民银行可以要求金融控股公司所控股机构直接报送相关信息。

第四十三条 中国人民银行根据履行职责的需要,可以对金融控股公司进行现场检查,询问工作人员,查阅、复制相关文件、资料,检查电子数据系统等。

为促进金融控股公司稳健经营,中国人民银行可以建议国务院银行保险监督管理机构、国务院证券监督管理机构、国家外汇管理部门对金融控股公司所控股金融机构进行现场检查,必要时经国务院批准,可以会同国务院银行保险监督管理机构、国务院证券监督管理机构、国家外汇管理部门对所控股金融机构进行现场检查。国务院银行保险监督管理机构、国务院证券监督管理机构、国家外汇管理部门根据监管需要,可以建议中国人民银行对金融控股公司进行现场检查。

第四十四条 中国人民银行根据履行职责的需要,可以与金融控股公司董事、监事、高级管理人员进行监督管理谈话,要求金融控股公司董事、监事、高级管理人员就金融控股公司业务活动和风险管理的重大事项作出说明。

第四十五条 中国人民银行会同相关部门建立和完善金融控股集团的风险评估体系,综合运用宏观审慎政策、金融机构评级、反洗钱、反恐怖融资监测等政策工具,评估金融控股集团的经营管理与风险状况。中国人民银行可以根据风险评估结果动态调整对金融控股公司的监管要求,区别情形采取风险警示、早期纠正、风险处置措施。

第四十六条 金融控股公司所控股金融机构违反审慎经营规则,财务状况显著恶化,严重危及自身稳健运行、损害客户合法权益,金融控股公司有义务帮助其所控股金融机构恢复正常营运。金融控股公司未主动履行上述义务的,中国人民银行有权会同国务院银行保险监督管理机构、国务院证券监督管理机构要求金融控股公司采取注资、转让股权等适当措施进行自救。金融控股公司在开展救助时,应当做好风险隔离,防范风险传染和蔓延。

第四十七条 金融控股公司应当事前对风险处置作出合格的计划并报告中国人民银行。

金融控股公司违反本办法及相关规定,或自身经营不善,对所控股金融机构、金融控股集团造成重大风险,中国人民银行可以要求其限期整改。所造成的风险状况可能影响金融稳定、严重扰乱金融秩序、损害公众利益的,中国人民银行可以要求金融控股公司采取下列措施:

(一)限制经营活动。

(二)限制向股东分红,限制董事、监事、高级管理人员的薪酬和其他收入。

(三)限期补充资本。

(四)调整负有责任的董事、监事、高级管理人员或限制其权利。

(五)转让所控股金融机构的股权。

金融控股公司有本条第二款规定情形的,中国人民银行可以要求其股东转让股权或限制股东权利;必要时,中国人民银行可以提请国务院反垄断部门启动反垄断调查,依法作出处理决定。

第四十八条 金融控股公司难以持续经营,若不市场退出将严重危害金融秩序、损害公众利益的,应当依法实施市场退出。

第四十九条 为维护金融稳定,中国人民银行有权要求金融控股公司制定金融控股集团整体恢复和处置计划,并报中国人民银行备案。

第五十条 按照本办法第六条规定应当设立金融控股公司,但未获得金融控股公司许可的,由中国人民银行会同国务院银行保险监督管理机构、国务院证券监督管理机构责令改正,逾期不改正的,中国人民银行可以会同国务院银行保险监督管理机构、国务院证券监督管理机构对其采取以下措施:

(一)要求其部分转让对金融机构的股权至丧失实质控制权。

(二)要求其全部转让对金融机构的股权。

(三)其他纠正措施。

经批准设立的金融控股公司在存续期内,不再符合金融控股公司设立条件的,中国人民银行可以对金融控股公司采取本条前款规定的纠正措施。

第六章 法律责任

第五十一条 金融控股公司的发起人、控股股东、实际控制人违反本办法规定，有下列行为之一的，由中国人民银行责令限期改正，没收违法所得，并处违法所得1倍以上5倍以下罚款。没有违法所得或违法所得不足50万元的，处50万元以上500万元以下罚款。情节严重的，依据《中华人民共和国行政许可法》的规定，撤销行政许可；涉嫌构成犯罪的，移送有关机关依法追究刑事责任：

（一）提供虚假的承诺函。

（二）虚假出资、循环注资，利用委托资金、债务资金等非自有资金出资。

（三）通过委托他人或接受他人委托等方式违规持有金融控股公司股权。

（四）提供虚假的或隐瞒重要事实的资料。

（五）违反本办法规定的其他情形。

第五十二条 金融控股公司违反本办法规定，有下列行为之一的，由中国人民银行责令限期改正，没收违法所得，对单位处违法所得1倍以上10倍以下罚款，没有违法所得或违法所得不足100万元的，处100万元以上1000万元以下罚款；对直接负责的董事、高级管理人员和其他直接责任人员，处违法所得1倍以上10倍以下罚款，没有违法所得或违法所得不足10万元的，处10万元以上100万元以下罚款；涉嫌构成犯罪的，移送有关机关依法追究刑事责任：

（一）对金融机构虚假出资、循环注资，利用委托资金、债务资金等非自有资金出资。

（二）违规开展关联交易。

（三）干预所控股金融机构经营造成重大风险或重大风险隐患。

（四）提供虚假的或隐瞒重要事实的财务会计报告、报表、统计报表及经营资料。

（五）拒绝或阻碍中国人民银行现场检查。

（六）违反本办法的其他情形。

第七章 附 则

第五十三条 本办法所称金融控股公司主要股东是指持有或控制金融控股公司股份总额5%以上股份或表决权，或持有股份总额不足5%但对金融控股公司经营管理有重大影响的股东。

本办法所称金融控股公司控股股东是指其出资额占金融控股公司资本总额50%以上或其持有的股份占金融控股公司股本总额50%以上的股东；出资额或持有股份的比例虽不足50%，但依其出资额或持有的股份所享有的表决权已足以对股东会、股东大会的决议产生重大影响或能够实际支配公司行为的股东。

本办法所称实际控制人是指通过投资关系、协议或其他安排,能够实际支配公司行为的人。

第五十四条 本办法实施前已经存在的、具备金融控股公司设立情形的机构,如果未达到本办法规定的监管要求,经国务院金融管理部门同意,可以在一定期限内进行整改,并由国务院金融管理部门进行验收。

第五十五条 本办法由中国人民银行负责解释。

第五十六条 本办法自2020年11月1日起施行。

中国人民银行金融消费者权益保护实施办法

(2020年9月15日中国人民银行令〔2020〕第5号公布 自2020年11月1日起施行 国司备字[2020002514])

第一章 总 则

第一条 为了保护金融消费者合法权益,规范金融机构提供金融产品和服务的行为,维护公平、公正的市场环境,促进金融市场健康稳定运行,根据《中华人民共和国中国人民银行法》《中华人民共和国商业银行法》《中华人民共和国消费者权益保护法》和《国务院办公厅关于加强金融消费者权益保护工作的指导意见》(国办发〔2015〕81号)等,制定本办法。

第二条 在中华人民共和国境内依法设立的为金融消费者提供金融产品或者服务的银行业金融机构(以下简称银行),开展与下列业务相关的金融消费者权益保护工作,适用本办法:

(一)与利率管理相关的。

(二)与人民币管理相关的。

(三)与外汇管理相关的。

(四)与黄金市场管理相关的。

(五)与国库管理相关的。

(六)与支付、清算管理相关的。

(七)与反洗钱管理相关的。

(八)与征信管理相关的。

（九）与上述第一项至第八项业务相关的金融营销宣传和消费者金融信息保护。

（十）其他法律、行政法规规定的中国人民银行职责范围内的金融消费者权益保护工作。

在中华人民共和国境内依法设立的非银行支付机构（以下简称支付机构）提供支付服务的，适用本办法。

本办法所称金融消费者是指购买、使用银行、支付机构提供的金融产品或者服务的自然人。

第三条 银行、支付机构向金融消费者提供金融产品或者服务，应当遵循自愿、平等、公平、诚实信用的原则，切实承担金融消费者合法权益保护的主体责任，履行金融消费者权益保护的法定义务。

第四条 金融消费者应当文明、理性进行金融消费，提高自我保护意识，诚实守信，依法维护自身的合法权益。

第五条 中国人民银行及其分支机构坚持公平、公正原则，依法开展职责范围内的金融消费者权益保护工作，依法保护金融消费者合法权益。

中国人民银行及其分支机构会同有关部门推动建立和完善金融机构自治、行业自律、金融监管和社会监督相结合的金融消费者权益保护共同治理体系。

第六条 鼓励金融消费者和银行、支付机构充分运用调解、仲裁等方式解决金融消费纠纷。

第二章 金融机构行为规范

第七条 银行、支付机构应当将金融消费者权益保护纳入公司治理、企业文化建设和经营发展战略，制定本机构金融消费者权益保护工作的总体规划和具体工作措施。建立金融消费者权益保护专职部门或者指定牵头部门，明确部门及人员职责，确保部门有足够的人力、物力能够独立开展工作，并定期向高级管理层、董（理）事会汇报工作开展情况。

第八条 银行、支付机构应当落实法律法规和相关监管规定关于金融消费者权益保护的相关要求，建立健全金融消费者权益保护的各项内控制度：

（一）金融消费者权益保护工作考核评价制度。

（二）金融消费者风险等级评估制度。

（三）消费者金融信息保护制度。

（四）金融产品和服务信息披露、查询制度。

（五）金融营销宣传管理制度。

（六）金融知识普及和金融消费者教育制度。

（七）金融消费者投诉处理制度。

（八）金融消费者权益保护工作内部监督和责任追究制度。

（九）金融消费者权益保护重大事件应急制度。

（十）中国人民银行明确规定应当建立的其他金融消费者权益保护工作制度。

第九条 银行、支付机构应当建立健全涉及金融消费者权益保护工作的全流程管控机制，确保在金融产品或者服务的设计开发、营销推介及售后管理等各个业务环节有效落实金融消费者权益保护工作的相关规定和要求。全流程管控机制包括但不限于下列内容：

（一）事前审查机制。银行、支付机构应当实行金融消费者权益保护事前审查，及时发现并更正金融产品或者服务中可能损害金融消费者合法权益的问题，有效督办落实金融消费者权益保护审查意见。

（二）事中管控机制。银行、支付机构应当履行金融产品或者服务营销宣传中须遵循的基本程序和标准，加强对营销宣传行为的监测与管控。

（三）事后监督机制。银行、支付机构应当做好金融产品和服务的售后管理，及时调整存在问题或者隐患的金融产品和服务规则。

第十条 银行、支付机构应当开展金融消费者权益保护工作人员培训，增强工作人员的金融消费者权益保护意识和能力。

银行、支付机构应当每年至少开展一次金融消费者权益保护专题培训，培训对象应当全面覆盖中高级管理人员、基层业务人员及新入职人员。对金融消费者投诉多发、风险较高的业务岗位，应当适当提高培训的频次。

第十一条 银行、支付机构开展考核评价时，应当将金融消费者权益保护工作作为重要内容，并合理分配相关指标的占比和权重，综合考虑业务合规性、客户满意度、投诉处理及时率与合格率等，不得简单以投诉数量作为考核指标。

第十二条 银行、支付机构应当根据金融产品或者服务的特性评估其对金融消费者的适合度，合理划分金融产品和服务风险等级以及金融消费者风险承受等级，将合适的金融产品或者服务提供给适当的金融消费者。

第十三条 银行、支付机构应当依法保障金融消费者在购买、使用金融产品和服务时的财产安全，不得挪用、非法占用金融消费者资金及其他金融资产。

第十四条 银行、支付机构应当尊重社会公德，尊重金融消费者的人格尊严和民族风俗习惯，不得因金融消费者性别、年龄、种族、民族或者国籍等不同实行歧视性差别对待，不得使用歧视性或者违背公序良俗的表述。

第十五条 银行、支付机构应当尊重金融消费者购买金融产品或者服务的真实意愿，不得擅自代理金融消费者办理业务，不得擅自修改金融消费者的业务指令，不得强制搭售其他产品或者服务。

第十六条 银行、支付机构应当依据金融产品或者服务的特性，及时、真实、准确、全面地向金融消费者披露下列重要内容：

（一）金融消费者对该金融产品或者服务的权利和义务，订立、变更、中止和解除合同的方式及限制。

（二）银行、支付机构对该金融产品或者服务的权利、义务及法律责任。

（三）贷款产品的年化利率。

（四）金融消费者应当负担的费用及违约金，包括金额的确定方式，交易时间和交易方式。

（五）因金融产品或者服务产生纠纷的处理及投诉途径。

（六）银行、支付机构对该金融产品或者服务所执行的强制性标准、推荐性标准、团体标准或者企业标准的编号和名称。

（七）在金融产品说明书或者服务协议中，实际承担合同义务的经营主体完整的中文名称。

（八）其他可能影响金融消费者决策的信息。

第十七条 银行、支付机构对金融产品和服务进行信息披露时，应当使用有利于金融消费者接收、理解的方式。对利率、费用、收益及风险等与金融消费者切身利益相关的重要信息，应当根据金融产品或者服务的复杂程度及风险等级，对其中关键的专业术语进行解释说明，并以适当方式供金融消费者确认其已接收完整信息。

第十八条 银行、支付机构向金融消费者说明重要内容和披露风险时，应当依照法律法规和监管规定留存相关资料，自业务关系终止之日起留存时间不得少于 3 年。法律、行政法规另有规定的，从其规定。

留存的资料包括但不限于：

（一）金融消费者确认的金融产品说明书或者服务协议。

（二）金融消费者确认的风险提示书。

（三）记录向金融消费者说明重要内容的录音、录像资料或者系统日志等相关数据电文资料。

第十九条 银行、支付机构不得利用技术手段、优势地位，强制或者变相强制金融消费者接受金融产品或者服务，或者排除、限制金融消费者接受同业机构提供的金融产品或者服务。

第二十条 银行、支付机构在提供金融产品或者服务的过程中,不得通过附加限制性条件的方式要求金融消费者购买、使用协议中未作明确要求的产品或者服务。

第二十一条 银行、支付机构向金融消费者提供金融产品或者服务时使用格式条款的,应当以足以引起金融消费者注意的字体、字号、颜色、符号、标识等显著方式,提请金融消费者注意金融产品或者服务的数量、利率、费用、履行期限和方式、注意事项、风险提示、纠纷解决等与金融消费者有重大利害关系的内容,并按照金融消费者的要求予以说明。格式条款采用电子形式的,应当可被识别且易于获取。

银行、支付机构不得以通知、声明、告示等格式条款的方式作出含有下列内容的规定:

(一)减轻或者免除银行、支付机构造成金融消费者财产损失的赔偿责任。

(二)规定金融消费者承担超过法定限额的违约金或者损害赔偿金。

(三)排除或者限制金融消费者依法对其金融信息进行查询、删除、修改的权利。

(四)排除或者限制金融消费者选择同业机构提供的金融产品或者服务的权利。

(五)其他对金融消费者不公平、不合理的规定。

银行、支付机构应当对存在侵害金融消费者合法权益问题或者隐患的格式条款和服务协议文本及时进行修订或者清理。

第二十二条 银行、支付机构应当对营销宣传内容的真实性负责。银行、支付机构实际承担的义务不得低于在营销宣传活动中通过广告、资料或者说明等形式对金融消费者所承诺的标准。

前款"广告、资料或者说明"是指以营销为目的,利用各种传播媒体、宣传工具或者方式,就银行、支付机构的金融产品或者服务进行直接或者间接的宣传、推广等。

第二十三条 银行、支付机构在进行营销宣传活动时,不得有下列行为:

(一)虚假、欺诈、隐瞒或者引人误解的宣传。

(二)引用不真实、不准确的数据和资料或者隐瞒限制条件等,对过往业绩或者产品收益进行夸大表述。

(三)利用金融管理部门对金融产品或者服务的审核或者备案程序,误导金融消费者认为金融管理部门已对该金融产品或者服务提供保证。

（四）明示或者暗示保本、无风险或者保收益等，对非保本投资型金融产品的未来效果、收益或者相关情况作出保证性承诺。

（五）其他违反金融消费者权益保护相关法律法规和监管规定的行为。

第二十四条 银行、支付机构应当切实承担金融知识普及和金融消费者教育的主体责任，提高金融消费者对金融产品和服务的认知能力，提升金融消费者金融素养和诚实守信意识。

银行、支付机构应当制定年度金融知识普及与金融消费者教育工作计划，结合自身特点开展日常性金融知识普及与金融消费者教育活动，积极参与中国人民银行及其分支机构组织的金融知识普及活动。银行、支付机构不得以营销金融产品或者服务替代金融知识普及与金融消费者教育。

第二十五条 银行、支付机构应当重视金融消费者需求的多元性与差异性，积极支持普惠金融重点目标群体获得必要、及时的基本金融产品和服务。

第二十六条 出现侵害金融消费者合法权益重大事件的，银行、支付机构应当根据重大事项报告的相关规定及时向中国人民银行或其分支机构报告。

第二十七条 银行、支付机构应当配合中国人民银行及其分支机构开展金融消费者权益保护领域的相关工作，按照规定报送相关资料。

第三章 消费者金融信息保护

第二十八条 本办法所称消费者金融信息，是指银行、支付机构通过开展业务或者其他合法渠道处理的消费者信息，包括个人身份信息、财产信息、账户信息、信用信息、金融交易信息及其他与特定消费者购买、使用金融产品或者服务相关的信息。

消费者金融信息的处理包括消费者金融信息的收集、存储、使用、加工、传输、提供、公开等。

第二十九条 银行、支付机构处理消费者金融信息，应当遵循合法、正当、必要原则，经金融消费者或者其监护人明示同意，但是法律、行政法规另有规定的除外。银行、支付机构不得收集与业务无关的消费者金融信息，不得采取不正当方式收集消费者金融信息，不得变相强制收集消费者金融信息。银行、支付机构不得以金融消费者不同意处理其金融信息为由拒绝提供金融产品或者服务，但处理其金融信息属于提供金融产品或者服务所必需的除外。

金融消费者不能或者拒绝提供必要信息，致使银行、支付机构无法履行反洗钱义务的，银行、支付机构可以根据《中华人民共和国反洗钱法》的相关规定对其金融活动采取限制性措施；确有必要时，银行、支付机构可以依法拒绝提供金融产品或者服务。

第三十条 银行、支付机构收集消费者金融信息用于营销、用户体验改进或者市场调查的,应当以适当方式供金融消费者自主选择是否同意银行、支付机构将其金融信息用于上述目的;金融消费者不同意的,银行、支付机构不得因此拒绝提供金融产品或者服务。银行、支付机构向金融消费者发送金融营销信息的,应当向其提供拒绝继续接收金融营销信息的方式。

第三十一条 银行、支付机构应当履行《中华人民共和国消费者权益保护法》第二十九条规定的明示义务,公开收集、使用消费者金融信息的规则,明示收集、使用消费者金融信息的目的、方式和范围,并留存有关证明资料。

银行、支付机构通过格式条款取得消费者金融信息收集、使用同意的,应当在格式条款中明确收集消费者金融信息的目的、方式、内容和使用范围,并在协议中以显著方式尽可能通俗易懂地向金融消费者提示该同意的可能后果。

第三十二条 银行、支付机构应当按照法律法规的规定和双方约定的用途使用消费者金融信息,不得超出范围使用。

第三十三条 银行、支付机构应当建立以分级授权为核心的消费者金融信息使用管理制度,根据消费者金融信息的重要性、敏感度及业务开展需要,在不影响本机构履行反洗钱等法定义务的前提下,合理确定本机构工作人员调取信息的范围、权限,严格落实信息使用授权审批程序。

第三十四条 银行、支付机构应当按照国家档案管理和电子数据管理等规定,采取技术措施和其他必要措施,妥善保管和存储所收集的消费者金融信息,防止信息遗失、毁损、泄露或者被篡改。

银行、支付机构及其工作人员应当对消费者金融信息严格保密,不得泄露或者非法向他人提供。在确认信息发生泄露、毁损、丢失时,银行、支付机构应当立即采取补救措施;信息泄露、毁损、丢失可能危及金融消费者人身、财产安全的,应当立即向银行、支付机构住所地的中国人民银行分支机构报告并告知金融消费者;信息泄露、毁损、丢失可能对金融消费者产生其他不利影响的,应当及时告知金融消费者,并在72小时以内报告银行、支付机构住所地的中国人民银行分支机构。中国人民银行分支机构接到报告后,视情况按照本办法第五十五条规定处理。

第四章 金融消费争议解决

第三十五条 金融消费者与银行、支付机构发生金融消费争议的,鼓励金融消费者先向银行、支付机构投诉，鼓励当事人平等协商，自行和解。

金融消费者应当依法通过正当途径客观、理性反映诉求，不扰乱正常的金融秩序和社会公共秩序。

本办法所称金融消费争议，是指金融消费者与银行、支付机构因购买、使用金融产品或者服务所产生的民事争议。

第三十六条　银行、支付机构应当切实履行金融消费投诉处理的主体责任，银行、支付机构的法人机构应当按年度向社会发布金融消费者投诉数据和相关分析报告。

第三十七条　银行、支付机构应当通过金融消费者方便获取的渠道公示本机构的投诉受理方式，包括但不限于营业场所、官方网站首页、移动应用程序的醒目位置及客服电话主要菜单语音提示等。

第三十八条　银行、支付机构应当按照中国人民银行要求，加强对金融消费者投诉处理信息系统的建设与管理，对投诉进行正确分类并按时报送相关信息，不得迟报、漏报、谎报、错报或者瞒报投诉数据。

第三十九条　银行、支付机构收到金融消费者投诉后，依照相关法律法规和合同约定进行处理，并告知投诉人处理情况，但因投诉人原因导致无法告知的除外。

第四十条　中国人民银行分支机构设立投诉转办服务渠道。金融消费者对银行、支付机构作出的投诉处理不接受的，可以通过银行、支付机构住所地、合同签订地或者经营行为发生地中国人民银行分支机构进行投诉。

通过电子商务、网络交易购买、使用金融产品或者服务的，金融消费者通过银行、支付机构住所地的中国人民银行分支机构进行投诉。

第四十一条　金融消费者通过中国人民银行分支机构进行投诉，应当提供以下信息：姓名，有效身份证件信息，联系方式，明确的投诉对象及其住所地，具体的投诉请求、事实和理由。

金融消费者可以本人提出投诉，也可以委托他人代为提出投诉。以来信来访方式进行委托投诉的，应当向中国人民银行分支机构提交前款规定的投诉材料、授权委托书原件、委托人和受托人的身份证明。授权委托书应当载明受托人、委托事项、权限和期限，并由委托人本人签名。

第四十二条　中国人民银行分支机构对下列投诉不予接收：

（一）投诉人投诉的机构、产品或者服务不属于中国人民银行监管范围的。

（二）投诉人未提供真实身份，或者没有明确的被投诉人、没有具体的投诉请求和事实依据的。

（三）投诉人并非金融消费者本人，也未经金融消费者本人委托的。

（四）人民法院、仲裁机构、其他金融管理部门、行政部门或者依法设立的调解组织已经受理、接收或者处理的。

（五）双方达成和解协议并已经执行，没有新情况、新理由的。

（六）被投诉机构已提供公平合理的解决方案，投诉人就同一事项再次向中国人民银行分支机构投诉的。

（七）其他不符合法律、行政法规、规章有关规定的。

第四十三条 中国人民银行分支机构收到金融消费者投诉的，应当自收到投诉之日起 7 个工作日内作出下列处理：

（一）对投诉人和被投诉机构信息、投诉请求、事实和理由等进行登记。

（二）作出是否接收投诉的决定。决定不予接收的，应当告知投诉人。

（三）决定接收投诉的，应当将投诉转交被投诉机构处理或者转交金融消费纠纷调解组织提供调解服务。

需要投诉人对投诉内容进行补正的，处理时限于补正完成之日起计算。

银行、支付机构应当自收到中国人民银行分支机构转交的投诉之日起 15 日内答复投诉人。情况复杂的，经本机构投诉处理工作负责人批准，可以延长处理期限，并告知投诉人延长处理期限的理由，但最长处理期限不得超过 60 日。

第四十四条 银行、支付机构收到中国人民银行分支机构转交的投诉，应当按要求向中国人民银行分支机构反馈投诉处理情况。

反馈的内容包括投诉基本情况、争议焦点、调查结果及证据、处理依据、与金融消费者的沟通情况、延期处理情况及投诉人满意度等。

银行、支付机构应当妥善保存投诉资料，投诉资料留存时间自投诉办结之日起不得少于 3 年。法律、行政法规另有规定的，从其规定。

第四十五条 银行、支付机构、金融消费者可以向调解组织申请调解、中立评估。调解组织受理调解、中立评估申请后，可在合理、必要范围内请求当事人协助或者提供相关文件、资料。

本办法所称中立评估，是指调解组织聘请独立专家就争议解决提出参考性建议的行为。

第四十六条 金融消费纠纷调解组织应当依照法律、行政法规、规章及其章程的规定，组织开展金融消费纠纷调解、中立评估等工作，对银行、支付机构和金融消费者进行金融知识普及和教育宣传引导。

第五章　监督与管理机制

第四十七条　中国人民银行综合研究金融消费者保护重大问题，负责拟定发展规划和业务标准，建立健全金融消费者保护基本制度。

第四十八条　中国人民银行及其分支机构与其他金融管理部门、地方政府有关部门建立健全金融消费者权益保护工作协调机制，加强跨市场跨业态跨区域金融消费者权益保护的监管，强化信息共享和部门间沟通协作。

第四十九条　中国人民银行及其分支机构统筹开展金融消费者教育，引导、督促银行、支付机构开展金融知识普及宣传活动，协调推进金融知识纳入国民教育体系，组织开展消费者金融素养调查。

第五十条　中国人民银行及其分支机构会同有关部门构建监管执法合作机制，探索合作开展金融消费者权益保护监督检查、评估等具体工作。

第五十一条　中国人民银行及其分支机构牵头构建非诉第三方解决机制，鼓励、支持金融消费者权益保护社会组织依法履行职责，推动构建公正、高效、便捷的多元化金融消费纠纷解决体系。

第五十二条　中国人民银行及其分支机构协调推进相关普惠金融工作，建立健全普惠金融工作机制，指导、督促银行、支付机构落实普惠金融发展战略，组织开展职责范围内的普惠金融具体工作。

第五十三条　中国人民银行及其分支机构对金融消费者投诉信息进行汇总和分析，根据汇总和分析结果适时优化金融消费者权益保护监督管理方式、金融机构行为规范等。

第五十四条　中国人民银行及其分支机构可以采取下列措施，依法在职责范围内开展对银行、支付机构金融消费者权益保护工作的监督检查：

（一）进入被监管机构进行检查。

（二）询问被监管机构的工作人员，要求其对有关检查事项作出说明。

（三）查阅、复制被监管机构与检查事项有关的文件、资料，对可能被转移、隐匿或者毁损的文件、资料予以登记保存。

（四）检查被监管机构的计算机网络与信息系统。

进行现场检查时，检查人员不得少于二人，并应当出示合法证件和检查通知书。

银行、支付机构应当积极配合中国人民银行及其分支机构的现场检查和非现场检查，如实提供有关资料，不得拒绝、阻挠、逃避检查，不得谎报、隐匿、销毁相关证据材料。

第五十五条 银行、支付机构有侵害金融消费者合法权益行为的，中国人民银行及其分支机构可以对其采取下列措施：

（一）要求提交书面说明或者承诺。

（二）约见谈话。

（三）责令限期整改。

（四）视情将相关信息向其上级机构、行业监管部门反馈，在行业范围内发布，或者向社会公布。

（五）建议银行、支付机构对直接负责的董事、高级管理人员和其他直接责任人员给予处分。

（六）依法查处或者建议其他行政管理部门依法查处。

（七）中国人民银行职责范围内依法可以采取的其他措施。

第五十六条 中国人民银行及其分支机构组织开展银行、支付机构履行金融消费者权益保护义务情况的评估工作。

评估工作以银行、支付机构自评估为基础。银行、支付机构应当按年度进行自评估，并于次年 1 月 31 日前向中国人民银行或其分支机构报送自评估报告。

中国人民银行及其分支机构根据日常监督管理、投诉管理以及银行、支付机构自评估等情况进行非现场评估，必要时可以进行现场评估。

第五十七条 中国人民银行及其分支机构可以根据具体情况开展金融消费者权益保护环境评估工作。

第五十八条 中国人民银行及其分支机构建立金融消费者权益保护案例库制度，按照预防为先、教育为主的原则向银行、支付机构和金融消费者进行风险提示。

第五十九条 中国人民银行及其分支机构对于涉及金融消费者权益保护的重大突发事件，应当按照有关规定做好相关应急处置工作。

第六章 法律责任

第六十条 银行、支付机构有下列情形之一，侵害消费者金融信息依法得到保护的权利的，中国人民银行或其分支机构应当在职责范围内依照《中华人民共和国消费者权益保护法》第五十六条的规定予以处罚：

（一）未经金融消费者明示同意，收集、使用其金融信息的。

（二）收集与业务无关的消费者金融信息，或者采取不正当方式收集消费者金融信息的。

（三）未公开收集、使用消费者金融信息的规则，未明示收集、使用消费者金融信息的目的、方式和范围的。

（四）超出法律法规规定和双方约定的用途使用消费者金融信息的。

（五）未建立以分级授权为核心的消费者金融信息使用管理制度，或者未严格落实信息使用授权审批程序的。

（六）未采取技术措施和其他必要措施，导致消费者金融信息遗失、毁损、泄露或者被篡改，或者非法向他人提供的。

第六十一条 银行、支付机构有下列情形之一，对金融产品或者服务作出虚假或者引人误解的宣传的，中国人民银行或其分支机构应当在职责范围内依照《中华人民共和国消费者权益保护法》第五十六条的规定予以处罚：

（一）实际承担的义务低于在营销宣传活动中通过广告、资料或者说明等形式对金融消费者所承诺的标准的。

（二）引用不真实、不准确的数据和资料或者隐瞒限制条件等，对过往业绩或者产品收益进行夸大表述的。

（三）利用金融管理部门对金融产品或者服务的审核或者备案程序，误导金融消费者认为金融管理部门已对该金融产品或者服务提供保证的。

（四）明示或者暗示保本、无风险或者保收益等，对非保本投资型金融产品的未来效果、收益或者相关情况作出保证性承诺的。

第六十二条 银行、支付机构违反本办法规定，有下列情形之一，有关法律、行政法规有处罚规定的，依照其规定给予处罚；有关法律、行政法规未作处罚规定的，中国人民银行或其分支机构应当根据情形单处或者并处警告、处以五千元以上三万元以下罚款：

（一）未建立金融消费者权益保护专职部门或者指定牵头部门，或者金融消费者权益保护部门没有足够的人力、物力独立开展工作的。

（二）擅自代理金融消费者办理业务，擅自修改金融消费者的业务指令，或者强制搭售其他产品或者服务的。

（三）未按要求向金融消费者披露与金融产品和服务有关的重要内容的。

（四）利用技术手段、优势地位，强制或者变相强制金融消费者接受金融产品或者服务，或者排除、限制金融消费者接受同业机构提供的金融产品或者服务的。

（五）通过附加限制性条件的方式要求金融消费者购买、使用协议中未作明确要求的产品或者服务的。

（六）未按要求使用格式条款的。

（七）出现侵害金融消费者合法权益重大事件未及时向中国人民银行或

其分支机构报告的。

（八）不配合中国人民银行及其分支机构开展金融消费者权益保护领域相关工作，或者未按照规定报送相关资料的。

（九）未按要求对金融消费者投诉进行正确分类，或者迟报、漏报、谎报、错报、瞒报投诉数据的。

（十）收到中国人民银行分支机构转交的投诉后，未在规定期限内答复投诉人，或者未按要求向中国人民银行分支机构反馈投诉处理情况的。

（十一）拒绝、阻挠、逃避检查，或者谎报、隐匿、销毁相关证据材料的。

第六十三条 对银行、支付机构侵害金融消费者权益重大案件负有直接责任的董事、高级管理人员和其他直接责任人员，有关法律、行政法规有处罚规定的，依照其规定给予处罚；有关法律、行政法规未作处罚规定的，中国人民银行或其分支机构应当根据情形单处或者并处警告、处以五千元以上三万元以下罚款。

第六十四条 中国人民银行及其分支机构的工作人员在开展金融消费者权益保护工作过程中有下列情形之一的，依法给予处分；涉嫌构成犯罪的，移送司法机关依法追究刑事责任：

（一）违反规定对银行、支付机构进行检查的。

（二）泄露知悉的国家秘密或者商业秘密的。

（三）滥用职权、玩忽职守的其他行为。

第七章 附 则

第六十五条 商业银行理财子公司、金融资产管理公司、信托公司、汽车金融公司、消费金融公司以及征信机构、个人本外币兑换特许业务经营机构参照适用本办法。法律、行政法规另有规定的，从其规定。

第六十六条 本办法中除“工作日”以外的“日”为自然日。

第六十七条 本办法由中国人民银行负责解释。

第六十八条 本办法自2020年11月1日起施行。《中国人民银行金融消费权益保护工作管理办法（试行）》（银办发〔2013〕107号文印发）与《中国人民银行金融消费者权益保护实施办法》（银发〔2016〕314号文印发）同时废止。

司法解释

最高人民法院关于印发《法官教育培训工作条例》的通知

（2020年8月21日　法发〔2020〕30号）

全国地方各级人民法院，各级军事法院，新疆生产建设兵团各级法院：

现将《法官教育培训工作条例》予以印发，请遵照执行。

法官教育培训工作条例

第一章　总　　则

第一条　为推进法官教育培训工作科学化、制度化、规范化，建设高素质专业化法官队伍，依据《中华人民共和国公务员法》《中华人民共和国人民法院组织法》《中华人民共和国法官法》和《干部教育培训工作条例》，制定本条例。

第二条　法官教育培训是建设高素质法官队伍的先导性、基础性、战略性工程。法官教育培训工作坚持以习近平新时代中国特色社会主义思想为指导，增强“四个意识”、坚定“四个自信”、做到“两个维护”，紧紧围绕“努力让人民群众在每一个司法案件中感受到公平正义”目标，坚持服务大局、司法为民、公正司法，以坚定理想信念为根本，以提升法官职业道德素养和司法能力为重点，深化教育培训改革创新，完善教育培训制度体系，提高教育培训质量效果，加快推进审判体系和审判能力现代化，全面推进法院队伍革命化、正规化、专业化、职业化建设，为新时代人民法院审判执行工作提供人才保障和智力支持。

第三条　法官教育培训工作应当遵循下列原则：

（一）坚持政治统领。把学习贯彻习近平新时代中国特色社会主义思想摆在法官教育培训工作最突出位置，使之进教材、进课堂、进头脑，加强理想信念教育和党性党规党纪教育，提升法官政治素养和政治能力，教育引导广大法官牢牢坚持党对司法工作的绝对领导，坚定不移走中国特色社会主义法治道路。

（二）坚持按需施教。突出问题导向、需求导向、实践导向，为党和国家工作大局服务，为人民法院审判执行工作服务，全面提高法官法律政策运用能力、防控风险能力、群众工作能力、科技应用能力和舆论引导能力。

（三）坚持分类分级。把教育培训的普遍性要求与不同类别、不同层次、不同岗位法官的培训需求结合起来，精准施训、靶向教学，增强教育培训的针对性和有效性。

（四）坚持从严管理。建立健全法官教育培训规章制度，依法依规开展法官教育培训，从严治校、从严治教、从严治学，保持良好的教学秩序和学习风气。

第二章　教育培训管理体制

第四条　法官教育培训实行统一管理、统一规划、归口负责、分级实施的制度。

第五条　最高人民法院统一管理全国法院的法官教育培训工作，地方各级人民法院管理辖区的法官教育培训工作。

第六条　最高人民法院政治部是全国法院法官教育培训主管部门，履行法官教育培训工作的整体规划、制度建设、工作指导、组织协调、督促检查等职能。具体负责：

（一）贯彻执行党和国家干部教育培训方针政策和法律法规，制定法官教育培训政策制度、法官教育培训中长期规划和年度培训计划等；

（二）指导各级法官教育培训机构开展培训工作，对培训工作进行检查、评估和监督；

（三）规划和指导法官教育培训基地、网络、师资、课程、教材等建设；

（四）规划和指导全国法院高层次审判人才、急需审判人才等培训培养工作；

（五）其他由最高人民法院政治部负责的法官教育培训工作。

第七条　高级人民法院政治部履行辖区法官教育培训工作的规划、管理和协调等职能。具体负责：

（一）落实最高人民法院教育培训工作部署，完成年度组织调训任务；

（二）指导和组织辖区法官教育培训工作，制定培训规划和年度培训计划；

（三）指导省级和地（市）级法官教育培训机构开展培训工作，对培训工作进行检查、评估和监督；

（四）规划和指导辖区法官教育培训基地、网络、师资、课程、教材等建设；

（五）规划和指导辖区高层次审判人才、急需审判人才等培训培养工作；

（六）其他由高级人民法院政治部负责的法官教育培训工作。

第八条 中级人民法院和基层人民法院政治部负责组织落实上级法院部署的各项教育培训任务，并根据工作需要组织辖区的法官教育培训。

第九条 国家法官学院及地方各级法官教育培训机构负责组织实施法官教育培训。最高人民法院在符合条件的省级法官教育培训机构设立国家法官学院分院。

国家法官学院指导国家法官学院分院的教学科研工作，科学规范国家法官学院分院管理，建立统一高效的全国法院教育培训实施体系。

第三章 教育培训内容

第十条 法官有依法接受教育培训的权利和义务。

各级人民法院应当保障法官依法接受教育培训的权利。

第十一条 法官教育培训坚持以政治能力、职业道德素养、司法能力培训为重点，并注重综合素质等方面教育培训，全面提高法官素质和能力。

第十二条 法官政治能力培训应当把习近平新时代中国特色社会主义思想作为必修课，重点开展习近平总书记全面依法治国新理念新思想新战略、党的基本理论教育和党性教育、党章党规党纪教育等学习培训。

第十三条 法官职业道德素养培训重点开展中国特色社会主义法治理论、职业道德和司法良知、廉洁司法等学习教育。

第十四条 法官司法能力培训重点开展法律政策运用、庭审驾驭、证据认定、诉讼调解、裁判思维、法律适用、裁判文书说理等审判执行业务培训。

第十五条 法官综合素质培训重点开展意识形态、防控风险、群众路线、舆论引导、人文科技等方面培训。

第十六条 法官培训分为法官职前培训、任职培训、晋高培训、在职培训。

第十七条 拟初任法官的人员，须接受法官职前培训，着重掌握审判实务技能，提高审判工作能力。培训时间为一年。

第十八条 初任法院院长、副院长,须接受任职培训,着重提高法院组织管理领导能力。培训时间不少于半个月。

第十九条 晋升高级法官,须接受晋高培训,着重提高审判理论和实务的综合司法能力。培训时间不少于一个月。

第二十条 法官履职期间,须接受在职培训,着重提高法学理论素养和司法审判能力。每年培训时间不少于 12 天。

第四章 教育培训方式方法

第二十一条 法官教育培训以脱产培训、网络培训、在职自学、岗位练兵等方式进行。

第二十二条 脱产培训以组织调训为主。各级人民法院按照法官年度培训计划完成调训任务。法官必须服从组织调训。

第二十三条 加强法官培训网络建设,充分利用微课程、微讲座、人民法院移动客户端学习平台等有效方式,推行线上线下相结合的培训模式。

依托法院系统内网和视频会议系统,积极开展远程视频培训,扩大优秀课程覆盖面。

第二十四条 建立健全法官在职自学制度。各级人民法院应当鼓励和支持法官在职自学,并创造和提供必要条件。

第二十五条 广泛开展岗位练兵,组织优秀庭审评选、优秀裁判文书评选、办案标兵评选、学术论文研讨等审判实务技能竞赛活动,检验、深化法官培训效果。

第二十六条 法官教育培训应当突出实践、实务、实效导向,根据培训对象和培训内容,综合运用讲授式、研讨式、案例式、模拟式、体验式等教学方法,实现教学相长、学学相长。

引导和支持法官教育培训方式方法创新。

第二十七条 法官教育培训根据工作需要,经审核批准,可开展国际交流与合作。

第五章 教育培训机构

第二十八条 法官教育培训机构应当以教学为中心,完善培训内容,改进课程设计,创新教学方法,开展法官教育培训理论和制度研究,提升专业化办学水平,做好法官教育培训组织实施工作。

第二十九条 国家法官学院承担：

（一）法官职前培训；

（二）初任高级人民法院副院长、中级人民法院院长、副院长以及基层人民法院院长的任职培训；

（三）晋升高级法官的晋高培训；

（四）法官在职培训；

（五）最高人民法院指定的其他培训。

第三十条 省级法官教育培训机构承担：

（一）初任基层人民法院副院长的任职培训；

（二）辖区各级人民法院法官的在职培训；

（三）高级人民法院指定的其他培训；

（四）最高人民法院委托的培训。

第三十一条 地（市）级法官教育培训机构承担高级人民法院授权的培训任务，根据需要承担辖区法官在职培训。

第三十二条 加强法官教育培训机构、设施、教师队伍建设。法官教育培训机构应当具备与教育培训任务相适应的教学场地、图书资料、教学设施设备等软硬件培训条件。

第三十三条 各地法官教育培训机构应当加强交流协作，采取合作办学、师资共享、异地办班、远程授课等方式，推动优质培训资源共享共用。

第三十四条 深化人民法院与高等学校、科研院所等交流合作，促进审判实践与法学教育研究良性互动。

积极探索与高等学校、相关单位联合培训等途径和方式，加大人民法院高层次审判人才、急需审判人才等培训力度。

各级人民法院政治部可以委托符合条件的高等学校、科研院所等承担法官教育培训任务。

第三十五条 依托符合条件的中级、基层人民法院设立法官教育培训现场教学基地，统筹规划、规范管理，充分发挥其辅助教学作用。

第三十六条 法官教育培训机构应当严格落实意识形态工作责任制，加强对师资、课程等方面的审核把关，把旗帜鲜明讲政治和从严办学要求贯穿教学管理全过程和各方面。

第六章　教育培训师资、课程、教材、经费

第三十七条 法官教育培训的师资实行专兼结合，以兼为主。

第三十八条 从事法官教育培训工作的教师,必须对党忠诚、政治坚定,严守纪律、严谨治学,具有良好的职业道德修养、扎实的专业知识基础,具备胜任教学、科研工作的能力。

第三十九条 授课教师应当联系实际开展教学,有的放矢,力戒空谈,严守讲坛纪律,不得传播违反党的理论和路线方针政策、违反中央决策部署的错误观点和言论。对违反讲坛纪律的,给予批评教育直至纪律处分。

第四十条 法官教育培训机构的专职教师要严格条件,从严选任。

法官教育培训机构的专职教师,可根据工作需要到审判执行部门进行锻炼,丰富实践经验。

第四十一条 遴选思想政治素质过硬、审判实践经验丰富、理论水平较高的领导干部、审判业务专家、英模法官等担任兼职教师,承担培训教学授课任务。

建立健全法官教法官激励机制和人民法院领导干部上讲台制度。鼓励符合条件的退休审判业务专家返聘任教。

法官经组织安排到各级法官教育培训机构从事培训工作的,工作量应当纳入所在部门业务考核范围。

第四十二条 最高人民法院和高级人民法院应当建立完善法官教学师资库,有条件的中级人民法院和基层人民法院可根据工作需要建立法官教学师资库。

第四十三条 建立完善法官教育培训课程开发和更新机制,开设“人民法院大讲堂”等特色培训项目,构建富有时代特征和实践特色、务实管用的法官教育培训课程体系。

加强精品课程建设,建立完善全国法院精品课程库,充分利用法官教育培训信息化交流平台,实现优质课程资源共享。

第四十四条 充分利用最高人民法院指导性案例、最高人民法院公报案例等案例资源,建立完善全国法院法官教学案例库,加强案例教学,使法官教育培训精准对接审判执行工作需要。

第四十五条 加强法官教育培训教材体系建设,充分发挥法官教育培训教材编审委员会作用,逐步建立健全覆盖法院工作主要业务领域、内容丰富科学、实用性指导性强的法官教育培训教材体系。

第四十六条 法官教育培训经费列入各级人民法院年度财政预算,保证法官教育培训工作需要。

加强法官教育培训经费管理,厉行节约,勤俭办学,提高经费使用效益。

第四十七条 支持和帮扶革命老区、民族地区、边疆地区人民法院法官教育培训,推动优质培训资源向基层延伸倾斜。

第七章 教育培训考核与评估

第四十八条 拟初任法官以及拟晋升高级法官的人员,接受规定的培训,并考核合格的,方可任职、晋升高级法官。

法官职前培训、晋高培训经考核合格后,发放《结业证书》。

第四十九条 法官必须严格完成规定的教育培训任务。因故未按规定参加培训或者未达到培训要求的,应当及时补训。

第五十条 法官必须严格遵守教育培训规章制度和廉洁自律各项规定。法官在培训期间违反有关纪律规定的,视情节轻重,给予批评教育直至纪律处分。

第五十一条 健全完善法官教育培训登记管理制度。各级人民法院组织人事部门应当按照管理权限建立法官培训档案,及时记载法官参加教育培训情况和考核结果。法官参加教育培训情况和考核结果应当作为法官考核的内容和任职、晋升的重要依据。

第五十二条 健全完善法官教育培训机构跟班管理制度,完善培训情况登记、反馈、跟踪管理等制度,加强对法官参加教育培训的考核与监督。

第五十三条 健全完善法官教育培训机构评估制度,评估内容包括办学方针、培训质量、师资队伍、组织管理、学风建设、基础设施等。经评估达不到要求的法官教育培训机构,应当限期改正。逾期不改的,应当责令其停止法官教育培训工作。

第五十四条 健全完善法官教育培训课程评估制度,评估内容包括教学态度、教学内容、教学方法、教学效果等。

法官教育培训机构应当将评估结果作为指导教学部门和教师改进教学的重要依据。

第八章 附 则

第五十五条 审判辅助人员和司法行政人员的培训工作,参照本条例实施。

第五十六条 本条例由最高人民法院负责解释。

第五十七条 本条例自2020年9月1日起施行。2006年3月30日最高人民法院印发的《法官培训条例》(法发〔2006〕6号)同时废止。

最高人民法院　最高人民检察院　公安部印发《关于依法适用正当防卫制度的指导意见》的通知

（2020年8月28日　法发〔2020〕31号）

各省、自治区、直辖市高级人民法院、人民检察院、公安厅（局），解放军军事法院、军事检察院，新疆维吾尔自治区高级人民法院生产建设兵团分院，新疆生产建设兵团人民检察院、公安局：

现将《最高人民法院　最高人民检察院　公安部关于依法适用正当防卫制度的指导意见》予以印发，请认真贯彻执行。

最高人民法院　最高人民检察院　公安部关于依法适用正当防卫制度的指导意见

为依法准确适用正当防卫制度，维护公民的正当防卫权利，鼓励见义勇为，弘扬社会正气，把社会主义核心价值观融入刑事司法工作，根据《中华人民共和国刑法》和《中华人民共和国刑事诉讼法》的有关规定，结合工作实际，制定本意见。

一、总体要求

1. 把握立法精神，严格公正办案。正当防卫是法律赋予公民的权利。要准确理解和把握正当防卫的法律规定和立法精神，对于符合正当防卫成立条件的，坚决依法认定。要切实防止“谁能闹谁有理”“谁死伤谁有理”的错误做法，坚决捍卫“法不能向不法让步”的法治精神。

2. 立足具体案情，依法准确认定。要立足防卫人防卫时的具体情境，综合考虑案件发生的整体经过，结合一般人在类似情境下的可能反应，依法准确把握防卫的时间、限度等条件。要充分考虑防卫人面临不法侵害时的紧迫状态和紧张心理，防止在事后以正常情况下冷静理性、客观精确的标准去评判防卫人。

3. 坚持法理情统一，维护公平正义。认定是否构成正当防卫、是否防卫过当以及对防卫过当裁量刑罚时，要注重查明前因后果，分清是非曲直，确保案件处理于法有据、于理应当、于情相容，符合人民群众的公平正义观念，实现法律效果与社会效果的有机统一。

4. 准确把握界限，防止不当认定。对于以防卫为名行不法侵害之实的违法犯罪行为，要坚决避免认定为正当防卫或者防卫过当。对于虽具有防卫性质，但防卫行为明显超过必要限度造成重大损害的，应当依法认定为防卫过当。

二、正当防卫的具体适用

5. 准确把握正当防卫的起因条件。正当防卫的前提是存在不法侵害。不法侵害既包括侵犯生命、健康权利的行为，也包括侵犯人身自由、公私财产等权利的行为；既包括犯罪行为，也包括违法行为。不应将不法侵害不当限缩为暴力侵害或者犯罪行为。对于非法限制他人人身自由、非法侵入他人住宅等不法侵害，可以实行防卫。不法侵害既包括针对本人的不法侵害，也包括危害国家、公共利益或者针对他人的不法侵害。对于正在进行的拉拽方向盘、殴打司机等妨害安全驾驶、危害公共安全的违法犯罪行为，可以实行防卫。成年人对于未成年人正在实施的针对其他未成年人的不法侵害，应当劝阻、制止；劝阻、制止无效的，可以实行防卫。

6. 准确把握正当防卫的时间条件。正当防卫必须是针对正在进行的不法侵害。对于不法侵害已经形成现实、紧迫危险的，应当认定为不法侵害已经开始；对于不法侵害虽然暂时中断或者被暂时制止，但不法侵害人仍有继续实施侵害的现实可能性的，应当认定为不法侵害仍在进行；在财产犯罪中，不法侵害人虽已取得财物，但通过追赶、阻击等措施能够追回财物的，可以视为不法侵害仍在进行；对于不法侵害人确已失去侵害能力或者确已放弃侵害的，应当认定为不法侵害已经结束。对于不法侵害是否已经开始或者结束，应当立足防卫人在防卫时所处情境，按照社会公众的一般认知，依法作出合乎情理的判断，不能苛求防卫人。对于防卫人因为恐慌、紧张等心理，对不法侵害是否已经开始或者结束产生错误认识的，应当根据主客观相统一原则，依法作出妥当处理。

7. 准确把握正当防卫的对象条件。正当防卫必须针对不法侵害人进行。对于多人共同实施不法侵害的，既可以针对直接实施不法侵害的人进行防卫，也可以针对在现场共同实施不法侵害的人进行防卫。明知侵害人是无刑事责任能力人或者限制刑事责任能力人的，应当尽量使用其他方式避免或者制止侵害；没有其他方式可以避免、制止不法侵害，或者不法侵害严重危及人身安全的，可以进行反击。

8. 准确把握正当防卫的意图条件。正当防卫必须是为了使国家、公共利益、本人或者他人的人身、财产和其他权利免受不法侵害。对于故意以语言、行为等挑动对方侵害自己再予以反击的防卫挑拨,不应认定为防卫行为。

9. 准确界分防卫行为与相互斗殴。防卫行为与相互斗殴具有外观上的相似性,准确区分两者要坚持主客观相统一原则,通过综合考量案发起因、对冲突升级是否有过错、是否使用或者准备使用凶器、是否采用明显不相当的暴力、是否纠集他人参与打斗等客观情节,准确判断行为人的主观意图和行为性质。

因琐事发生争执,双方均不能保持克制而引发打斗,对于有过错的一方先动手且手段明显过激,或者一方先动手,在对方努力避免冲突的情况下仍继续侵害的,还击一方的行为一般应当认定为防卫行为。

双方因琐事发生冲突,冲突结束后,一方又实施不法侵害,对方还击,包括使用工具还击的,一般应当认定为防卫行为。不能仅因行为人事先进行防卫准备,就影响对其防卫意图的认定。

10. 防止将滥用防卫权的行为认定为防卫行为。对于显著轻微的不法侵害,行为人在可以辨识的情况下,直接使用足以致人重伤或者死亡的方式进行制止的,不应认定为防卫行为。不法侵害系因行为人的重大过错引发,行为人在可以使用其他手段避免侵害的情况下,仍故意使用足以致人重伤或者死亡的方式还击的,不应认定为防卫行为。

三、防卫过当的具体适用

11. 准确把握防卫过当的认定条件。根据刑法第二十条第二款的规定,认定防卫过当应当同时具备“明显超过必要限度”和“造成重大损害”两个条件,缺一不可。

12. 准确认定“明显超过必要限度”。防卫是否“明显超过必要限度”,应当综合不法侵害的性质、手段、强度、危害程度和防卫的时机、手段、强度、损害后果等情节,考虑双方力量对比,立足防卫人防卫时所处情境,结合社会公众的一般认知作出判断。在判断不法侵害的危害程度时,不仅要考虑已经造成的损害,还要考虑造成进一步损害的紧迫危险性和现实可能性。不应当苛求防卫人必须采取与不法侵害基本相当的反击方式和强度。通过综合考量,对于防卫行为与不法侵害相差悬殊、明显过激的,应当认定防卫明显超过必要限度。

13. 准确认定“造成重大损害”。“造成重大损害”是指造成不法侵害人重伤、死亡。造成轻伤及以下损害的,不属于重大损害。防卫行为虽然明显超过必要限度但没有造成重大损害的,不应认定为防卫过当。

14.准确把握防卫过当的刑罚裁量。防卫过当应当负刑事责任，但是应当减轻或者免除处罚。要综合考虑案件情况，特别是不法侵害人的过错程度、不法侵害的严重程度以及防卫人面对不法侵害的恐慌、紧张等心理，确保刑罚裁量适当、公正。对于因侵害人实施严重贬损他人人格尊严、严重违反伦理道德的不法侵害，或者多次、长期实施不法侵害所引发的防卫过当行为，在量刑时应当充分考虑，以确保案件处理既经得起法律检验，又符合社会公平正义观念。

四、特殊防卫的具体适用

15.准确理解和把握“行凶”。根据刑法第二十条第三款的规定，下列行为应当认定为“行凶”：(1)使用致命性凶器，严重危及他人人身安全的；(2)未使用凶器或者未使用致命性凶器，但是根据不法侵害的人数、打击部位和力度等情况，确已严重危及他人人身安全的。虽然尚未造成实际损害，但已对人身安全造成严重、紧迫危险的，可以认定为“行凶”。

16.准确理解和把握“杀人、抢劫、强奸、绑架”。刑法第二十条第三款规定的“杀人、抢劫、强奸、绑架”，是指具体犯罪行为而不是具体罪名。在实施不法侵害过程中存在杀人、抢劫、强奸、绑架等严重危及人身安全的暴力犯罪行为的，如以暴力手段抢劫枪支、弹药、爆炸物或者以绑架手段拐卖妇女、儿童的，可以实行特殊防卫。有关行为没有严重危及人身安全的，应当适用一般防卫的法律规定。

17.准确理解和把握“其他严重危及人身安全的暴力犯罪”。刑法第二十条第三款规定的“其他严重危及人身安全的暴力犯罪”，应当是与杀人、抢劫、强奸、绑架行为相当，并具有致人重伤或者死亡的紧迫危险和现实可能的暴力犯罪。

18.准确把握一般防卫与特殊防卫的关系。对于不符合特殊防卫起因条件的防卫行为，致不法侵害人伤亡的，如果没有明显超过必要限度，也应当认定为正当防卫，不负刑事责任。

五、工作要求

19.做好侦查取证工作。公安机关在办理涉正当防卫案件时，要依法及时、全面收集与案件相关的各类证据，为案件的依法公正处理奠定事实根基。取证工作要及时，对冲突现场有视听资料、电子数据等证据材料的，应当第一时间调取；对冲突过程的目击证人，要第一时间询问。取证工作要全面，对证明案件事实有价值的各类证据都应当依法及时收集，特别是涉及判断是否属于防卫行为、是正当防卫还是防卫过当以及有关案件前因后果等的证据。

20.依法公正处理案件。要全面审查事实证据，认真听取各方意见，高度重视犯罪嫌疑人、被告人及其辩护人提出的正当防卫或者防卫过当的辩解、辩护意见，并及时核查，以准确认定事实、正确适用法律。要及时披露办案进展等工作信息，回应社会关切。对于依法认定为正当防卫的案件，根据刑事诉讼法的规定，及时作出不予立案、撤销案件、不批准逮捕、不起诉的决定或者被告人无罪的判决。对于防卫过当案件，应当依法适用认罪认罚从宽制度；对于犯罪情节轻微，依法不需要判处刑罚或者免除刑罚的，人民检察院可以作出不起诉决定。对于不法侵害人涉嫌犯罪的，应当依法及时追诉。人民法院审理第一审的涉正当防卫案件，社会影响较大或者案情复杂的，由人民陪审员和法官组成合议庭进行审理；社会影响重大的，由人民陪审员和法官组成七人合议庭进行审理。

21. 强化释法析理工作。要围绕案件争议焦点和社会关切，以事实为根据、以法律为准绳，准确、细致地阐明案件处理的依据和理由，强化法律文书的释法析理，有效回应当事人和社会关切，使办案成为全民普法的法治公开课，达到办理一案、教育一片的效果。要尽最大可能做好矛盾化解工作，促进社会和谐稳定。

22. 做好法治宣传工作。要认真贯彻"谁执法、谁普法"的普法责任制，做好以案说法工作，使正当防卫案件的处理成为全民普法和宣扬社会主义核心价值观的过程。要加大涉正当防卫指导性案例、典型案例的发布力度，旗帜鲜明保护正当防卫者和见义勇为人的合法权益，弘扬社会正气，同时引导社会公众依法、理性、和平解决琐事纠纷，消除社会戾气，增进社会和谐。

最高人民法院关于调整河北省、河南省、湖南省高级人民法院所辖中级人民法院管辖第一审民商事案件标准的通知

（2020年9月7日　法发〔2020〕36号）

河北省、河南省、湖南省高级人民法院：

为适应民商事审判工作发展要求，促进矛盾纠纷化解重心下移，现就调整你院所辖中级人民法院管辖第一审民商事案件的标准问题，通知如下：

一、当事人住所地均在你院所处省级行政辖区的，所辖中级人民法院管辖诉讼标的额1亿元以上的第一审民商事案件。

二、当事人一方住所地不在你院所处省级行政辖区的，所辖中级人民法院管辖诉讼标的额5000万元以上的第一审民商事案件。

三、本通知未作调整的，按照《最高人民法院关于调整高级人民法院和中级人民法院管辖第一审民商事案件标准的通知》（法发〔2015〕7号）、《最高人民法院关于调整部分高级人民法院和中级人民法院管辖第一审民商事案件标准的通知》（法发〔2018〕13号）、《最高人民法院关于调整高级人民法院和中级人民法院管辖第一审民事案件标准的通知》（法发〔2019〕14号）执行。

本通知自2020年10月1日起实施，执行过程中遇到的问题，请及时报告我院。

最高人民法院关于审理侵犯商业秘密民事案件适用法律若干问题的规定

（2020年8月24日最高人民法院审判委员会第1810次会议通过 2020年9月10日最高人民法院公告公布 自2020年9月12日起施行 法释〔2020〕7号）

为正确审理侵犯商业秘密民事案件，根据《中华人民共和国反不正当竞争法》《中华人民共和国民事诉讼法》等有关法律规定，结合审判实际，制定本规定。

第一条 与技术有关的结构、原料、组分、配方、材料、样品、样式、植物新品种繁殖材料、工艺、方法或其步骤、算法、数据、计算机程序及其有关文档等信息，人民法院可以认定构成反不正当竞争法第九条第四款所称的技术信息。

与经营活动有关的创意、管理、销售、财务、计划、样本、招投标材料、客户信息、数据等信息，人民法院可以认定构成反不正当竞争法第九条第四款所称的经营信息。

前款所称的客户信息，包括客户的名称、地址、联系方式以及交易习惯、意向、内容等信息。

第二条 当事人仅以与特定客户保持长期稳定交易关系为由，主张该特定客户属于商业秘密的，人民法院不予支持。

客户基于对员工个人的信赖而与该员工所在单位进行交易，该员工离职后，能够证明客户自愿选择与该员工或者该员工所在的新单位进行交易的，人民法院应当认定该员工没有采用不正当手段获取权利人的商业秘密。

第三条　权利人请求保护的信息在被诉侵权行为发生时不为所属领域的相关人员普遍知悉和容易获得的，人民法院应当认定为反不正当竞争法第九条第四款所称的不为公众所知悉。

第四条　具有下列情形之一的，人民法院可以认定有关信息为公众所知悉：

（一）该信息在所属领域属于一般常识或者行业惯例的；

（二）该信息仅涉及产品的尺寸、结构、材料、部件的简单组合等内容，所属领域的相关人员通过观察上市产品即可直接获得的；

（三）该信息已经在公开出版物或者其他媒体上公开披露的；

（四）该信息已通过公开的报告会、展览等方式公开的；

（五）所属领域的相关人员从其他公开渠道可以获得该信息的。

将为公众所知悉的信息进行整理、改进、加工后形成的新信息，符合本规定第三条规定的，应当认定该新信息不为公众所知悉。

第五条　权利人为防止商业秘密泄露，在被诉侵权行为发生以前所采取的合理保密措施，人民法院应当认定为反不正当竞争法第九条第四款所称的相应保密措施。

人民法院应当根据商业秘密及其载体的性质、商业秘密的商业价值、保密措施的可识别程度、保密措施与商业秘密的对应程度以及权利人的保密意愿等因素，认定权利人是否采取了相应保密措施。

第六条　具有下列情形之一，在正常情况下足以防止商业秘密泄露的，人民法院应当认定权利人采取了相应保密措施：

（一）签订保密协议或者在合同中约定保密义务的；

（二）通过章程、培训、规章制度、书面告知等方式，对能够接触、获取商业秘密的员工、前员工、供应商、客户、来访者等提出保密要求的；

（三）对涉密的厂房、车间等生产经营场所限制来访者或者进行区分管理的；

（四）以标记、分类、隔离、加密、封存、限制能够接触或者获取的人员范围等方式，对商业秘密及其载体进行区分和管理的；

（五）对能够接触、获取商业秘密的计算机设备、电子设备、网络设备、存储设备、软件等，采取禁止或者限制使用、访问、存储、复制等措施的；

（六）要求离职员工登记、返还、清除、销毁其接触或者获取的商业秘密及其载体，继续承担保密义务的；

（七）采取其他合理保密措施的。

第七条　权利人请求保护的信息因不为公众所知悉而具有现实的或者潜

在的商业价值的,人民法院经审查可以认定为反不正当竞争法第九条第四款所称的具有商业价值。

生产经营活动中形成的阶段性成果符合前款规定的,人民法院经审查可以认定该成果具有商业价值。

第八条 被诉侵权人以违反法律规定或者公认的商业道德的方式获取权利人的商业秘密的,人民法院应当认定属于反不正当竞争法第九条第一款所称的以其他不正当手段获取权利人的商业秘密。

第九条 被诉侵权人在生产经营活动中直接使用商业秘密,或者对商业秘密进行修改、改进后使用,或者根据商业秘密调整、优化、改进有关生产经营活动的,人民法院应当认定属于反不正当竞争法第九条所称的使用商业秘密。

第十条 当事人根据法律规定或者合同约定所承担的保密义务,人民法院应当认定属于反不正当竞争法第九条第一款所称的保密义务。

当事人未在合同中约定保密义务,但根据诚信原则以及合同的性质、目的、缔约过程、交易习惯等,被诉侵权人知道或者应当知道其获取的信息属于权利人的商业秘密的,人民法院应当认定被诉侵权人对其获取的商业秘密承担保密义务。

第十一条 法人、非法人组织的经营、管理人员以及具有劳动关系的其他人员,人民法院可以认定为反不正当竞争法第九条第三款所称的员工、前员工。

第十二条 人民法院认定员工、前员工是否有渠道或者机会获取权利人的商业秘密,可以考虑与其有关的下列因素:

(一)职务、职责、权限;

(二)承担的本职工作或者单位分配的任务;

(三)参与和商业秘密有关的生产经营活动的具体情形;

(四)是否保管、使用、存储、复制、控制或者以其他方式接触、获取商业秘密及其载体;

(五)需要考虑的其他因素。

第十三条 被诉侵权信息与商业秘密不存在实质性区别的,人民法院可以认定被诉侵权信息与商业秘密构成反不正当竞争法第三十二条第二款所称的实质上相同。

人民法院认定是否构成前款所称的实质上相同,可以考虑下列因素:

(一)被诉侵权信息与商业秘密的异同程度;

(二)所属领域的相关人员在被诉侵权行为发生时是否容易想到被诉侵权信息与商业秘密的区别;

（三）被诉侵权信息与商业秘密的用途、使用方式、目的、效果等是否具有实质性差异；

（四）公有领域中与商业秘密相关信息的情况；

（五）需要考虑的其他因素。

第十四条 通过自行开发研制或者反向工程获得被诉侵权信息的，人民法院应当认定不属于反不正当竞争法第九条规定的侵犯商业秘密行为。

前款所称的反向工程，是指通过技术手段对从公开渠道取得的产品进行拆卸、测绘、分析等而获得该产品的有关技术信息。

被诉侵权人以不正当手段获取权利人的商业秘密后，又以反向工程为由主张未侵犯商业秘密的，人民法院不予支持。

第十五条 被申请人试图或者已经以不正当手段获取、披露、使用或者允许他人使用权利人所主张的商业秘密，不采取行为保全措施会使判决难以执行或者造成当事人其他损害，或者将会使权利人的合法权益受到难以弥补的损害的，人民法院可以依法裁定采取行为保全措施。

前款规定的情形属于民事诉讼法第一百条、第一百零一条所称情况紧急的，人民法院应当在四十八小时内作出裁定。

第十六条 经营者以外的其他自然人、法人和非法人组织侵犯商业秘密，权利人依据反不正当竞争法第十七条的规定主张侵权人应当承担的民事责任的，人民法院应予支持。

第十七条 人民法院对于侵犯商业秘密行为判决停止侵害的民事责任时，停止侵害的时间一般应当持续到该商业秘密已为公众所知悉时为止。

依照前款规定判决停止侵害的时间明显不合理的，人民法院可以在依法保护权利人的商业秘密竞争优势的情况下，判决侵权人在一定期限或者范围内停止使用该商业秘密。

第十八条 权利人请求判决侵权人返还或者销毁商业秘密载体，清除其控制的商业秘密信息的，人民法院一般应予支持。

第十九条 因侵权行为导致商业秘密为公众所知悉的，人民法院依法确定赔偿数额时，可以考虑商业秘密的商业价值。

人民法院认定前款所称的商业价值，应当考虑研究开发成本、实施该项商业秘密的收益、可得利益、可保持竞争优势的时间等因素。

第二十条 权利人请求参照商业秘密许可使用费确定因被侵权所受到的实际损失的，人民法院可以根据许可的性质、内容、实际履行情况以及侵权行为的性质、情节、后果等因素确定。

人民法院依照反不正当竞争法第十七条第四款确定赔偿数额的，可以考虑商业秘密的性质、商业价值、研究开发成本、创新程度、能带来的竞争优势以及侵权人的主观过错、侵权行为的性质、情节、后果等因素。

第二十一条 对于涉及当事人或者案外人的商业秘密的证据、材料，当事人或者案外人书面申请人民法院采取保密措施的，人民法院应当在保全、证据交换、质证、委托鉴定、询问、庭审等诉讼活动中采取必要的保密措施。

违反前款所称的保密措施的要求，擅自披露商业秘密或者在诉讼活动之外使用或者允许他人使用在诉讼中接触、获取的商业秘密的，应当依法承担民事责任。构成民事诉讼法第一百一十一条规定情形的，人民法院可以依法采取强制措施。构成犯罪的，依法追究刑事责任。

第二十二条 人民法院审理侵犯商业秘密民事案件时，对在侵犯商业秘密犯罪刑事诉讼程序中形成的证据，应当按照法定程序，全面、客观地审查。

由公安机关、检察机关或者人民法院保存的与被诉侵权行为具有关联性的证据，侵犯商业秘密民事案件的当事人及其诉讼代理人因客观原因不能自行收集，申请调查收集的，人民法院应当准许，但可能影响正在进行的刑事诉讼程序的除外。

第二十三条 当事人主张依据生效刑事裁判认定的实际损失或者违法所得确定涉及同一侵犯商业秘密行为的民事案件赔偿数额的，人民法院应予支持。

第二十四条 权利人已经提供侵权人因侵权所获得的利益的初步证据，但与侵犯商业秘密行为相关的账簿、资料由侵权人掌握的，人民法院可以根据权利人的申请，责令侵权人提供该账簿、资料。侵权人无正当理由拒不提供或者不如实提供的，人民法院可以根据权利人的主张和提供的证据认定侵权人因侵权所获得的利益。

第二十五条 当事人以涉及同一被诉侵犯商业秘密行为的刑事案件尚未审结为由，请求中止审理侵犯商业秘密民事案件，人民法院在听取当事人意见后认为必须以该刑事案件的审理结果为依据的，应予支持。

第二十六条 对于侵犯商业秘密行为，商业秘密独占使用许可合同的被许可人提起诉讼的，人民法院应当依法受理。

排他使用许可合同的被许可人和权利人共同提起诉讼，或者在权利人不起诉的情况下自行提起诉讼的，人民法院应当依法受理。

普通使用许可合同的被许可人和权利人共同提起诉讼，或者经权利人书面授权单独提起诉讼的，人民法院应当依法受理。

第二十七条 权利人应当在一审法庭辩论结束前明确所主张的商业秘密具体内容。仅能明确部分的，人民法院对该明确的部分进行审理。

权利人在第二审程序中另行主张其在一审中未明确的商业秘密具体内容的，第二审人民法院可以根据当事人自愿的原则就与该商业秘密具体内容有关的诉讼请求进行调解；调解不成的，告知当事人另行起诉。双方当事人均同意由第二审人民法院一并审理的，第二审人民法院可以一并裁判。

第二十八条 人民法院审理侵犯商业秘密民事案件，适用被诉侵权行为发生时的法律。被诉侵权行为在法律修改之前已经发生且持续到法律修改之后的，适用修改后的法律。

第二十九条 本规定自2020年9月12日起施行。最高人民法院以前发布的相关司法解释与本规定不一致的，以本规定为准。

本规定施行后，人民法院正在审理的一审、二审案件适用本规定；施行前已经作出生效裁判的案件，不适用本规定再审。

最高人民法院关于审理专利授权确权行政案件适用法律若干问题的规定（一）

（2020年8月24日最高人民法院审判委员会第1810次会议通过 2020年9月10日最高人民法院公告公布 自2020年9月12日起施行 法释〔2020〕8号）

为正确审理专利授权确权行政案件，根据《中华人民共和国专利法》《中华人民共和国行政诉讼法》等法律规定，结合审判实际，制定本规定。

第一条 本规定所称专利授权行政案件，是指专利申请人因不服国务院专利行政部门作出的专利复审请求审查决定，向人民法院提起诉讼的案件。

本规定所称专利确权行政案件，是指专利权人或者无效宣告请求人因不服国务院专利行政部门作出的专利无效宣告请求审查决定，向人民法院提起诉讼的案件。

本规定所称被诉决定，是指国务院专利行政部门作出的专利复审请求审查决定、专利无效宣告请求审查决定。

第二条 人民法院应当以所属技术领域的技术人员在阅读权利要求书、说明书及附图后所理解的通常含义，界定权利要求的用语。权利要求的用语在说明书及附图中有明确定义或者说明的，按照其界定。

依照前款规定不能界定的，可以结合所属技术领域的技术人员通常采用的技术词典、技术手册、工具书、教科书、国家或者行业技术标准等界定。

第三条 人民法院在专利确权行政案件中界定权利要求的用语时，可以参考已被专利侵权民事案件生效裁判采纳的专利权人的相关陈述。

第四条 权利要求书、说明书及附图中的语法、文字、数字、标点、图形、符号等有明显错误或者歧义，但所属技术领域的技术人员通过阅读权利要求书、说明书及附图可以得出唯一理解的，人民法院应当根据该唯一理解作出认定。

第五条 当事人有证据证明专利申请人、专利权人违反诚实信用原则，虚构、编造说明书及附图中的具体实施方式、技术效果以及数据、图表等有关技术内容，并据此主张相关权利要求不符合专利法有关规定的，人民法院应予支持。

第六条 说明书未充分公开特定技术内容，导致在专利申请日有下列情形之一的，人民法院应当认定说明书及与该特定技术内容相关的权利要求不符合专利法第二十六条第三款的规定：

（一）权利要求限定的技术方案不能实施的；

（二）实施权利要求限定的技术方案不能解决发明或者实用新型所要解决的技术问题的；

（三）确认权利要求限定的技术方案能够解决发明或者实用新型所要解决的技术问题，需要付出过度劳动的。

当事人仅依据前款规定的未充分公开的特定技术内容，主张与该特定技术内容相关的权利要求符合专利法第二十六条第四款关于"权利要求书应当以说明书为依据"的规定的，人民法院不予支持。

第七条 所属技术领域的技术人员根据说明书及附图，认为权利要求有下列情形之一的，人民法院应当认定该权利要求不符合专利法第二十六条第四款关于清楚地限定要求专利保护的范围的规定：

（一）限定的发明主题类型不明确的；

（二）不能合理确定权利要求中技术特征的含义的；

（三）技术特征之间存在明显矛盾且无法合理解释的。

第八条 所属技术领域的技术人员阅读说明书及附图后，在申请日不能得到或者合理概括得出权利要求限定的技术方案的，人民法院应当认定该权利要求不符合专利法第二十六条第四款关于"权利要求书应当以说明书为依据"的规定。

第九条 以功能或者效果限定的技术特征，是指对于结构、组分、步骤、条件等技术特征或者技术特征之间的相互关系等，仅通过其在发明创造中所起的功能或者效果进行限定的技术特征，但所属技术领域的技术人员通过阅读权利要求即可直接、明确地确定实现该功能或者效果的具体实施方式的除外。

对于前款规定的以功能或者效果限定的技术特征,权利要求书、说明书及附图未公开能够实现该功能或者效果的任何具体实施方式的,人民法院应当认定说明书和具有该技术特征的权利要求不符合专利法第二十六条第三款的规定。

第十条 药品专利申请人在申请日以后提交补充实验数据,主张依赖该数据证明专利申请符合专利法第二十二条第三款、第二十六条第三款等规定的,人民法院应予审查。

第十一条 当事人对实验数据的真实性产生争议的,提交实验数据的一方当事人应当举证证明实验数据的来源和形成过程。人民法院可以通知实验负责人到庭,就实验原料、步骤、条件、环境或者参数以及完成实验的人员、机构等作出说明。

第十二条 人民法院确定权利要求限定的技术方案的技术领域,应当综合考虑主题名称等权利要求的全部内容、说明书关于技术领域和背景技术的记载,以及该技术方案所实现的功能和用途等。

第十三条 说明书及附图未明确记载区别技术特征在权利要求限定的技术方案中所能达到的技术效果的,人民法院可以结合所属技术领域的公知常识,根据区别技术特征与权利要求中其他技术特征的关系,区别技术特征在权利要求限定的技术方案中的作用等,认定所属技术领域的技术人员所能确定的该权利要求实际解决的技术问题。

被诉决定对权利要求实际解决的技术问题未认定或者认定错误的,不影响人民法院对权利要求的创造性依法作出认定。

第十四条 人民法院认定外观设计专利产品的一般消费者所具有的知识水平和认知能力,应当考虑申请日时外观设计专利产品的设计空间。设计空间较大的,人民法院可以认定一般消费者通常不容易注意到不同设计之间的较小区别;设计空间较小的,人民法院可以认定一般消费者通常更容易注意到不同设计之间的较小区别。

对于前款所称设计空间的认定,人民法院可以综合考虑下列因素:

(一)产品的功能、用途;

(二)现有设计的整体状况;

(三)惯常设计;

(四)法律、行政法规的强制性规定;

(五)国家、行业技术标准;

(六)需要考虑的其他因素。

第十五条 外观设计的图片、照片存在矛盾、缺失或者模糊不清等情形,导致一般消费者无法根据图片、照片及简要说明确定所要保护的外观设计的，人民法院应当认定其不符合专利法第二十七条第二款关于“清楚地显示要求专利保护的产品的外观设计”的规定。

第十六条 人民法院认定外观设计是否符合专利法第二十三条的规定，应当综合判断外观设计的整体视觉效果。

为实现特定技术功能必须具备或者仅有有限选择的设计特征，对于外观设计专利视觉效果的整体观察和综合判断不具有显著影响。

第十七条 外观设计与相同或者相近种类产品的一项现有设计相比，整体视觉效果相同或者属于仅具有局部细微区别等实质相同的情形的，人民法院应当认定其构成专利法第二十三条第一款规定的“属于现有设计”。

除前款规定的情形外，外观设计与相同或者相近种类产品的一项现有设计相比，二者的区别对整体视觉效果不具有显著影响的，人民法院应当认定其不具有专利法第二十三条第二款规定的“明显区别”。

人民法院应当根据外观设计产品的用途，认定产品种类是否相同或者相近。确定产品的用途，可以参考外观设计的简要说明、外观设计产品分类表、产品的功能以及产品销售、实际使用的情况等因素。

第十八条 外观设计专利与相同种类产品上同日申请的另一项外观设计专利相比，整体视觉效果相同或者属于仅具有局部细微区别等实质相同的情形的，人民法院应当认定其不符合专利法第九条关于“同样的发明创造只能授予一项专利权”的规定。

第十九条 外观设计与申请日以前提出申请、申请日以后公告，且属于相同或者相近种类产品的另一项外观设计相比，整体视觉效果相同或者属于仅具有局部细微区别等实质相同的情形的，人民法院应当认定其构成专利法第二十三条第一款规定的“同样的外观设计”。

第二十条 根据现有设计整体上给出的设计启示，以一般消费者容易想到的设计特征转用、拼合或者替换等方式，获得与外观设计专利的整体视觉效果相同或者仅具有局部细微区别等实质相同的外观设计，且不具有独特视觉效果的，人民法院应当认定该外观设计专利与现有设计特征的组合相比不具有专利法第二十三条第二款规定的“明显区别”。

具有下列情形之一的，人民法院可以认定存在前款所称的设计启示：

（一）将相同种类产品上不同部分的设计特征进行拼合或者替换的；

（二）现有设计公开了将特定种类产品的设计特征转用于外观设计专利产品的；

（三）现有设计公开了将不同的特定种类产品的外观设计特征进行拼

合的；

（四）将现有设计中的图案直接或者仅做细微改变后用于外观设计专利产品的；

（五）将单一自然物的特征转用于外观设计专利产品的；

（六）单纯采用基本几何形状或者仅做细微改变后得到外观设计的；

（七）使用一般消费者公知的建筑物、作品、标识等的全部或者部分设计的。

第二十一条 人民法院在认定本规定第二十条所称的独特视觉效果时，可以综合考虑下列因素：

（一）外观设计专利产品的设计空间；

（二）产品种类的关联度；

（三）转用、拼合、替换的设计特征的数量和难易程度；

（四）需要考虑的其他因素。

第二十二条 专利法第二十三条第三款所称的"合法权利"，包括就作品、商标、地理标志、姓名、企业名称、肖像，以及有一定影响的商品名称、包装、装潢等享有的合法权利或者权益。

第二十三条 当事人主张专利复审、无效宣告请求审查程序中的下列情形属于行政诉讼法第七十条第三项规定的"违反法定程序的"，人民法院应予支持：

（一）遗漏当事人提出的理由和证据，且对当事人权利产生实质性影响的；

（二）未依法通知应当参加审查程序的专利申请人、专利权人及无效宣告请求人等，对其权利产生实质性影响的；

（三）未向当事人告知合议组组成人员，且合议组组成人员存在法定回避事由而未回避的；

（四）未给予被诉决定对其不利的一方当事人针对被诉决定所依据的理由、证据和认定的事实陈述意见的机会的；

（五）主动引入当事人未主张的公知常识或者惯常设计，未听取当事人意见且对当事人权利产生实质性影响的；

（六）其他违反法定程序，可能对当事人权利产生实质性影响的。

第二十四条 被诉决定有下列情形之一的，人民法院可以依照行政诉讼法第七十条的规定，判决部分撤销：

（一）被诉决定对于权利要求书中的部分权利要求的认定错误，其余正确的；

（二）被诉决定对于专利法第三十一条第二款规定的“一件外观设计专利申请”中的部分外观设计认定错误，其余正确的；

（三）其他可以判决部分撤销的情形。

第二十五条 被诉决定对当事人主张的全部无效理由和证据均已评述并宣告权利要求无效，人民法院认为被诉决定认定该权利要求无效的理由均不能成立的，应当判决撤销或者部分撤销该决定，并可视情判决被告就该权利要求重新作出审查决定。

第二十六条 审查决定系直接依据生效裁判重新作出且未引入新的事实和理由，当事人对该决定提起诉讼的，人民法院依法裁定不予受理；已经受理的，依法裁定驳回起诉。

第二十七条 被诉决定查明事实或者适用法律确有不当，但对专利授权确权的认定结论正确的，人民法院可以在纠正相关事实查明和法律适用的基础上判决驳回原告的诉讼请求。

第二十八条 当事人主张有关技术内容属于公知常识或者有关设计特征属于惯常设计的，人民法院可以要求其提供证据证明或者作出说明。

第二十九条 专利申请人、专利权人在专利授权确权行政案件中提供新的证据，用于证明专利申请不应当被驳回或者专利权应当维持有效的，人民法院一般应予审查。

第三十条 无效宣告请求人在专利确权行政案件中提供新的证据，人民法院一般不予审查，但下列证据除外：

（一）证明在专利无效宣告请求审查程序中已主张的公知常识或者惯常设计的；

（二）证明所属技术领域的技术人员或者一般消费者的知识水平和认知能力的；

（三）证明外观设计专利产品的设计空间或者现有设计的整体状况的；

（四）补强在专利无效宣告请求审查程序中已被采信证据的证明力的；

（五）反驳其他当事人在诉讼中提供的证据的。

第三十一条 人民法院可以要求当事人提供本规定第二十九条、第三十条规定的新的证据。

当事人向人民法院提供的证据系其在专利复审、无效宣告请求审查程序中被依法要求提供但无正当理由未提供的，人民法院一般不予采纳。

第三十二条 本规定自2020年9月12日起施行。

本规定施行后，人民法院正在审理的一审、二审案件适用本规定；施行前已经作出生效裁判的案件，不适用本规定再审。

最高人民法院印发《关于审理涉电子商务平台知识产权民事案件的指导意见》的通知

（2020年9月10日　法发〔2020〕32号）

各省、自治区、直辖市高级人民法院，解放军军事法院，新疆维吾尔自治区高级人民法院生产建设兵团分院：

现将《最高人民法院关于审理涉电子商务平台知识产权民事案件的指导意见》印发给你们，请认真贯彻执行。

最高人民法院关于审理涉电子商务平台知识产权民事案件的指导意见

为公正审理涉电子商务平台知识产权民事案件，依法保护电子商务领域各方主体的合法权益，促进电子商务平台经营活动规范、有序、健康发展，结合知识产权审判实际，制定本指导意见。

一、人民法院审理涉电子商务平台知识产权纠纷案件，应当坚持严格保护知识产权的原则，依法惩治通过电子商务平台提供假冒、盗版等侵权商品或者服务的行为，积极引导当事人遵循诚实信用原则，依法正当行使权利，并妥善处理好知识产权权利人、电子商务平台经营者、平台内经营者等各方主体之间的关系。

二、人民法院审理涉电子商务平台知识产权纠纷案件，应当依照《中华人民共和国电子商务法》（以下简称电子商务法）第九条的规定，认定有关当事人是否属于电子商务平台经营者或者平台内经营者。

人民法院认定电子商务平台经营者的行为是否属于开展自营业务，可以考量下列因素：商品销售页面上标注的“自营”信息；商品实物上标注的销售主体信息；发票等交易单据上标注的销售主体信息等。

三、电子商务平台经营者知道或者应当知道平台内经营者侵害知识产权的，应当根据权利的性质、侵权的具体情形和技术条件，以及构成侵权的初步证据、服务类型,及时采取必要措施。采取的必要措施应当遵循合理审慎的原则,包括但不限于删除、屏蔽、断开链接等下架措施。平台内经营者多次、故意侵害知识产权的,电子商务平台经营者有权采取终止交易和服务的措施。

四、依据电子商务法第四十一条、第四十二条、第四十三条的规定,电子商务平台经营者可以根据知识产权权利类型、商品或者服务的特点等,制定平台内通知与声明机制的具体执行措施。但是,有关措施不能对当事人依法维护权利的行为设置不合理的条件或者障碍。

五、知识产权权利人依据电子商务法第四十二条的规定,向电子商务平台经营者发出的通知一般包括:知识产权权利证明及权利人的真实身份信息;能够实现准确定位的被诉侵权商品或者服务信息;构成侵权的初步证据;通知真实性的书面保证等。通知应当采取书面形式。

通知涉及专利权的,电子商务平台经营者可以要求知识产权权利人提交技术特征或者设计特征对比的说明、实用新型或者外观设计专利权评价报告等材料。

六、人民法院认定通知人是否具有电子商务法第四十二条第三款所称的"恶意",可以考量下列因素:提交伪造、变造的权利证明;提交虚假侵权对比的鉴定意见、专家意见;明知权利状态不稳定仍发出通知;明知通知错误仍不及时撤回或者更正;反复提交错误通知等。

电子商务平台经营者、平台内经营者以错误通知、恶意发出错误通知造成其损害为由,向人民法院提起诉讼的,可以与涉电子商务平台知识产权纠纷案件一并审理。

七、平台内经营者依据电子商务法第四十三条的规定,向电子商务平台经营者提交的不存在侵权行为的声明一般包括:平台内经营者的真实身份信息;能够实现准确定位、要求终止必要措施的商品或者服务信息;权属证明、授权证明等不存在侵权行为的初步证据;声明真实性的书面保证等。声明应当采取书面形式。

声明涉及专利权的,电子商务平台经营者可以要求平台内经营者提交技术特征或者设计特征对比的说明等材料。

八、人民法院认定平台内经营者发出声明是否具有恶意,可以考量下列因素:提供伪造或者无效的权利证明、授权证明;声明包含虚假信息或者具有明显误导性;通知已经附有认定侵权的生效裁判或者行政处理决定,仍发出声明;明知声明内容错误,仍不及时撤回或者更正等。

九、因情况紧急,电子商务平台经营者不立即采取商品下架等措施将会使其合法利益受到难以弥补的损害的,知识产权权利人可以依据《中华人民共和国民事诉讼法》第一百条、第一百零一条的规定，向人民法院申请采取保全措施。

因情况紧急，电子商务平台经营者不立即恢复商品链接、通知人不立即撤回通知或者停止发送通知等行为将会使其合法利益受到难以弥补的损害的，平台内经营者可以依据前款所述法律规定，向人民法院申请采取保全措施。

知识产权权利人、平台内经营者的申请符合法律规定的，人民法院应当依法予以支持。

十、人民法院判断电子商务平台经营者是否采取了合理的措施，可以考量下列因素：构成侵权的初步证据；侵权成立的可能性；侵权行为的影响范围；侵权行为的具体情节，包括是否存在恶意侵权、重复侵权情形；防止损害扩大的有效性；对平台内经营者利益可能的影响；电子商务平台的服务类型和技术条件等。

平台内经营者有证据证明通知所涉专利权已经被国家知识产权局宣告无效，电子商务平台经营者据此暂缓采取必要措施，知识产权权利人请求认定电子商务平台经营者未及时采取必要措施的，人民法院不予支持。

十一、电子商务平台经营者存在下列情形之一的，人民法院可以认定其"应当知道"侵权行为的存在：

（一）未履行制定知识产权保护规则、审核平台内经营者经营资质等法定义务；

（二）未审核平台内店铺类型标注为"旗舰店""品牌店"等字样的经营者的权利证明；

（三）未采取有效技术手段，过滤和拦截包含"高仿""假货"等字样的侵权商品链接、被投诉成立后再次上架的侵权商品链接；

（四）其他未履行合理审查和注意义务的情形。

最高人民法院　最高人民检察院
关于办理侵犯知识产权刑事案件具体应用法律若干问题的解释(三)

(2020年8月31日最高人民法院审判委员会第1811次会议、2020年8月21日最高人民检察院第十三届检察委员会第四十八次会议通过　2020年9月12日最高人民法院、最高人民检察院公告公布　自2020年9月14日起施行　法释〔2020〕10号)

为依法惩治侵犯知识产权犯罪,维护社会主义市场经济秩序,根据《中华人民共和国刑法》《中华人民共和国刑事诉讼法》等有关规定,现就办理侵犯知识产权刑事案件具体应用法律的若干问题解释如下:

第一条　具有下列情形之一的,可以认定为刑法第二百一十三条规定的"与其注册商标相同的商标":

(一)改变注册商标的字体、字母大小写或者文字横竖排列,与注册商标之间基本无差别的;

(二)改变注册商标的文字、字母、数字等之间的间距,与注册商标之间基本无差别的;

(三)改变注册商标颜色,不影响体现注册商标显著特征的;

(四)在注册商标上仅增加商品通用名称、型号等缺乏显著特征要素,不影响体现注册商标显著特征的;

(五)与立体注册商标的三维标志及平面要素基本无差别的;

(六)其他与注册商标基本无差别、足以对公众产生误导的商标。

第二条　在刑法第二百一十七条规定的作品、录音制品上以通常方式署名的自然人、法人或者非法人组织,应当推定为著作权人或者录音制作者,且该作品、录音制品上存在着相应权利,但有相反证明的除外。

在涉案作品、录音制品种类众多且权利人分散的案件中,有证据证明涉案复制品系非法出版、复制发行,且出版者、复制发行者不能提供获得著作权人、录音制作者许可的相关证据材料的,可以认定为刑法第二百一十七条规定的"未经著作权人许可""未经录音制作者许可"。但是,有证据证明权利人放弃权利、涉案作品的著作权或者录音制品的有关权利不受我国著作权法保护、权利保护期限已经届满的除外。

第三条 采取非法复制、未经授权或者超越授权使用计算机信息系统等方式窃取商业秘密的，应当认定为刑法第二百一十九条第一款第一项规定的“盗窃”。

以贿赂、欺诈、电子侵入等方式获取权利人的商业秘密的，应当认定为刑法第二百一十九条第一款第一项规定的“其他不正当手段”。

第四条 实施刑法第二百一十九条规定的行为，具有下列情形之一的，应当认定为“给商业秘密的权利人造成重大损失”：

（一）给商业秘密的权利人造成损失数额或者因侵犯商业秘密违法所得数额在三十万元以上的；

（二）直接导致商业秘密的权利人因重大经营困难而破产、倒闭的；

（三）造成商业秘密的权利人其他重大损失的。

给商业秘密的权利人造成损失数额或者因侵犯商业秘密违法所得数额在二百五十万元以上的，应当认定为刑法第二百一十九条规定的“造成特别严重后果”。

第五条 实施刑法第二百一十九条规定的行为造成的损失数额或者违法所得数额，可以按照下列方式认定：

（一）以不正当手段获取权利人的商业秘密，尚未披露、使用或者允许他人使用的，损失数额可以根据该项商业秘密的合理许可使用费确定；

（二）以不正当手段获取权利人的商业秘密后，披露、使用或者允许他人使用的，损失数额可以根据权利人因被侵权造成销售利润的损失确定，但该损失数额低于商业秘密合理许可使用费的，根据合理许可使用费确定；

（三）违反约定、权利人有关保守商业秘密的要求，披露、使用或者允许他人使用其所掌握的商业秘密的，损失数额可以根据权利人因被侵权造成销售利润的损失确定；

（四）明知商业秘密是不正当手段获取或者是违反约定、权利人有关保守商业秘密的要求披露、使用、允许使用，仍获取、使用或者披露的，损失数额可以根据权利人因被侵权造成销售利润的损失确定；

（五）因侵犯商业秘密行为导致商业秘密已为公众所知悉或者灭失的，损失数额可以根据该项商业秘密的商业价值确定。商业秘密的商业价值，可以根据该项商业秘密的研究开发成本、实施该项商业秘密的收益综合确定；

（六）因披露或者允许他人使用商业秘密而获得的财物或者其他财产性利益，应当认定为违法所得。

前款第二项、第三项、第四项规定的权利人因被侵权造成销售利润的损失,可以根据权利人因被侵权造成销售量减少的总数乘以权利人每件产品的合理利润确定;销售量减少的总数无法确定的,可以根据侵权产品销售量乘以权利人每件产品的合理利润确定;权利人因被侵权造成销售量减少的总数和每件产品的合理利润均无法确定的,可以根据侵权产品销售量乘以每件侵权产品的合理利润确定。商业秘密系用于服务等其他经营活动的,损失数额可以根据权利人因被侵权而减少的合理利润确定。

商业秘密的权利人为减轻对商业运营、商业计划的损失或者重新恢复计算机信息系统安全、其他系统安全而支出的补救费用,应当计入给商业秘密的权利人造成的损失。

第六条 在刑事诉讼程序中,当事人、辩护人、诉讼代理人或者案外人书面申请对有关商业秘密或者其他需要保密的商业信息的证据、材料采取保密措施的,应当根据案件情况采取组织诉讼参与人签署保密承诺书等必要的保密措施。

违反前款有关保密措施的要求或者法律法规规定的保密义务的,依法承担相应责任。擅自披露、使用或者允许他人使用在刑事诉讼程序中接触、获取的商业秘密,符合刑法第二百一十九条规定的,依法追究刑事责任。

第七条 除特殊情况外,假冒注册商标的商品、非法制造的注册商标标识、侵犯著作权的复制品、主要用于制造假冒注册商标的商品、注册商标标识或者侵权复制品的材料和工具,应当依法予以没收和销毁。

上述物品需要作为民事、行政案件的证据使用的,经权利人申请,可以在民事、行政案件终结后或者采取取样、拍照等方式对证据固定后予以销毁。

第八条 具有下列情形之一的,可以酌情从重处罚,一般不适用缓刑:

(一)主要以侵犯知识产权为业的;

(二)因侵犯知识产权被行政处罚后再次侵犯知识产权构成犯罪的;

(三)在重大自然灾害、事故灾难、公共卫生事件期间,假冒抢险救灾、防疫物资等商品的注册商标的;

(四)拒不交出违法所得的。

第九条 具有下列情形之一的,可以酌情从轻处罚:

(一)认罪认罚的;

(二)取得权利人谅解的;

(三)具有悔罪表现的;

(四)以不正当手段获取权利人的商业秘密后尚未披露、使用或者允许他人使用的。

第十条 对于侵犯知识产权犯罪的,应当综合考虑犯罪违法所得数额、非法经营数额、给权利人造成的损失数额、侵权假冒物品数量及社会危害性等情节,依法判处罚金。

罚金数额一般在违法所得数额的一倍以上五倍以下确定。违法所得数额无法查清的,罚金数额一般按照非法经营数额的百分之五十以上一倍以下确定。违法所得数额和非法经营数额均无法查清,判处三年以下有期徒刑、拘役、管制或者单处罚金的,一般在三万元以上一百万元以下确定罚金数额;判处三年以上有期徒刑的,一般在十五万元以上五百万元以下确定罚金数额。

第十一条 本解释发布施行后,之前发布的司法解释和规范性文件与本解释不一致的,以本解释为准。

第十二条 本解释自2020年9月14日起施行。

最高人民法院关于涉网络知识产权侵权纠纷几个法律适用问题的批复

(2020年8月24日最高人民法院审判委员会第1810次会议通过 2020年9月12日最高人民法院公告公布 自2020年9月14日起施行 法释〔2020〕9号)

各省、自治区、直辖市高级人民法院,解放军军事法院,新疆维吾尔自治区高级人民法院生产建设兵团分院:

近来,有关方面就涉网络知识产权侵权纠纷法律适用的一些问题提出建议,部分高级人民法院也向本院提出了请示。经研究,批复如下。

一、知识产权权利人主张其权利受到侵害并提出保全申请,要求网络服务提供者、电子商务平台经营者迅速采取删除、屏蔽、断开链接等下架措施的,人民法院应当依法审查并作出裁定。

二、网络服务提供者、电子商务平台经营者收到知识产权权利人依法发出的通知后,应当及时将权利人的通知转送相关网络用户、平台内经营者,并根据构成侵权的初步证据和服务类型采取必要措施;未依法采取必要措施,权利人主张网络服务提供者、电子商务平台经营者对损害的扩大部分与网络用户、平台内经营者承担连带责任的,人民法院可以依法予以支持。

三、在依法转送的不存在侵权行为的声明到达知识产权权利人后的合理期限内,网络服务提供者、电子商务平台经营者未收到权利人已经投诉或者提起诉讼通知的,应当及时终止所采取的删除、屏蔽、断开链接等下架措施。因办理公证、认证手续等权利人无法控制的特殊情况导致的延迟，不计入上述期限，但该期限最长不超过20个工作日。

四、因恶意提交声明导致电子商务平台经营者终止必要措施并造成知识产权权利人损害，权利人依照有关法律规定请求相应惩罚性赔偿的，人民法院可以依法予以支持。

五、知识产权权利人发出的通知内容与客观事实不符，但其在诉讼中主张该通知系善意提交并请求免责，且能够举证证明的，人民法院依法审查属实后应当予以支持。

六、本批复作出时尚未终审的案件，适用本批复；本批复作出时已经终审，当事人申请再审或者按照审判监督程序决定再审的案件，不适用本批复。

最高人民法院关于依法加大知识产权侵权行为惩治力度的意见

（2020年9月14日　法发〔2020〕33号）

为公正审理案件，依法加大对知识产权侵权行为的惩治力度，有效阻遏侵权行为，营造良好的法治化营商环境，结合知识产权审判实际，制定如下意见。

一、加强适用保全措施

1. 对于侵害或者即将侵害涉及核心技术、知名品牌、热播节目等知识产权以及在展会上侵害或者即将侵害知识产权等将会造成难以弥补的损害的行为，权利人申请行为保全的，人民法院应当依法及时审查并作出裁定。

2. 权利人在知识产权侵权诉讼中既申请停止侵权的先行判决，又申请行为保全的，人民法院应当依法一并及时审查。

3. 权利人有初步证据证明存在侵害知识产权行为且证据可能灭失或者以后难以取得的情形，申请证据保全的，人民法院应当依法及时审查并作出裁定。涉及较强专业技术问题的证据保全，可以由技术调查官参与。

4. 对于已经被采取保全措施的被诉侵权产品或者其他证据，被诉侵权人擅自毁损、转移等，致使侵权事实无法查明的，人民法院可以推定权利人就该证据所涉证明事项的主张成立。属于法律规定的妨害诉讼情形的，依法采取强制措施。

二、依法判决停止侵权

5. 对于侵权事实已经清楚、能够认定侵权成立的，人民法院可以依法先行判决停止侵权。

6. 对于假冒、盗版商品及主要用于生产或者制造假冒、盗版商品的材料和工具,权利人在民事诉讼中举证证明存在上述物品并请求迅速销毁的,除特殊情况外,人民法院应予支持。在特殊情况下,人民法院可以责令在商业渠道之外处置主要用于生产或者制造假冒、盗版商品的材料和工具,尽可能减少进一步侵权的风险;侵权人请求补偿的,人民法院不予支持。

三、依法加大赔偿力度

7. 人民法院应当充分运用举证妨碍、调查取证、证据保全、专业评估、经济分析等制度和方法,引导当事人积极、全面、正确、诚实举证,提高损害赔偿数额计算的科学性和合理性,充分弥补权利人损失。

8. 人民法院应当积极运用当事人提供的来源于工商税务部门、第三方商业平台、侵权人网站、宣传资料或者依法披露文件的相关数据以及行业平均利润率等,依法确定侵权获利情况。

9. 权利人依法请求根据侵权获利确定赔偿数额且已举证的,人民法院可以责令侵权人提供其掌握的侵权获利证据;侵权人无正当理由拒不提供或者未按要求提供的,人民法院可以根据权利人的主张和在案证据判定赔偿数额。

10. 对于故意侵害他人知识产权,情节严重的,依法支持权利人的惩罚性赔偿请求,充分发挥惩罚性赔偿对于故意侵权行为的威慑作用。

11. 人民法院应当依法合理确定法定赔偿数额。侵权行为造成权利人重大损失或者侵权人获利巨大的,为充分弥补权利人损失,有效阻遏侵权行为,人民法院可以根据权利人的请求,以接近或者达到最高限额确定法定赔偿数额。

人民法院在从高确定法定赔偿数额时应当考虑的因素包括:侵权人是否存在侵权故意,是否主要以侵权为业,是否存在重复侵权,侵权行为是否持续时间长,是否涉及区域广,是否可能危害人身安全、破坏环境资源或者损害公共利益等。

12. 权利人在二审程序中请求将新增的为制止侵权行为所支付的合理开支纳入赔偿数额的,人民法院可以一并审查。

13. 人民法院应当综合考虑案情复杂程度、工作专业性和强度、行业惯例、当地政府指导价等因素,根据权利人提供的证据,合理确定权利人请求赔偿的律师费用。

四、加大刑事打击力度

14. 通过网络销售实施侵犯知识产权犯罪的非法经营数额、违法所得数额,应当综合考虑网络销售电子数据、银行账户往来记录、送货单、物流公司电脑系统记录、证人证言、被告人供述等证据认定。

15. 对于主要以侵犯知识产权为业、在特定期间假冒抢险救灾、防疫物资等商品的注册商标以及因侵犯知识产权受到行政处罚后再次侵犯知识产权构成犯罪的情形，依法从重处罚，一般不适用缓刑。

16. 依法严格追缴违法所得，加强罚金刑的适用，剥夺犯罪分子再次侵犯知识产权的能力和条件。

最高人民法院关于完善统一法律适用标准工作机制的意见

（2020 年 9 月 14 日　法发〔2020〕35 号）

为统一法律适用标准，保证公正司法，提高司法公信力，加快推进审判体系和审判能力现代化，结合人民法院工作实际，制定本意见。

一、统一法律适用标准的意义和应当坚持的原则

1. 充分认识统一法律适用标准的意义。在审判工作中统一法律适用标准，是建设和完善中国特色社会主义法治体系的内在要求，是人民法院依法独立公正行使审判权的基本职责，是维护国家法制统一尊严权威的重要保证，是提升司法质量、效率和公信力的必然要求，事关审判权依法正确行使，事关当事人合法权益保障，事关社会公平正义的实现。各级人民法院要把统一法律适用标准作为全面落实司法责任制、深化司法体制综合配套改革、加快推进执法司法制约监督体系改革和建设的重要内容，通过完善审判工作制度、管理体制和权力运行机制，规范司法行为，统一裁判标准，确保司法公正高效权威，努力让人民群众在每一个司法案件中感受到公平正义。

2. 牢牢把握统一法律适用标准应当坚持的原则。

坚持党对司法工作的绝对领导。坚持以习近平新时代中国特色社会主义思想为指导，深入贯彻习近平总书记全面依法治国新理念新思想新战略，全面贯彻落实党的十九大和十九届二中、三中、四中全会精神，增强“四个意识”、坚定“四个自信”、做到“两个维护”，坚持党的领导、人民当家作主、依法治国有机统一，贯彻中国特色社会主义法治理论，坚定不移走中国特色社会主义法治道路，确保党中央决策部署在审判执行工作中不折不扣贯彻落实。

坚持以人民为中心的发展思想。践行司法为民宗旨，依法维护人民权益、化解矛盾纠纷、促进社会和谐稳定。积极运用司法手段推动保障和改善民生，着力解决人民群众最关切的公共安全、权益保障、公平正义问题,满足人民群众日益增长的司法需求。坚持依法治国和以德治国相结合,兼顾国法天理人情,发挥裁判规范引领作用,弘扬社会主义核心价值观,不断增强人民群众对公平正义的获得感。

坚持宪法法律至上。始终忠于宪法和法律,依法独立行使审判权。坚持法律面前人人平等,坚决排除对司法活动的干预。坚持以事实为根据、以法律为准绳,遵守法定程序,遵循证据规则,正确适用法律,严格规范行使自由裁量权,确保法律统一正确实施,切实维护国家法制统一尊严权威。

坚持服务经济社会发展大局。充分发挥审判职能,履行好维护国家政治安全、确保社会大局稳定、促进社会公平正义、保障人民安居乐业的职责使命,服务常态化疫情防控和经济社会发展,促进经济行稳致远、社会安定和谐。全面贯彻新发展理念,服务经济高质量发展;依法平等保护各类市场主体合法权益,加大产权和知识产权司法保护力度,营造稳定公平透明、可预期的法治化营商环境;贯彻绿色发展理念,加强生态环境司法保护,努力实现政治效果、法律效果和社会效果有机统一。

二、加强司法解释和案例指导工作

3.发挥司法解释统一法律适用标准的重要作用。司法解释是中国特色社会主义司法制度的重要组成部分,是最高人民法院的一项重要职责。对审判工作中具体应用法律问题,特别是对法律规定不够具体明确而使理解执行出现困难、情况变化导致案件处理依据存在不同理解、某一类具体案件裁判尺度不统一等问题,最高人民法院应当加强调查研究,严格依照法律规定及时制定司法解释。涉及人民群众切身利益或重大疑难问题的司法解释,应当向社会公开征求意见。进一步规范司法解释制定程序,健全调研、立项、起草、论证、审核、发布、清理和废止机制,完善归口管理和报备审查机制。

4.加强指导性案例工作。最高人民法院发布的指导性案例,对全国法院审判、执行工作具有指导作用,是总结审判经验、统一法律适用标准、提高审判质量、维护司法公正的重要措施。各级人民法院应当从已经发生法律效力的裁判中,推荐具有统一法律适用标准和确立规则意义的典型案例,经最高人民法院审判委员会讨论确定,统一发布。指导性案例不直接作为裁判依据援引,但对正在审理的类似案件具有参照效力。进一步健全指导性案例报送、筛选、发布、编纂、评估、应用和清理机制,完善将最高人民法院裁判转化为指导性案例工作机制,增强案例指导工作的规范性、针对性、时效性。

5.发挥司法指导性文件和典型案例的指导作用。司法指导性文件、典型案例对于正确适用法律、统一裁判标准、实现裁判法律效果和社会效果统一具有指导和调节作用。围绕贯彻落实党和国家政策与经济社会发展需要,最高人民法院及时出台司法指导性文件,为新形势下人民法院工作提供业务指导和政策指引。针对经济社会活动中具有典型意义及较大影响的法律问题,或者人民群众广泛关注的热点问题,及时发布典型案例,树立正确价值导向,传播正确司法理念,规范司法裁判活动。

三、建立健全最高人民法院法律适用问题解决机制

6. 建立全国法院法律适用问题专门平台。最高人民法院建立重大法律适用问题发现与解决机制,加快形成上下贯通、内外结合、系统完备、规范高效的法律适用问题解决体系,及时组织研究和解决各地存在的法律适用标准不统一问题。充分发挥专家学者在统一法律适用标准中的咨询作用,积极开展专家咨询论证工作,通过组织召开统一法律适用标准问题研讨会等方式,搭建人大代表、政协委员、专家学者、行业代表等社会各界广泛参与的平台,总结归纳分歧问题,研究提出参考意见,为审判委员会统一法律适用标准提供高质量的辅助和参考。

7. 健全法律适用分歧解决机制。审判委员会是最高人民法院法律适用分歧解决工作的集体领导和决策机构,最高人民法院各业务部门、审判管理办公室和中国应用法学研究所根据法律适用分歧解决工作需要,为审判委员会决策提供服务和决策参考。进一步优化法律适用分歧的申请、立项、审查和研究工作机制,对于最高人民法院生效裁判之间存在法律适用分歧或者在审案件作出的裁判结果可能与生效裁判确定的法律适用标准存在分歧的,应当依照《最高人民法院关于建立法律适用分歧解决机制的实施办法》提请解决。

四、完善高级人民法院统一法律适用标准工作机制

8. 规范高级人民法院审判指导工作。各高级人民法院可以通过发布办案指导文件和参考性案例等方式总结审判经验、统一裁判标准。各高级人民法院发布的办案指导文件、参考性案例应当符合宪法、法律规定,不得与司法解释、指导性案例相冲突。各高级人民法院应当建立办案指导文件、参考性案例长效工作机制,定期组织清理,及时报送最高人民法院备案,切实解决不同地区法律适用、办案标准的不合理差异问题。

9. 建立高级人民法院法律适用分歧解决机制。各高级人民法院应当参照最高人民法院做法,建立本辖区法律适用分歧解决机制,研究解决本院及辖区内法院案件审理中的法律适用分歧。各中级、基层人民法院发现法律适用标准不统一问题,经研究无法达成一致意见的,应当层报高级人民法院,超出高级人民法院辖区范围的,应当及时报送最高人民法院研究解决。

五、强化审判组织统一法律适用标准的法定职责

10. 强化独任法官、合议庭正确适用法律职责。各级人民法院应当全面落实司法责任制，充分发挥独任法官、合议庭等审判组织在统一法律适用标准中的基础作用。独任法官、合议庭应当严格遵守司法程序，遵循证据规则，正确运用法律解释方法，最大限度降低裁量风险，避免法律适用分歧。发现将要作出的裁判与其他同类案件裁判不一致的，应当及时提请专业法官会议研究。合议庭应当将统一法律适用标准情况纳入案件评议内容，健全完善评议规则，确保合议庭成员平等行权、集思广益、民主决策、共同负责。

11. 发挥审判委员会统一法律适用标准职责。完善审判委员会议事规则和议事程序，充分发挥民主集中制优势，强化审判委员会统一法律适用标准的重要作用。审判委员会应当着重对下列案件，加强法律适用标准问题的研究总结：(1)涉及法律适用标准问题的重大、疑难、复杂案件；(2)存在法律适用分歧的案件；(3)独任法官、合议庭在法律适用标准问题上与专业法官会议咨询意见不一致的案件；(4)拟作出裁判与本院或者上级法院同类案件裁判可能发生冲突的案件。审判委员会应当及时总结提炼相关案件的法律适用标准，确保本院及辖区内法院审理同类案件时裁判标准统一。

六、落实院庭长统一法律适用标准的监督管理职责

12. 明确和压实院庭长监督管理职责。院庭长应当按照审判监督管理权限，加强审判管理和业务指导，确保法律适用标准统一。通过主持或参加专业法官会议，推动专业法官会议在统一法律适用标准上充分发挥专业咨询作用，定期组织研究独任法官、合议庭审理意见与专业法官会议咨询意见、审判委员会决定不一致的案件，为统一法律适用标准总结经验。及时指导法官对审理意见长期与专业法官会议咨询意见、审判委员会决定意见不一致的案件进行分析，促进法官提高统一法律适用标准能力，防止裁判不公和司法不廉。推动院庭长审判监督管理职责与审判组织审判职能、专业法官会议咨询职能、审判委员会决策职能有机衔接、有效运行，形成统一法律适用标准的制度机制体系。

13. 加强对“四类案件”的监督管理。院庭长应当对《最高人民法院关于完善人民法院司法责任制的若干意见》规定的“四类案件”加强监督管理，及时发现已决或待决案件中存在的法律适用标准不统一问题，依照程序采取改变审判组织形式、增加合议庭成员、召集专业法官会议、建议或决定将案件提交审判委员会讨论等举措，及时解决法律适用分歧。院庭长可以担任审判长或承办人审理“四类案件”，依照职权主持或者参加审判委员会讨论决定“四类案件”，在审判组织中促进实现法律适用标准统一。

七、充分发挥审判管理在统一法律适用标准上的作用

14. 加强和规范审判管理工作。各级人民法院应当完善审判管理机制，构建全面覆盖、科学规范、监管有效的审判管理制度体系。审判管理部门在履行流程管理、质量评查等审判管理职责时，对于发现的重大法律适用问题应当及时汇总报告，积极辅助审判委员会、院庭长研究解决统一法律适用标准问题。

15. 将统一法律适用标准作为审判管理的重点。各级人民法院应当加强审判质量管理，完善评查方法和评查标准，将统一法律适用标准情况纳入案件质量评查指标体系。对于可能存在背离法律、司法解释、指导性案例所确定裁判规则等情形的，承办法官应当向案件评查委员会说明理由。对信访申诉、长期未结、二审改判、发回重审、指令再审、抗诉再审案件的审判管理中发现法律适用标准不统一问题的，应当及时提请院庭长和审判委员会研究解决。

八、充分发挥审级制度和审判监督程序统一法律适用标准的作用

16. 发挥审级监督体系作用。强化最高人民法院统一裁判尺度、监督公正司法的职能。加强上级法院对下级法院的审级监督指导，建立健全改判、发回重审、指令再审案件的跟踪督办、异议反馈制度，完善分析研判和定期通报机制。充分发挥二审程序解决法律争议的作用，在二审程序中依法对法律适用问题进行审查，对属于当事人意思自治范围内的法律适用问题，应当充分尊重当事人的选择；对影响司法公正的法律适用标准不统一问题，应当根据当事人诉求或者依职权予以纠正。

17. 充分发挥审判监督程序依法纠错作用。生效案件存在法律适用标准不统一问题的，应当正确处理审判监督程序与司法裁判稳定性的关系，区分案件情况，根据当事人请求或者依法启动院长发现程序，对法律适用确有错误的案件提起再审。人民检察院提出检察建议、抗诉等法律监督行为，涉及法律适用标准不统一问题的，应当依法处理，必要时提请审判委员会讨论决定。

九、完善类案和新类型案件强制检索报告工作机制

18. 规范和完善类案检索工作。按照《最高人民法院关于统一法律适用加强类案检索的指导意见（试行）》要求，承办法官应当做好类案检索和分析。对于拟提交专业法官会议或者审判委员会讨论决定的案件、缺乏明确裁判规则或者尚未形成统一裁判规则的案件、院庭长根据审判监督管理权限要求进行类案检索的案件，应当进行类案检索。对于应当类案检索的案件，承办法官应当在合议庭评议、专业法官会议讨论及审理报告中对类案检索情况予以说明，或者制作类案检索报告，并随案流转归档备查。

19. 规范类案检索结果运用。法官在类案检索时，检索到的类案为指导性案例的，应当参照作出裁判，但与新的法律、行政法规、司法解释相冲突或者为新的指导性案例所取代的除外；检索到其他类案的，可以作为裁判的参考；检索到的类案存在法律适用标准不统一的，可以综合法院层级、裁判时间、是否经审判委员会讨论决定等因素，依照法律适用分歧解决机制予以解决。各级人民法院应当定期归纳整理类案检索情况，通过一定形式在本院或者辖区内法院公开，供法官办案参考。

十、强化对统一法律适用标准的科技支撑和人才保障

20. 加强统一法律适用标准的技术支撑。各级人民法院应当深化智慧法院建设，为统一法律适用标准提供信息化保障。最高人民法院加快建设以司法大数据管理和服务平台为基础的智慧数据中台，完善类案智能化推送和审判支持系统，加强类案同判规则数据库和优秀案例分析数据库建设，为审判人员办案提供裁判规则和参考案例，为院庭长监督管理提供同类案件大数据报告，为审判委员会讨论决定案件提供决策参考。各级人民法院应当充分利用中国裁判文书网、"法信"、中国应用法学数字化服务系统等平台，加强案例分析与应用，提高法官熟练运用信息化手段开展类案检索和案例研究的能力。

21. 加强对审判人员法律适用能力的培养。各级人民法院应当加大对审判人员政治素质和业务能力的培训力度，强化与统一法律适用标准相关的法律解释、案例分析、类案检索、科技应用等方面能力的培养，全面提高审判人员统一法律适用标准的意识和能力。

最高人民法院关于审理涉船员纠纷案件若干问题的规定

（2020年6月8日最高人民法院审判委员会第1803次会议通过　2020年9月27日最高人民法院公告公布　自2020年9月29日起施行　法释〔2020〕11号）

为正确审理涉船员纠纷案件，根据《中华人民共和国劳动合同法》《中华人民共和国海商法》《中华人民共和国劳动争议调解仲裁法》《中华人民共和国海事诉讼特别程序法》等法律的规定，结合审判实践，制定本规定。

第一条　船员与船舶所有人之间的劳动争议不涉及船员登船、在船工作、离船遣返，当事人直接向海事法院提起诉讼的，海事法院告知当事人依照《中华人民共和国劳动争议调解仲裁法》的规定处理。

第二条　船员与船舶所有人之间的劳务合同纠纷，当事人向原告住所地、合同签订地、船员登船港或者离船港所在地、被告住所地海事法院提起诉讼的，海事法院应予受理。

第三条 船员服务机构仅代理船员办理相关手续，或者仅为船员提供就业信息，且不属于劳务派遣情形，船员服务机构主张其与船员仅成立居间或委托合同关系的，应予支持。

第四条 船舶所有人以被挂靠单位的名义对外经营，船舶所有人未与船员签订书面劳动合同，其聘用的船员因工伤亡，船员主张被挂靠单位为承担工伤保险责任的单位的，应予支持。船舶所有人与船员成立劳动关系的除外。

第五条 与船员登船、在船工作、离船遣返无关的劳动争议提交劳动争议仲裁委员会仲裁，仲裁庭根据船员的申请，就船员工资和其他劳动报酬、工伤医疗费、经济补偿或赔偿金裁决先予执行的，移送地方人民法院审查。

船员申请扣押船舶的，仲裁庭应将扣押船舶申请提交船籍港所在地或者船舶所在地的海事法院审查，或交地方人民法院委托船籍港所在地或者船舶所在地的海事法院审查。

第六条 具有船舶优先权的海事请求，船员未依照《中华人民共和国海商法》第二十八条的规定请求扣押产生船舶优先权的船舶，仅请求确认其在一定期限内对该产生船舶优先权的船舶享有优先权的，应予支持。

前款规定的期限自优先权产生之日起以一年为限。

第七条 具有船舶优先权的海事请求，船员未申请限制船舶继续营运，仅申请对船舶采取限制处分、限制抵押等保全措施的，应予支持。船员主张该保全措施构成《中华人民共和国海商法》第二十八条规定的船舶扣押的，不予支持。

第八条 因登船、在船工作、离船遣返产生的下列工资、其他劳动报酬，船员主张船舶优先权的，应予支持：

(一)正常工作时间的报酬或基本工资；

(二)延长工作时间的加班工资，休息日、法定休假日加班工资；

(三)在船服务期间的奖金、相关津贴和补贴，以及特殊情况下支付的工资等；

(四)未按期支付上述款项产生的孳息。

《中华人民共和国劳动法》和《中华人民共和国劳动合同法》中规定的相关经济补偿金、赔偿金，未依据《中华人民共和国劳动合同法》第八十二条之规定签订书面劳动合同而应支付的双倍工资，以及因未按期支付本款规定的前述费用而产生的孳息，船员主张船舶优先权的，不予支持。

第九条 船员因登船、在船工作、离船遣返而产生的工资、其他劳动报酬、船员遣返费用、社会保险费用，船舶所有人未依约支付，第三方向船员垫付全部或部分费用，船员将相应的海事请求权转让给第三方，第三方就受让的海事请求权请求确认或行使船舶优先权的，应予支持。

第十条 船员境外工作期间被遗弃，或遭遇其他突发事件，船舶所有人或其财务担保人、船员外派机构未承担相应责任，船员请求财务担保人、船员外派机构从财务担保费用、海员外派备用金中先行支付紧急救助所需相关费用的，应予支持。

第十一条 对于船员工资构成是否涵盖船员登船、在船工作、离船遣返期间的工作日加班工资、休息日加班工资、法定休假日加班工资，当事人有约定并主张依据约定确定双方加班工资的，应予支持。但约定标准低于法定最低工资标准的，不予支持。

第十二条 标准工时制度下，船员就休息日加班主张加班工资，船舶所有人举证证明已做补休安排，不应按法定标准支付加班工资的，应予支持。综合计算工时工作制下，船员对综合计算周期内的工作时间总量超过标准工作时间总量的部分主张加班工资的，应予支持。

船员就法定休假日加班主张加班工资，船舶所有人抗辩对法定休假日加班已做补休安排，不应支付法定休假日加班工资的，对船舶所有人的抗辩不予支持。双方另有约定的除外。

第十三条 当事人对船员工资或其他劳动报酬的支付标准、支付方式未作约定或约定不明，当事人主张以同工种、同级别、同时期市场的平均标准确定的，应予支持。

第十四条 船员因受欺诈、受胁迫在禁渔期、禁渔区或使用禁用的工具、方法捕捞水产品，或者捕捞珍稀、濒危海洋生物，或者进行其他违法作业，对船员主张的登船、在船工作、离船遣返期间的船员工资、其他劳动报酬，应予支持。

船舶所有人举证证明船员对违法作业自愿且明知的，对船员的上述请求不予支持。

船舶所有人或者船员的行为应受行政处罚或涉嫌刑事犯罪的，依照相关法定程序处理。

第十五条 船员因劳务受到损害，船舶所有人举证证明船员自身存在过错，并请求判令船员自担相应责任的，对船舶所有人的抗辩予以支持。

第十六条 因第三人的原因遭受工伤，船员对第三人提起民事诉讼请求民事赔偿，第三人以船员已获得工伤保险待遇为由，抗辩其不应承担民事赔偿责任的，对第三人的抗辩不予支持。但船员已经获得医疗费用的，对船员关于医疗费用的诉讼请求不予支持。

第十七条 船员与船舶所有人之间的劳动合同具有涉外因素，当事人请求依照《中华人民共和国涉外民事关系法律适用法》第四十三条确定应适用的法律的，应予支持。

船员与船舶所有人之间的劳务合同，当事人没有选择应适用的法律，当事人主张适用劳务派出地、船舶所有人主营业地、船旗国法律的，应予支持。

船员与船员服务机构之间，以及船员服务机构与船舶所有人之间的居间或委托协议，当事人未选择应适用的法律，当事人主张适用与该合同有最密切联系的法律的，应予支持。

第十八条 本规定中的船舶所有人，包括光船承租人、船舶管理人、船舶经营人。

第十九条 本规定施行后尚未终审的案件，适用本规定；本规定施行前已经终审，当事人申请再审或者按照审判监督程序决定再审的案件，不适用本规定。

第二十条 本院以前发布的规定与本规定不一致的，以本规定为准。

第二十一条 本规定自 2020 年 9 月 29 日起实施。

附：

2020年9月份报国务院备案并予以登记的地方性法规、自治条例、单行条例和地方政府规章目录

地方性法规

法规名称	公布日期	备案登记编号
北京市机动车和非道路移动机械排放污染防治条例	2020年1月17日	国司备字［2020002421］
石家庄市城市园林绿化管理条例	2020年8月4日	国司备字［2020002429］
张家口市人民代表大会常务委员会关于修改《张家口市烟爆竹安全管理条例》的决定	2020年7月31日	国司备字［2020002509］
承德市工业遗产保护与利用条例	2020年8月3日	国司备字［2020002426］
太原市城乡环境卫生设施管理条例	2020年4月2日	国司备字［2020002442］
太原市机动车和非道路移动机械排气污染防治办法	2020年4月1日	国司备字［2020002443］
大同市大气污染防治条例	2020年1月23日	国司备字［2020002445］
大同市旅游条例	2020年1月22日	国司备字［2020002446］
晋城市人民代表大会常务委员会关于修改《晋城市大气污染防治条例》的决定	2020年6月19日	国司备字［2020002507］
忻州市大气污染防治条例	2020年2月3日	国司备字［2020002447］
晋中市医疗废物管理条例	2020年4月7日	国司备字［2020002448］

续表

法规名称	公布日期	备案登记编号
长治市不可移动文物保护条例	2019 年 4 月 9 日	国司备字［2020002444］
长治市红色文化遗址保护利用条例	2020 年 4 月 8 日	国司备字［2020002449］
长治市城市绿化条例	2020 年 1 月 22 日	国司备字［2020002450］
临汾市大气污染防治条例	2020 年 1 月 10 日	国司备字［2020002451］
阳泉市集中供热条例	2020 年 4 月 13 日	国司备字［2020002452］
朔州市应县佛宫寺释迦塔保护条例	2019 年 3 月 29 日	国司备字［2020002440］
朔州市人民代表大会代表建议、批评和意见的提出和处理办法	2019 年 6 月 5 日	国司备字［2020002453］
朔州市人民代表大会代表议案的提出和处理办法	2019 年 6 月 5 日	国司备字［2020002454］
朔州市大气污染防治条例	2019 年 12 月 4 日	国司备字［2020002455］
沈阳市政务数据资源共享开放条例	2020 年 8 月 14 日	国司备字［2020002457］
大连市海洋环境保护条例	2020 年 8 月 12 日	国司备字［2020002458］
抚顺市人大常委会关于修改《抚顺市促进旅游产业发展条例》的决定	2020 年 8 月 5 日	国司备字［2020002459］
葫芦岛市人民代表大会常务委员会关于修改《葫芦岛市饮用水水源保护条例》的决定	2020 年 8 月 18 日	国司备字［2020002464］
长春市统计管理条例	2019 年 12 月 8 日	国司备字［2020002404］
四平市机动车停车条例	2020 年 6 月 23 日	国司备字［2020002418］

续表

法规名称	公布日期	备案登记编号
南京市生活垃圾管理条例	2020年8月7日	国司备字［2020002493］
南京市文明行为促进条例	2020年8月7日	国司备字［2020002494］
苏州市妇女权益保障条例	2020年8月10日	国司备字［2020002495］
无锡市人民代表大会常务委员会关于修改《无锡市养老机构条例》的决定	2020年8月11日	国司备字［2020002496］
无锡市人民代表大会常务委员会关于修改《无锡市排水管理条例》的决定	2020年8月11日	国司备字［2020002497］
徐州市工业固体废物管理条例	2020年8月10日	国司备字［2020002498］
镇江市文明行为促进条例	2020年8月6日	国司备字［2020002499］
宿州市文明行为促进条例	2020年7月16日	国司备字［2020002408］
蚌埠市文明行为促进条例	2020年7月10日	国司备字［2020002406］
铜陵市文明行为促进条例	2020年7月20日	国司备字［2020002407］
福建省人民代表大会常务委员会关于修改《福建省文物保护管理条例》等三项涉及“放管服”改革的地方性法规的决定	2020年3月20日	国司备字［2020002401］
福州市文明行为促进条例	2020年7月31日	国司备字［2020002397］
三明市城市扬尘污染防治条例	2020年7月24日	国司备字［2020002399］
南平市人民代表大会常务委员会关于修改《南平市市容和环境卫生管理办法》的决定	2020年7月29日	国司备字［2020002398］
龙岩市长汀水土流失区生态文明建设促进条例	2020年7月28日	国司备字［2020002396］

续表

法规名称	公布日期	备案登记编号
南昌市人民代表大会常务委员会关于废止2件和一揽子修改13件地方性法规的决定	2019年12月16日	国司备字［2020002441］
济南市人民代表大会常务委员会关于废止《济南市预算外资金管理办法》等五件地方性法规的决定	2020年7月24日	国司备字［2020002395］
青岛市人民代表大会常务委员会关于修改、废止部分地方性法规的决定	2020年3月26日	国司备字［2020002389］
青岛市禁止焚烧抛撒丧葬祭奠物品规定	2020年7月24日	国司备字［2020002391］
东营市城市供水条例	2020年8月10日	国司备字［2020002438］
烟台市文明行为促进条例	2020年7月24日	国司备字［2020002394］
潍坊市人民代表大会常务委员会关于修改《潍坊市禁用限用剧毒高毒农药条例》等六件地方性法规的决定	2020年1月15日	国司备字［2020002388］
济宁市人民代表大会常务委员会关于修改《济宁市烟花爆竹燃放管理条例》的决定	2020年7月25日	国司备字［2020002403］
泰安市生活垃圾分类管理条例	2020年7月24日	国司备字［2020002393］
威海市人民代表大会常务委员会关于修改《威海市城市风貌保护条例》等五件地方性法规的决定	2020年1月17日	国司备字［2020002390］
枣庄市城市绿化条例	2020年7月30日	国司备字［2020002392］
德州市养犬管理条例	2020年7月31日	国司备字［2020002402］
河南省人民代表大会常务委员会关于2020年暂停实施《河南省预算审查监督条例》第二十一条第一款规定的决定	2020年3月31日	国司备字［2020002432］

续表

法规名称	公布日期	备案登记编号
郑州市人民代表大会常务委员会关于废止部分地方性法规的决定	2020 年 8 月 5 日	国司备字［2020002425］
郑州市人民代表大会常务委员会关于修改部分地方性法规的决定	2020 年 8 月 5 日	国司备字［2020002465］
武汉市轨道交通管理条例	2020 年 9 月 1 日	国司备字［2020002511］
黄石市文明行为促进条例	2020 年 7 月 31 日	国司备字［2020002420］
荆门市农业面源污染防治条例	2020 年 8 月 20 日	国司备字［2020002482］
鄂州市餐饮服务业油烟污染防治条例	2020 年 8 月 5 日	国司备字［2020002428］
广州市文明行为促进条例	2020 年 8 月 13 日	国司备字［2020002492］
中山市市容和环境卫生管理条例	2020 年 8 月 10 日	国司备字［2020002422］
海口市养犬管理条例	2020 年 8 月 4 日	国司备字［2020002439］
三亚市餐厨垃圾管理规定	2020 年 8 月 28 日	国司备字［2020002480］
成都市人民代表大会常务委员会关于修改《成都市建设施工现场管理条例》的决定	2020 年 8 月 3 日	国司备字［2020002466］
成都市三岔湖水环境保护条例	2020 年 8 月 3 日	国司备字［2020002467］
成都市法律援助条例	2020 年 8 月 3 日	国司备字［2020002474］
德阳市文明行为促进条例	2020 年 8 月 1 日	国司备字［2020002468］
达州市人民代表大会常务委员会关于修改《达州市莲花湖湿地保护条例》的决定	2020 年 8 月 10 日	国司备字［2020002469］

续表

法规名称	公布日期	备案登记编号
达州市文明行为促进条例	2020 年 8 月 10 日	国司备字［2020002470］
巴中市人民代表大会常务委员会关于修改《巴中市城市饮用水水源保护条例》的决定	2020 年 8 月 10 日	国司备字［2020002471］
眉山市文明行为促进条例	2020 年 8 月 7 日	国司备字［2020002477］
凉山彝族自治州艾滋病防治条例	2020 年 8 月 9 日	国司备字［2020002472］
丽江市文明行为促进条例	2020 年 8 月 5 日	国司备字［2020002489］
普洱市文明行为促进条例	2020 年 7 月 31 日	国司备字［2020002490］
普洱市人民代表大会及其常务委员会制定地方性法规条例	2020 年 8 月 1 日	国司备字［2020002430］
楚雄彝族自治州人民代表大会及其常务委员会立法条例	2020 年 8 月 28 日	国司备字［2020002504］
云南省红河哈尼族彝族自治州多元化解矛盾纠纷促进条例	2020 年 7 月 15 日	国司备字［2020002501］
西双版纳傣族自治州人民代表大会及其常务委员会立法条例	2020 年 8 月 10 日	国司备字［2020002488］
兰州市气象灾害防御条例	2020 年 8 月 7 日	国司备字［2020002427］
西宁市物业管理条例	2020 年 8 月 10 日	国司备字［2020002413］

自治州、自治县的自治和单行条例

条例名称	公布日期	备案登记编号
阜新蒙古族自治县第十六届人民代表大会关于废止《阜新蒙古族自治县实施〈辽宁省人口与计划生育条例〉的变通规定》的决定	2020年8月20日	国司备字［2020002462］
延边朝鲜族自治州延边黄牛管理条例	2020年6月19日	国司备字［2020002423］
五峰土家族自治县人民代表大会关于修改《五峰土家族自治县森林资源保护条例》《五峰土家族自治县农村公路条例》的决定	2020年8月1日	国司备字［2020002437］
长阳土家族自治县人民代表大会关于废止部分单行条例的决定	2020年8月26日	国司备字［2020002481］
云南省楚雄彝族自治州自治条例修正案	2020年6月28日	国司备字［2020002400］
云南省红河哈尼族彝族自治州自治条例修正案	2020年7月10日	国司备字［2020002500］
云南省怒江傈僳族自治州泸水市城市规划建设管理条例	2020年6月29日	国司备字［2020002505］
云南省迪庆藏族自治州自治条例修正案	2020年8月11日	国司备字［2020002431］
云南省石林彝族自治县自治条例修正案	2020年7月22日	国司备字［2020002485］
云南省贡山独龙族怒族自治县自治条例修正案	2020年8月7日	国司备字［2020002484］
云南省兰坪白族普米族自治县自治条例修正案	2020年7月3日	国司备字［2020002506］
云南省江城哈尼族彝族自治县自治条例修正案	2020年8月21日	国司备字［2020002478］
玉树藏族自治州藏语言文字工作条例	2020年8月1日	国司备字［2020002414］

续表

条例名称	公布日期	备案登记编号
玉树藏族自治州义务教育条例	2020 年 8 月 1 日	国司备字［2020002415］
玉树藏族自治州自治条例	2020 年 8 月 1 日	国司备字［2020002416］
玉树藏族自治州第十三届人民代表大会第六次会议关于废止《玉树藏族自治州城镇市容和环境卫生管理条例》的决定	2020 年 8 月 1 日	国司备字［2020002456］

地方政府规章

规章名称	公布日期	备案登记编号
晋中市人民政府规章制定程序规定	2020 年 7 月 31 日	国司备字［2020002436］
上海市重大行政决策程序规定	2020 年 8 月 24 日	国司备字［2020002515］
南京市政府规章制定办法	2020 年 9 月 10 日	国司备字［2020002475］
杭州桐庐无规定马属动物疫病区管理办法	2020 年 8 月 26 日	国司备字［2020002460］
福建省人民政府关于废止和修改部分规章的决定	2020 年 8 月 7 日	国司备字［2020002463］
泉州市文明行为促进办法	2020 年 8 月 28 日	国司备字［2020002508］
山东省健康医疗大数据管理办法	2020 年 8 月 20 日	国司备字［2020002417］
山东省人民政府关于调整实施部分省级行政权力事项的决定	2020 年 7 月 10 日	国司备字［2020002479］
青岛市人民政府关于修改和废止部分市政府规章的决定	2020 年 8 月 23 日	国司备字［2020002502］

续表

规章名称	公布日期	备案登记编号
河南省政府投资管理办法	2020年8月19日	国司备字[2020002461]
湖北省优化营商环境办法	2020年8月24日	国司备字[2020002513]
武汉市人民政府重大行政决策程序规定	2020年8月15日	国司备字[2020002435]
深圳市人民政府关于修改部分规章的决定	2020年6月15日	国司备字[2020002503]
南宁市重大行政决策程序规定	2020年8月29日	国司备字[2020002491]
三亚市大社区综合服务中心设立和运行办法	2020年6月10日	国司备字[2020002410]
德阳市户外广告和招牌设置管理办法	2020年7月17日	国司备字[2020002424]
乐山市城市市容和环境卫生管理办法	2020年8月11日	国司备字[2020002419]
昆明市商品交易市场管理办法	2020年8月10日	国司备字[2020002486]
昆明市集贸市场管理办法	2020年8月10日	国司备字[2020002487]
西藏自治区人民政府关于修改和废止部分规章的决定	2020年6月17日	国司备字[2020002510]
陕西省人民政府关于修改《陕西省人民政府关于取消下放或者委托一批行政审批事项的决定》的决定	2019年8月22日	国司备字[2020002512]
新疆维吾尔自治区人民政府关于修改《新疆维吾尔自治区商品条码管理办法》等13件政府规章的决定	2020年7月11日	国司备字[2020002433]

图书在版编目(CIP)数据

中华人民共和国新法规汇编. 2020 年. 第 10 辑:总第 284 辑/司法部编. —北京:中国法制出版社,2020. 11

ISBN 978-7-5216-1431-2

Ⅰ. ①中… Ⅱ. ①司… Ⅲ. ①法规-汇编-中国-2020 Ⅳ. ①D920. 9

中国版本图书馆 CIP 数据核字(2020)第 216627 号

中华人民共和国新法规汇编

ZHONGHUA RENMIN GONGHEGUO XIN FAGUI HUIBIAN

(2020 年第 10 辑)

编者/司法部

经销/新华书店

印刷/三河市紫恒印装有限公司

开本/850 毫米×1168 毫米 32 开　　印张/8. 75　字数/245 千

版次/2020 年 11 月第 1 版　　2020 年 11 月第 1 次印刷

中国法制出版社出版

书号 ISBN 978-7-5216-1431-2　　定价:18. 00 元

北京西单横二条 2 号

邮政编码 100031　　传真:010-66031119

网址:http://www. zgfzs. com　　**编辑部电话:010-66066621**

市场营销部电话:010-66033393　　**邮购部电话:010-66033288**

(如有印装质量问题,请与本社印务部联系调换。电话:010-66032926)